Plück / Schmutzler / Kühn
Haftungsrecht für Finanzdienstleister

Ralf Plück
Karl Jürgen Schmutzler
Peter Kühn

Haftungsrecht für Finanzdienstleister

Aktuelle Rechtsprechung und Praxisfälle

GABLER

Die Deutsche Bibliothek – CIP-Einheitsaufnahme

Plück, Ralf:
Haftungsrecht für Finanzdienstleister : aktuelle Rechtsprechung und
Praxisfälle / Ralf Plück ; Karl Jürgen Schmutzler ; Peter Kühn. –
Wiesbaden : Gabler, 1999

Lektorat: Sandra Käfer / Maria Kooyman

Der Gabler Verlag ist ein Unternehmen der Bertelsmann Fachinformation GmbH.

http://www.gabler-online.de

Höchste inhaltliche und technische Qualität unserer Produkte ist unser Ziel. Bei der Produktion
und Verbreitung unserer Bücher wollen wir die Umwelt schonen: Dieses Buch ist auf säure-
freiem und chlorfrei gebleichtem Papier gedruckt. Die Einschweißfolie besteht aus Polyäthylen
und damit aus organischen Grundstoffen, die weder bei der Herstellung noch bei der
Verbrennung Schadstoffe freisetzen.

Die Wiedergabe von Gebrauchsnamen, Handelsnamen, Warenbezeichnungen usw. in diesem
Werk berechtigt auch ohne besondere Kennzeichnung nicht zu der Annahme, daß solche
Namen im Sinne der Warenzeichen- und Markenschutz-Gesetzgebung als frei zu betrachten
wären und daher von jedermann benutzt werden dürften.

Satz: Fotosatz L. Huhn, Maintal

ISBN-13: 978-3-322-86910-4   e-ISBN-13: 978-3-322-86909-8
DOI: 10.1007/978-3-322-86909-8

Vorwort

Das Recht der Finanzdienstleister ist komplex. Die Vielzahl gesetzlicher Vorschriften, Verordnungen und gerichtlicher Entscheidungen zum Recht der Finanzdienstleister macht es dem Vermögensverwalter, Anlageberater und Anlagevermittler – und mitunter auch dem nicht auf das Kapitalanlagerecht spezialisierten Rechtsberater – nicht einfach, sich schnell und sicher in dieser Materie zu bewegen.

Dabei ist die sichere Rechtskenntnis unabdingbare Voraussetzung für die erfolgreiche Tätigkeit als Finanzdienstleister. Nicht viele Rechtsgebiete werden so stark durch die Rechtsprechung des Bundesgerichtshofs bestimmt wie das Recht der Finanzdienstleister. Einzelnen Urteilen des Gerichts kommt häufig so weit reichende Bedeutung zu, dass jahrelang geübtes Verhalten geändert und Recht und Gesetz angepasst werden müssen. Die Anforderungen, die die Rechtsprechung an die Verhaltenspflichten der Finanzdienstleister stellt, werden immer strenger.

Hinzu kommt, dass das Recht der Finanzdienstleister und der Finanzdienstleistungen – gegenwärtig insbesondere durch europarechtliche Vorgaben – mehr und mehr zum Gegenstand gesetzlicher Neuregelungen wird. Diese Änderungen erfassen nahezu sämtliche Bereiche der Tätigkeit der Finanzdienstleister. Erwähnt sei hier nur die umfassende Novellierung des Kreditwesengesetzes durch die 6. KWG-Novelle, die am 1. Januar 1998 in Kraft getreten ist und unter anderem dazu geführt hat, dass die Tätigkeit der Finanzdienstleistungsinstitute der Aufsicht durch das Bundesaufsichtsamt für das Kreditwesen und das Bundesaufsichtsamt für den Wertpapierhandel unterliegt und allgemeine Zulassungsbestimmungen für die Tätigkeit als Finanzdienstleistungsinstitut eingeführt wurden. Hinzuweisen ist in diesem Zusammenhang auch auf das Dritte Finanzmarktförderungsgesetz, das am 1. April 1998 in Kraft getreten ist und durch das unter anderem die spezialgesetzlichen Prospekthaftungsansprüche neu geregelt wurden. Was bestimmte Finanzdienstleistungsbereiche, so die Wertpapierdienstleistungen, angeht, wurden allgemeine und besondere Verhaltenspflichten durch das Wertpapierhandelsgesetz (WpHG) aufgestellt. Alles in allem handelt es sich um gesetzliche Regelungen, die in nahezu allen berufsrelevanten Bereichen zu umfangreichen Änderungen für Finanzdienstleister geführt haben. Zunehmend bestimmen Verordnungen die Tätigkeit und Verhaltenspflichten von Finanzdienstleistern. Genannt sei hier nur die Neufassung der Verordnung über die Rechnungslegung der Kreditinstitute und Finanzdienstleistungsinstitute vom 11.12.1998 (BGBl. I, 1998, S. 3658) sowie die Verordnung über die Prüfung der Jahresabschlüsse und Zwischenabschlüsse der Kreditinstitute und Finanzdienstleistungsinstitute vom 17.12.1998 (BGBl. I 1998, S. 3689). Auf Grund der Verordnung vom 11.12.1998 über die Rechnungslegung der Kreditinstitute und Finanzdienstleistungsinstitute gelten statt der Bestimmungen des Handelsgesetzbuches besondere Regelungen über die Gliederung der Bilanz und die Gliederung der Gewinn- und Verlustrechnung, die an die Stelle der §§ 266 und 275 Handelsgesetzbuch (HGB) getreten sind. Die Texte der Verordnungen können bei der Bundesanzeiger Verlagsgesellschaft mbH bestellt werden.

Die überwiegende Zahl der Urteile des Bundesgerichtshofs haben das Haftungsrecht der Finanzdienstleister zum Gegenstand. Das ist zum einen Ausdruck zunehmender Sensibilisierung geschädigter Kapitalanleger. Es hat seinen Grund aber auch darin, dass das Recht der Finanzdienstleister nicht abschließend und überschaubar in einem Gesetz geregelt ist und zahlreiche gesetzliche Bestimmungen nach wie vor lückenhaft sind. Die Tätigkeit der Finanzdienstleister ist und bleibt haftungsträchtig. Die neuen gesetzlichen Bestimmungen bestätigen diese Einschätzung. Nach dem gegenwärtigen Stand von Gesetzgebung und Rechtsprechung ist der Finanzdienstleister das schwächste und häufig auch das letzte Glied in der Kette der Haftungsobjekte und Haftungsverantwortlichen.

Während sich die Initiatoren gescheiterter Kapitalanlagen in der Vielzahl der Fälle hinter geschickt gestalteten Vertrags- und Unternehmensverhältnissen „verstecken" können und für sie in der Regel kurze Verjährungsfristen gelten – z. B. im Fall der Prospekthaftung im engeren Sinne maximal drei Jahre –, haften Finanzdienstleister häufig mit ihrem gesamten Vermögen. Sie haben – abgesehen von der Verkürzung der Verjährungsfristen im Wertpapierbereich auf drei Jahre im Zuge des Dritten Finanzmarktförderungsgesetzes – bis zu 30 Jahre für Fehler ihrer Beratungs- und Vermittlungstätigkeit einzustehen.

Das vorliegende Buch will, was die rechtlichen Aspekte der Finanzdienstleister angeht, anhand von Fallbeispielen, denen überwiegend wegweisende Urteile des Bundesgerichtshofs zu Grunde liegen, systematisch in das Berufs- und Haftungsrecht der Finanzdienstleister einführen und dabei u.a. auf eine Vielzahl von Haftungsrisiken aufmerksam machen. Nur wer sich als Finanzdienstleister mit den haftungsrechtlichen Fragen seiner Tätigkeit vertraut macht, verfügt über die notwendige Sicherheit für sein tägliches Handwerk. Nur wer die gesetzlichen Rahmenbedingungen kennt und beachtet, läuft nicht Gefahr, wegen einer gescheiterten Kapitalanlage von seinen Kunden persönlich in Anspruch genommen zu werden.

Praktische Hinweise zur Vermeidung von Haftungsrisiken schließen sich den einzelnen Kapiteln an. Sie bieten einen großen Nutzwert für die tägliche Praxis des Finanzdienstleisters. Dieses Buch ist, was die Fragen der Zulassungsvoraussetzungen und der Haftung von Finanzdienstleistern angeht, von den Autoren als praktischer Ergänzungsband zu der 1999 im gleichen Verlag erschienenen Veröffentlichung „Kapitalmarktrecht – Gesetzliche Regelungen und Haftungsrisiken für Finanzdienstleister" gedacht.

Frühjahr 1999   RALF PLÜCK
                                                            KARL JÜRGEN SCHMUTZLER
                                                            PETER KÜHN

Inhaltsverzeichnis

1. Gesetzliche Rahmenbedingungen

1.1 Zulassungsvoraussetzungen für die Tätigkeit als Finanzdienstleister

Welche Voraussetzungen müssen erfüllt sein, um der Tätigkeit als Finanzdienstleister nachgehen zu dürfen?

Mangels einer gesetzlichen Regelung ist bis heute keine fachliche Qualifizierung als Bedingung für die Tätigkeit als Finanzdienstleister vorgeschrieben. Auf der Basis einer Empfehlung der EU-Kommission liegt aber derzeit ein Gesetzentwurf zur Ausübung der Tätigkeit als Finanzdienstleistungsvermittler und Versicherungsvermittler vor, dessen Umsetzung nach Lage der Dinge nur eine Frage der Zeit ist. Nach dem Gesetzentwurf sollen bundesweit Register geschaffen werden, die von den Berufsverbänden der Versicherungsvermittler bzw. Finanzdienstleistungsvermittler einzurichten sind. Die Registrierung wird an bestimmte Voraussetzungen geknüpft. Unter anderem sind z. B. einschlägige Fachkenntnisse nachzuweisen. Außerdem enthält der Gesetzentwurf zahlreiche Pflichten, die bei der Berufsausübung zu beachten sind: Vorgesehen ist, dass zukünftig nur noch registrierte und entsprechend ausgebildete Personen Finanzdienstleistungen erbringen dürfen. Wer die erforderliche Registrierung nicht nachweisen kann, wird mit erheblichen Sanktionen belegt. Es ist daher außerordentlich sinnvoll, sich frühzeitig nachweisbare Fachkenntnisse anzueignen. Zunehmend bieten Industrie- und Handelskammern, aber auch private Stellen und Akademien Ausbildungsmöglichkeiten an. Welche Zulassungsvoraussetzungen im Einzelfall erfüllt sein müssen, beurteilt sich zur Zeit grundsätzlich danach, welche Kapitalanlagen der Finanzdienstleister zum Gegenstand seiner Beratung oder Vermittlung macht und welche Dienstleistungen er erbringt. Hiernach entscheidet sich, ob zur Ausübung der Tätigkeit

- die Gewerbeanzeige nach § 14 Gewerbeordnung (GewO) ausreicht,
- die Gewerbeerlaubnis gemäß § 34 c GewO erforderlich ist oder
- eine Erlaubnis nach § 32 Kreditwesengesetz (KWG) notwendig ist.

Den Wortlaut der zitierten Paragrafen finden Sie im Anhang.

1.1.1 Die Gewerbeerlaubnis gemäß § 34 c GewO

Fall 1: Schritt in die Selbständigkeit

Nach erfolgreichem Abschluss einer Ausbildung zum Bankkaufmann will sich A als Finanzdienstleister selbständig machen. Wegen seiner einschlägigen Branchenkenntnisse will er zunächst ausschließlich im Bereich der Darlehensvermittlung für zugelassene Kreditinstitute und als Versicherungsvermittler tätig werden. Dabei überlegt er, ob er später daneben Anteile an Kommanditgesellschaften und GmbH-Anteile vermitteln will. Auch öffentlich angebotene Vermögensanlagen, also Anteilscheine von zugelassenen Kapitalanlagegesellschaften und ausländische Investmentanteile, möchte er in sein Angebot aufnehmen. Er fragt sich, welche gesetzliche Erlaubnis er für die beabsichtigte Tätigkeit benötigt.

***

Im Fall 1 muss A eine Gewerbeerlaubnis gemäß § 34 c GewO beantragen. Die Gewerbeerlaubnis genügt dann, wenn die Tätigkeit des Finanzdienstleisters die Darlehensvermittlung für zugelassene Kreditinstitute, die Vermittlung von Versicherungen oder die Vermittlung von Unternehmensbeteiligungen, wie z. B. GmbH-Anteile oder Anteile an einer Kommanditgesellschaft, zum Gegenstand haben.

Das Gleiche gilt für andere öffentlich angebotene Vermögensanlagen, die für gemeinsame Rechnung verwaltet werden. Die Vermittlung dieser Kapitalanlagen fällt nicht unter das Kreditwesengesetz, weil es sich nicht um Finanzinstrumente im Sinne des Kreditwesengesetzes handelt. Eine Geschäftserlaubnis nach § 32 KWG ist also nicht erforderlich.

Die Gewerbeerlaubnis ist bei der zuständigen Behörde zu beantragen. Das sind in der Regel die Ordnungsämter bzw. Gewerbeaufsichtsämter. Die Gewerbeerlaubnis kann inhaltlich beschränkt und mit Auflagen verbunden werden, soweit dies zum Schutz der Allgemeinheit oder der Auftraggeber erforderlich ist. Unter denselben Voraussetzungen ist auch die nachträgliche Aufnahme, Änderung und Ergänzung von Auflagen zulässig.

Die Erlaubnis ist unter anderem dann zu versagen, wenn Annahmen die Tatsache rechtfertigen, dass der Antragsteller die für den Gewerbebetrieb erforderliche Zuverlässigkeit nicht besitzt. Das ist in der Regel dann der Fall, wenn der Antragsteller in den letzten fünf Jahren vor Antragstellung wegen eines Verbrechens oder wegen Diebstahl, Unterschlagung, Erpressung, Betrug, Untreue, Urkundenfälschung, Hehlerei, Wucher oder einer Konkursstraftat rechtskräftig verurteilt worden ist oder der Antragsteller in ungeordneten (Vermögens-)Verhältnissen lebt.

1.1.2 Die Gewerbeanzeige gemäß § 14 GewO

Fall 2: Anlage- und Abschlussvermittlung

Von einer namhaften deutschen Großbank erhält K das Angebot, für Rechnung der Bank als Anlage- und Abschlussvermittler von Finanzinstrumenten tätig zu werden. Vertraglich übernimmt das Bankhaus die Haftung für seine berufliche Tätigkeit. K fragt den Bankvorstand, welche Erlaubnis er für diese Aufgabe haben muss. Außerdem will er wissen, ob er daneben in gleicher Weise auch für andere Banken tätig werden darf.

***

Eine Anzeige nach § 14 GewO ist notwendig, aber auch ausreichend, wenn der Finanzdienstleister die Anlage- oder Abschlussvermittlung von Finanzinstrumenten ausschließlich für Rechnung und unter der Haftung eines Einlagenkreditinstituts oder eines Wertpapierhandelsunternehmens mit Sitz im Inland erbringt (§ 1 Abs. 10 KWG). Eine

12

Gewerbeerlaubnis nach § 34 c GewO ist daneben nicht erforderlich. Unter den gleichen Voraussetzungen, wie im Fall 2 beschrieben, darf K diese Tätigkeit grundsätzlich auch für andere Kreditinstitute ausüben. Die Anzeige nach § 14 GewO dient dem Zweck, der zuständigen Behörde die Überwachung der Gewerbeausübung zu ermöglichen.

1.1.3 Die Geschäftserlaubnis nach dem Kreditwesengesetz

Strengere Anforderungen gelten für Finanzdienstleister, die als Finanzdienstleistungsinstitute die Erlaubnis nach § 32 Kreditwesengesetz (KWG) benötigen. Was ein Finanzdienstleistungsinstitut ist, welche Finanzdienstleistungen es erbringen darf, welche fachlichen, finanziellen und technischen Voraussetzungen erfüllt sein müssen und welche Bedingungen für bereits bestehende Finanzdienstleistungsinstitute gelten, ist im Kreditwesengesetz im Einzelnen geregelt.

Fall 3: Finanzdienstleister-GmbH

A, B und C sind seit Jahren erfolgreich als Finanzdienstleister im Geschäft. Sie möchten sich in der Rechtsform der GmbH zusammentun und in Zukunft unter gemeinsamer Firma Finanzdienstleistungen anbieten. Einen Schwerpunkt ihrer Tätigkeit sollen Finanzdienstleistungen im Bereich Wertpapiere und Derivate bilden. Daneben wollen sie, wie in der Vergangenheit, Versicherungen vermitteln.

Gesellschafter B meint, dass für die beabsichtigte Tätigkeit eine Erlaubnis nach § 32 KWG (Kreditwesengesetz) notwendig ist. Der von ihnen befragte Rechtsanwalt R bestätigt die Vermutung von B. Er weist darauf hin, dass bei der Erbringung von Finanzdienstleistungen, die Finanzinstrumente zum Gegenstand haben, wie z. B. die Vermittlung von Wertpapieren, die Geschäftserlaubnis nach § 32 KWG erforderlich ist. Es kommt nicht darauf an, ob daneben andere, nicht nach dem Kreditwesengesetz erlaubnispflichtige Finanzdienstleistungen angeboten werden. Er erklärt, dass im Finanzdienstleistungsbereich zahlreiche neue gesetzliche Bestimmungen zu beachten sind, die nicht nur für Finanzdienstleistungsinstitute – z. B. in der Rechtsform der GmbH – Anwendung finden, sondern auch Finanzdienstleister betreffen, die als Einzelkaufleute tätig sind.

***

Grundsätzlich benötigen alle Finanzdienstleistungsinstitute seit dem 1. Januar 1998 eine besondere Geschäftserlaubnis nach § 32 KWG. Mit der Zulassung als Finanzdienstleistungsinstitut kommen Finanzdienstleister in den Genuss des sogenannten Europäischen Passes. Das bedeutet, dass sie Zweigniederlassungen in anderen Staaten des Europäischen Wirtschaftsraums errichten können und grenzüberschreitende Dienstleistungen erbringen dürfen.

Für Kreditinstitute und Finanzdienstleistungsinstitute sind die gesetzlichen Rahmenbedingungen im Kreditwesengesetz geregelt. Finanzdienstleistungsinstitute sind Unternehmen, die Finanzdienstleistungen für andere gewerbsmäßig oder in einem Umfang erbringen, der einen in kaufmännischer Weise eingerichteten Geschäftsbetrieb erfordert. Geschäfte werden gewerbsmäßig betrieben, wenn der Geschäftsbetrieb auf eine gewisse Dauer angelegt ist und die Absicht der Gewinnerzielung besteht. In welcher Rechtsform das Finanzdienstleistungsinstitut betrieben wird, ist unerheblich. Finanzdienstleistungsinstitute können daher, anders als Kreditinstitute, auch von Einzelkaufleuten betrieben werden. Einzelkaufleute haften für Verbindlichkeiten allerdings unbeschränkt und mit ihrem gesamten Vermögen. Vor Beantragung einer Zulassung als Finanzdienstleistungsinstitut sollte deshalb aus haftungsrechtlicher Vorsorge geprüft werden, ob nicht die Gründung einer Gesellschaft mit beschränkter Haftung (GmbH) oder die Gründung einer sogenannten Kleinen Aktiengesellschaft (AG) sinnvoll ist.

1.1.4 Erlaubnispflichtige Finanzdienstleistungen

Was erlaubnispflichtige Finanzdienstleistungen nach § 32 KWG sind, ist im Kreditwesengesetz genau definiert. Danach sind erlaubnispflichtige Finanzdienstleistungen:

- die Vermittlung von Geschäften über die Anschaffung und die Veräußerung von Finanzinstrumenten oder deren Nachweis (Anlagevermittlung),
- die Anschaffung und die Veräußerung von Finanzinstrumenten im fremden Namen für fremde Rechnung (Abschlussvermittlung),
- die Verwaltung einzelner in Finanzinstrumenten angelegter Vermögenswerte für andere mit Entscheidungsspielraum (Finanzportfolioverwaltung),
- die Anschaffung und die Veräußerung von Finanzinstrumenten im Wege des Eigenhandels für andere (Eigenhandel),
- die Vermittlung von Einlagengeschäften mit Unternehmen mit Sitz außerhalb des Europäischen Wirtschaftsraums (Drittstaateneinlagenvermittlung),
- die Besorgung von Zahlungsaufträgen (Finanztransfergeschäft) und
- der Handel mit Sorten (Sortenhandel).

Finanzdienstleistungen haben jeweils sogenannte Finanzinstrumente zum Gegenstand. Durch den Gegenstand der Tätigkeit unterscheiden sich diese Finanzdienstleistungen von den anderen, nicht nach § 32 KWG erlaubnispflichtigen Tätigkeiten auf dem Finanzmarkt. Bei der Frage, ob eine Erlaubnis nach § 32 KWG erforderlich ist, ist also sorgfältig zu prüfen, ob sich die Tätigkeit des Finanzdienstleisters auf Finanzinstrumente bezieht oder nicht.

Finanzinstrumente nach dem KWG

Finanzinstrumente sind gemäß § 1 Abs. 11 KWG:

- Wertpapiere,
- Geldmarktinstrumente,
- Devisen oder Rechnungseinheiten und
- Derivate.

Wertpapiere sind, auch wenn über sie keine Urkunden ausgestellt sind, Aktien, Zertifikate, die Aktien vertreten, Schuldverschreibungen, Genussscheine, Optionsscheine und andere Wertpapiere, die mit Aktien oder Schuldverschreibungen vergleichbar sind. Voraussetzung ist, dass sie an einem Markt gehandelt werden können. Zu den Wertpapieren gehören auch Anteilscheine, die von einer Kapitalanlagegesellschaft oder einer ausländischen Investmentgesellschaft ausgegeben werden können.

Geldmarktinstrumente sind Forderungen, die keine Wertpapiere sind und üblicherweise auf dem Geldmarkt gehandelt werden können. Hierzu gehören z. B. kürzerfristige Schuldscheindarlehen oder bestimmte Unternehmensgeldmarktpapiere.

Das Finanzinstrument der *Derivate* erfasst beide Grundformen des Termingeschäfts. Das heisst, sowohl das sogenannte Festgeschäft, etwa in der Form des Terminkaufs, als auch das Optionsgeschäft und auch die Übernahme von Stillhalteverpflichtungen. Zu den Derivaten gehören außerdem die Futures, Options, Swaps, Caps, Floors, Collars, Forward Rate Agreements und viele andere.

Auch *Devisen* und *vergleichbare Rechnungseinheiten*, die keine gesetzlichen Zahlungsmittel sind, werden als Finanzinstrumente qualifiziert.

Kapitalanlagen, die nicht zu den Finanzinstrumenten zählen

Keine Finanzinstrumente im Sinne des Kreditwesengesetzes sind demgegenüber z. B.:

- Versicherungspolicen,
- Edelmetalle,
- Commodities,
- Bausparfinanzierungen (Bausparverträge),
- Darlehen mit Ausnahme von Geldmaklergeschäften,
- Verträge über den Erwerb von Anteilen, die eine Beteiligung am Ergebnis eines Unternehmens gewähren, z. B. Kommanditanteile, atypisch stille Beteiligungen, GmbH-Geschäftsanteile,
- GbR-Beteiligungen, z. B. an geschlossenen Immobilienfonds und Mobilienfonds, wie z. B. Leasingsfonds usw.

Wer sich als Finanzdienstleister gewerbsmäßig mit diesen Kapitalanlagen beschäftigt, benötigt keine Geschäftserlaubnis nach dem Kreditwesengesetz, sondern muss entweder über eine Gewerbeanzeige nach § 14 GewO oder eine Gewerbeerlaubnis nach § 34 c GewO verfügen.

Die einzelnen Geschäftsgegenstände, die als Finanzdienstleistungen zu qualifizieren sind, sind in § 1 Abs. 1 a Satz 2 KWG abschließend definiert. Wer ausschließlich andere Dienstleistungen anbietet, betreibt kein Finanzdienstleistungsinstitut und benötigt auch keine Zulassung nach § 32 KWG.

Tätigkeiten der erlaubnispflichtigen Finanzdienstleistungen

(1) Anlagevermittlung und Abschlussvermittlung

Die Anlagevermittlung und die Abschlussvermittlung werden nach dem Kreditwesengesetz gleichgestellt. Die Anlagevermittlung hat die Entgegennahme und Übermittlung von Aufträgen von Anlegern zum Gegenstand. Sie erfasst damit die Tätigkeit des Nachweismaklers gemäß § 34 c GewO und hat die Tätigkeit im Zusammenhang mit Finanzinstrumenten, also Wertpapieren, Geldmarktinstrumenten, Devisen oder Rechnungseinheiten oder Derivaten, zum Gegenstand.

Die Abschlussvermittlung meint das Tätigwerden in offener Stellvertretung und ist identisch mit der Tätigkeit des Abschlussvermittlers im Sinne des § 34 c GewO. Allerdings hat die Vermittlung Finanzinstrumente zum Gegenstand.

(2) Finanzportfolioverwaltung

Bei der Finanzportfolioverwaltung verwaltet der Finanzdienstleister das in Finanzinstrumenten angelegte Vermögen für andere. Entscheidend ist hierbei, dass der Finanzdienstleister einen eigenen Entscheidungsspielraum hat. Wenn er demgegenüber ausschließlich auf Weisung des Kunden handelt, ist er kein Finanzportfolioverwalter (siehe Fall 4 und 14).

Fall 4: Finanzportfolioverwaltung

Der Finanzdienstleister B verwaltet das in Finanzinstrumenten angelegte Vermögen der Witwe K. Nach sorgfältiger Prüfung bestimmter inländischer Aktien entscheidet er sich zur Veräußerung amerikanischer Werte und kauft deutsche Aktienpapiere ein. Schriftlich teilt B der Witwe K mit, dass seine Transaktion zu beträchtlichen Wertsteigerungen ihres Vermögens geführt hat, weil die neu erworbenen Aktien außergewöhnliche Kursgewinne realisieren konnten.

***

B ist als Finanzportfolioverwalter tätig, weil er bei der Anlageentscheidung einen eigenen Entscheidungsspielraum hat und die An- und Verkäufe nicht auf Weisung seiner Kundin getätigt hat.

(3) Eigenhandel

Fall 5: Eigenhandel

Die Finanzdienstleistungs-GmbH S kauft im Auftrag und auf Rechnung ihres Kunden K deutsche Aktienpapiere. Bei dieser Tätigkeit handelt es sich nicht um Eigenhandel, sondern um Abschlussvermittlung. Tritt das Finanzdienstleistungsinstitut demgegenüber im eigenen Namen auf und kauft auf eigene Rechnung ein und stellt sich diese Tätigkeit als Dienstleistung für ihren Kunden K dar, handelt es sich um Eigenhandel im Sinne des Kreditwesengesetzes.

***

16

Beim Eigenhandel tritt das Finanzdienstleistungsinstitut dem Kunden als Käufer oder Verkäufer gegenüber. Für die Einordnung der Tätigkeit kommt es entscheidend darauf an, ob das Geschäft als Dienstleistung für einen Kunden erfolgt. Nur wenn es sich um Dienstleistung im Interesse eines Kunden handelt, ist der Tatbestand des Eigenhandels erfüllt.

(4) Drittstaateneinlagenvermittlung

Die Drittstaateneinlagenvermittlung erfasst die Vermittlung von Einlagengeschäften von Unternehmen mit Sitz außerhalb des Europäischen Wirtschaftsraums. Dazu gehören auch die Entgegennahme von Einlagegeldern im Inland und das Weiterleiten an Adressen im Ausland. Weil z. B. die Schweiz nicht zum Europäischen Wirtschaftsraum zählt, ist die Vermittlung von Einlagengeschäften in die Schweiz Drittstaateneinlagenvermittlung und damit nach dem Kreditwesengesetz erlaubnispflichtig.

(5) Finanztransfergeschäft

Das Finanztransfergeschäft hat die gewerbsmäßige Besorgung von Zahlungsaufträgen als Dienstleistung für andere im bargeldlosen Zahlungsverkehr zum Gegenstand. Für die überwiegende Zahl der Finanzdienstleister handelt es sich hierbei um ein nicht praxisrelevantes Betätigungsfeld.

(6) Sortengeschäft

Das Sortengeschäft umfasst den Austausch von Banknoten oder Münzen, die gesetzliche Zahlungsmittel darstellen, sowie den Verkauf und Ankauf von Reiseschecks. Unternehmen wie Hotels oder Reisebüros sind von der Erlaubnispflicht ausgenommen, wenn ihre Haupttätigkeit nicht im Sortenhandel besteht.

Fazit

Der Katalog der Finanzdienstleistungen ist abschließend, d.h. nur die im Kreditwesengesetz ausdrücklich genannten Tätigkeiten sind juristisch als Finanzdienstleistungen zu qualifizieren. Dass daneben weitere Tätigkeiten auf dem Finanzmarkt als Finanzdienstleistungen bezeichnet werden, ist unerheblich. Neben dem Begriff der Finanzdienstleistungen definiert das Kreditwesengesetz in § 1 KWG die sogenannten Bankgeschäfte. Bankgeschäfte dürfen von Finanzdienstleistungsinstituten nicht erbracht werden.[1] Bankgeschäfte sind gemäß § 1 Abs. 1 Satz 2 Nr. 1 bis 12 KWG:

* Einlagengeschäft,
* Kreditgeschäft,
* Diskontgeschäft,
* Finanzkommissionsgeschäft,
* Depotgeschäft,
* Investmentgeschäft,

---

1 Zu den z. T. schwierigen Abgrenzungen zwischen Finanzdienstleistungen und Bankgeschäften vgl. Plück/Schmutzler/Kühn, a.a.O., S. 16 ff.

- Eingehen der Verpflichtung, Darlehensforderungen vor Fälligkeit zu erwerben,
- Garantiegeschäft,
- Girogeschäft,
- Emissionsgeschäft,
- Geldkartengeschäft und
- Netzgeldgeschäft.

1.2 Anforderungen an Finanzdienstleistungsinstitute

Fall 6: Formalien der Zulassung

Der als Finanzkaufmann und Versicherungsvermittler seit vier Jahren angestellte F will sich mit einem eigenen Finanzdienstleistungsinstitut selbständig machen. In Zukunft möchte er Finanzdienstleistungen im Sinne des Kreditwesengesetzes anbieten. Er fragt, welche Formalien bei der Antragstellung zu beachten sind.

***

Fall 7: Fachliche Eignung

Der seit drei Jahren als angestellter Anlagevermittler tätige C, der sich in der Vergangenheit überwiegend mit der Vermittlung von Investmentfondsanteilen beschäftigt hat, überlegt, wie er sich als Finanzdienstleister selbständig machen kann. Vor allem fragt er sich, wie er in geeigneter Form die fachliche Eignung für die Zulassung als Finanzdienstleistungsinstitut nachweisen kann. Er ist sich nicht klar, ob er eine Ausbildung zum Finanzkaufmann absolvieren muss, da er bisher keine einschlägige Erfahrung mit Finanzinstrumenten sammeln konnte.

***

Fall 8: Finanzielle Mindestausstattung

D ist seit drei Jahren als nebenberuflicher Versicherungsvertreter aktiv. Gemeinsam mit einem Kollegen möchte er eine Finanzdienstleistungs-GmbH gründen. Sie haben davon gehört, dass nach dem Gesetz eine bestimmte finanzielle Mindestausstattung erforderlich ist.

***

1.2.1 Gesetzliche Anforderungen

In den Fällen 6 bis 8 stellt sich die Frage, welche konkreten Nachweise zu erbringen sind, um eine Zulassung als Finanzdienstleistungsinstitut zu erhalten.

Gemäß § 32 KWG bedarf derjenige, der im Inland gewerbsmäßig oder in einem Umfang, der einen in kaufmännischer Weise eingerichteten Geschäftsbetrieb erfordert, Finanzdienstleistungen erbringen will, der schriftlichen Erlaubnis durch das Bundesaufsichtsamt für das Kreditwesen. Der Erlaubnisantrag muss Folgendes enthalten:

(1) Nachweis der zum Geschäftsbetrieb erforderlichen Mittel.

(2) Angaben über die Geschäftsleiter.

(3) Angaben, die für Beurteilung der Zuverlässigkeit des Antragstellers/Geschäftsleiters erforderlich sind.

(4) Angaben zur Beurteilung der zur Leitung des Instituts erforderlichen fachlichen Eignung des Antragstellers/Geschäftsleiters.

(5) Vorlage eines Geschäftsplans, aus dem die Art der geplanten Geschäfte, der organisatorische Aufbau und die geplanten internen Kontrollverfahren des Instituts hervorgehen.

(6) Sofern an dem Institut bedeutende Beteiligungen gehalten werden:

    a) Die Angaben der Inhaber bedeutender Beteiligungen.

    b Die Höhe dieser Beteiligungen.

    c) Die für die Beurteilung der Zuverlässigkeit dieser Inhaber oder gesetzlichen Vertreter oder persönlich haftenden Gesellschafter erforderlichen Angaben.

    d) Sofern diese Inhaber Jahresabschlüsse aufzustellen haben: Die Jahresabschlüsse der letzten drei Geschäftsjahre nebst Prüfungsberichten von unabhängigen Abschlussprüfern, sofern solche zu erstellen sind.

    e) Sofern diese Inhaber einem Konzern angehören: Die Angaben der Konzernstruktur und, sofern solche Abschlüsse aufzustellen sind, die konsolidierten Konzernabschlüsse der letzten drei Geschäftsjahre nebst Prüfungsberichten von unabhängigen Abschlussprüfern, sofern solche zu erstellen sind.

    f) Die Angaben der Tatsachen, die auf eine enge Verbindung zwischen dem Institut und anderen natürlichen Personen oder anderen Unternehmen hinweisen.

(1) Nachweis der zum Geschäftsbetrieb erforderlichen Mittel

Die Erlaubnis wird nur dann erteilt, wenn das Finanzdienstleistungsinstitut über das notwendige Anfangskapital verfügt. Als Anfangskapital muss gemäß § 33 Abs. 1 Satz 1 KWG zur Verfügung stehen:

- Bei Anlagevermittlern, Abschlussvermittlern und Finanzportfolioverwaltern, die nicht befugt sind, sich bei der Erbringung von Finanzdienstleistungen Eigentum oder Besitz an Geldern oder an Wertpapieren von Kunden zu verschaffen und die nicht auf eigene Rechnung mit Finanzinstrumenten handeln, ein Betrag im Gegenwert von mindestens 50 000 Ecu.

- Bei anderen Finanzdienstleistungsinstituten, die nicht auf eigene Rechnung mit Finanzinstrumenten handeln, ein Betrag im Gegenwert von mindestens 120 000 Ecu.

- Bei Finanzdienstleistungsinstituten, die auf eigene Rechnung mit Finanzinstrumenten handeln, sowie bei Wertpapierhandelsbanken ein Betrag im Gegenwert von mindestens 730 000 Ecu.

Die im Gesetz als „Anfangskapital" bezeichneten Beträge stellen grundsätzlich das geforderte haftende Eigenkapital dar, das (schon aus Gründen des Anlegerschutzes) tatsächlich verfügbar sein muss.

Was die finanzielle Ausstattung angeht, enthält das Kreditwesengesetz in § 64 e Abs. 3 KWG allerdings eine Übergangsregelung: Für Finanzdienstleistungsinstitute, die am 01.01.1998 tätig waren und die ihre Tätigkeit rechtzeitig und formgerecht beim Bundesaufsichtsamt für das Kreditwesen angezeigt haben, sind die Bestimmungen zum Anfangskapital erst ab dem 1. August 2003 anwendbar. Diese Übergangsregelung wird insoweit eingeschränkt, als dort, wo das Anfangskapital geringer ist als gesetzlich vorgesehen, dieses niemals unter den Durchschnittswert der jeweils vorangegangenen sechs Monate sinken darf. Finanzdienstleistungsinstitute, die sich auf diese Übergangsregelung berufen, haben deshalb den Durchschnittswert alle sechs Monate zu ermitteln und dem Bundesaufsichtsamt für das Kreditwesen mitzuteilen. Wird der Wert unterschritten, kann das Bundesaufsichtsamt die Erlaubnis aufheben.

Wichtig: Bezüglich der Höhe des Anfangskapitals gibt es für Anlage- und Abschlussvermittler, die nicht befugt sind, sich bei der Erbringung von Finanzdienstleistungen Eigentum oder Besitz an Geldern oder Wertpapieren von Kunden zu verschaffen und die nicht auf eigene Rechnung mit Finanzinstrumenten handeln, hilfsweise eine Ausnahmeregelung. Diese können anstatt des Anfangskapitals von mindestens 50 000 Ecu den Abschluss einer geeigneten Versicherung zum Schutz ihrer Kunden nachweisen. Als geeignet gilt eine solche Versicherung dann, wenn sie insbesondere Schäden abdeckt, die durch falsche Beratung der Kunden entstehen können. Es ist anzunehmen, dass der Abschluss einer entsprechenden Berufshaftpflichtversicherung in der Regel dafür ausreicht. Diese Ausnahmeregelung soll verhindern, dass kleinere Unternehmen von vornherein von der Marktteilnahme ausgeschlossen werden. Der durch die Versicherung gewährte Schutz darf dabei keinesfalls unter dem Wert des vorgeschriebenen Anfangskapitals bleiben.

Zu beachten ist in diesem Zusammenhang aber, dass Finanzdienstleister, die von der Möglichkeit „Versicherung statt Anfangskapital" Gebrauch machen, nicht den sogenannten „Europäischen Pass" erhalten. Das bedeutet, dass diese Finanzdienstleister weder Zweigniederlassungen in anderen Staaten des Europäischen Wirtschaftsraums errichten noch grenzüberschreitende Dienstleistungen erbringen dürfen.

(2) Angaben über die Geschäftsleiter

Bei der Antragstellung sind Angaben über die Geschäftsleiter zu machen. Die Geschäftsleiter sind diejenigen Personen, die nach Gesetz, Satzung oder Gesellschaftsvertrag das Unternehmen leiten.

(3) Beurteilung der Zuverlässigkeit

Wann eine Person unzuverlässig ist, ist gesetzlich nicht abschließend geklärt. Im Wesentlichen gelten hier die gleichen Grundsätze wie bei der Versagung der Gewerbeerlaubnis nach § 34 c GewO (siehe Fall 1).

(4) Beurteilung der fachlichen Eignung

Ein bestimmter Berufsabschluss wird als Zulassungsvoraussetzung nicht verlangt, jedoch werden ausreichende theoretische und praktische Kenntnisse in den beabsichtigten Geschäftsfeldern und auch Leitungserfahrung vorausgesetzt. Die fachliche Eignung wird zugunsten des Antragstellers von der Behörde vermutet, wenn eine dreijährige leitende Tätigkeit bei einem Institut von vergleichbarer Größe und Geschäftsart nachgewiesen wird (§ 33 Abs. 2 KWG). Wer sich nicht auf diese Vermutung berufen kann, muss in geeigneter Form die fachliche Eignung nachweisen. Das kann z. B. durch den erfolgreichen Abschluss einer anerkannten Ausbildung zum Finanzkaufmann geschehen.

(5) Vorlage eines Geschäftsplans

Der § 25 a KWG verlangt von Finanzdienstleistungsinstituten die Erfüllung zahlreicher organisatorischer Pflichten. Zur Erfüllung der organisatorischen Pflichten haben Finanzdienstleistungsinstitute geeignete Regelungen zur Überwachung, Kontrolle und Steuerung der Risiken aufzustellen und einzuhalten, anhand deren sich die finanzielle Lage des Institutes jederzeit mit hinreichender Genauigkeit bestimmen lässt.

(6) Bedeutende Beteiligungen

In allen Fällen ist bei Antragstellung anzugeben, wenn an dem Institut bedeutende Beteiligungen gehalten werden. Die Eigentums- und Beteiligungsverhältnisse am Finanzdienstleistungsinstitut sollen transparent sein. Eine bedeutende Beteiligung in diesem Sinne besteht dann, wenn entweder mindestens 10 % des Kapitals oder der Stimmrechte gehalten werden oder die Möglichkeit besteht, dass auf die Führung des Unternehmens, an dem die Beteiligung besteht, maßgeblicher Einfluss genommen werden kann.

1.2.2 Die Antragstellung

Der Antrag auf Erlaubnis gemäß § 32 KWG ist beim Bundesaufsichtsamt für das Kreditwesen, Berlin, in zweifacher Ausfertigung und zusätzlich bei der für den Finanzdienstleister örtlich zuständigen Landeszentralbank in dreifacher Ausfertigung einzureichen. Alle fünf Ausfertigungen sind vom Antragsteller mit je einer Originalunterschrift zu versehen. Der Anzeige sind Kopien der notwendigen Erlaubnisse, wie z. B. aktuelle Auszüge aus dem Handelsregister, beizufügen.

1.2.3 Ausnahmen von der Erlaubnispflicht

Obwohl es sich um Finanzdienstleistungen im Sinne des Kreditwesengesetzes handelt, ist für folgende Tätigkeiten eine Geschäftserlaubnis nach § 32 KWG nicht erforderlich:

Ausnahme 1

Die ausschließliche Vermittlung von Anteilscheinen von Kapitalanlagegesellschaften oder ausländischen Investmentanteilen für ein oder mehrere Institute fällt unter § 34 c GewO. Eine Erlaubnis nach § 32 KWG ist nicht erforderlich. Das gilt aber nur dann, wenn diese Institute nicht befugt sind, sich Eigentum oder Besitz an Geldern, Anteilscheinen oder Anteilen von Kunden zu verschaffen.

Zu beachten ist, dass diese Ausnahme nur dann zur Anwendung kommt, wenn daneben keine anderen Finanzinstrumente vermittelt werden. Wer also neben Investmentanteilen gewerblich für andere z. B. Aktien handelt, kann sich nicht auf diese Ausnahme berufen.

Ausnahme 2

Keine Erlaubnispflicht nach § 32 KWG besteht für freie Mitarbeiter als selbständige Unternehmer, wenn sie die Anlage- oder Abschlussvermittlung ausschließlich für Rechnung und unter der zivilrechtlichen Haftung eines Einlagenkreditinstituts oder Wertpapierhandelsunternehmens ausüben und daneben keine anderen Finanzdienstleistungen erbringen (siehe Fall 2).

In diesen Fällen wird die Tätigkeit des Finanzdienstleisters dem Unternehmen zugerechnet, für dessen Rechnung und Haftung er tätig wird. Nötig ist allein die Gewerbeanzeige gemäß § 14 GewO.

Ausnahme 3

Eine Erlaubnispflicht besteht nicht für Angehörige freier Berufe, die Finanzdienstleistungen nur gelegentlich im Rahmen ihrer Berufstätigkeit erbringen und einer Berufskammer des öffentlichen Rechts angehören und deren Berufsrecht die Erbringung von Finanzdienstleistungen nicht ausschließt.

Weitere Ausnahmen

Weitere Ausnahmen gelten noch für Unternehmen, deren einzige Finanzdienstleistung der Handel mit Sorten ist, sofern ihre Haupttätigkeit nicht im Sortenhandel besteht, sowie für private und öffentliche Versicherungsunternehmen und für Unternehmen, die Finanzdienstleistungen ausschließlich für ihre Mutterunternehmen oder ihre Tochter- oder Schwesterunternehmen erbringen. Sind diese Unternehmen allerdings gewerbsmäßig für Dritte tätig, benötigen sie eine Geschäftserlaubnis nach § 32 KWG.

1.2.4 Versagung der Erlaubnis

Fall 9: Erlaubnisversagung

B und C sind Gesellschafter der D-GmbH, die sich in der Vergangenheit mit dem Verkauf gebrauchter Kraftfahrzeuge beschäftigt hat. Das Stammkapital der Gesellschaft ist aufgezehrt, andere Vermögenswerte stehen der Gesellschaft nicht zur Verfügung. B und C wollen den Geschäftszweck ihrer GmbH ändern und künftig Finanzdienstleistungen im Sinne des Kreditwesengesetzes anbieten.

***

Fall 10: Weitere Versagungsgründe

E ist in der Vergangenheit zweimal rechtskräftig wegen Vermögensdelikten verurteilt worden. Wegen Betruges in einem besonders schweren Fall wurde er zu einer Freiheitsstrafe von drei Jahren verurteilt. Er ist der Meinung, dass er das „Zeug" zu einem guten Vermögensverwalter hat.

***

Der § 33 Abs. 1 KWG enthält einen abschließenden Katalog von Gründen, bei deren Vorliegen die Zulassung als Finanzdienstleistungsinstitut versagt werden muß. In Abs. 3 sind die Gründe aufgeführt, bei deren Vorliegen die Verwaltungsbehörde die Erlaubnis versagen kann.

Die Erlaubnis *muss* nach § 33 Abs. 1 KWG zwingend versagt werden, ohne dass noch weitere Gründe hinzukommen müssen, wenn

- die zum Geschäftsbetrieb erforderlichen Mittel, insbesondere ein ausreichendes Anfangskapital, nicht zur Verfügung stehen. Auf die für Anlage- und Abschlussvermittler und Portfolioverwalter geltende Ausnahme, an Stelle des Anfangskapitals eine geeignete Versicherung nachzuweisen, wird ausdrücklich hingewiesen.

- Tatsachen vorliegen, aus denen sich ergibt, dass der Antragsteller oder ein Geschäftsleiter nicht zuverlässig ist.

- Tatsachen vorliegen, aus denen sich ergibt, dass bei einer bedeutenden Beteiligung an einem Institut der Inhaber oder ein Gesellschafter oder ein gesetzlicher Vertreter des beteiligten Unternehmens nicht dem im Interesse einer soliden und umsichtigen Führung des Institutes zu stellenden Anspruch genügt, was insbesondere dann der Fall ist, wenn diese Person nicht zuverlässig ist.

- Tatsachen vorliegen, aus denen sich ergibt, dass der Inhaber oder der Geschäftsleiter nicht die zur Leitung des Institutes erforderliche fachliche Eignung hat und auch nicht eine andere Person als Geschäftsleiter eingesetzt wird;

- ein Kreditinstitut oder ein Finanzdienstleistungsinstitut, das befugt ist, sich bei der Erbringung von Finanzdienstleistungen Eigentum oder Besitz an Geldern oder Wertpapieren von Kunden zu verschaffen, nicht mindestens zwei Geschäftsleiter hat, die nicht nur ehrenamtlich für das Institut tätig sind,

- das Institut seine Hauptverwaltung nicht im Inland hat,

- das Institut nicht bereit und in der Lage ist, die erforderlichen organisatorischen Vorkehrungen zum ordnungsmäßigen Betreiben der Geschäfte, für die es die Erlaubnis beantragt, zu schaffen.

Das Bundesaufsichtsamt für das Kreditwesen *kann* nach § 33 Abs. 3 KWG die Erlaubnis nach seinem pflichtgemäßen Ermessen versagen, wenn

- das Institut mit dem Inhaber einer bedeutenden Beteiligung verbunden ist und diese Unternehmensverbindung oder die Struktur der Unternehmensverbindung des Inhabers der bedeutenden Beteiligung mit anderen Unternehmen geeignet ist, eine wirksame Aufsicht über das Institut zu verhindern;

- eine enge Verbindung zu einer natürlichen oder juristischen Person besteht und diese Unternehmensverbindung geeignet ist, eine wirksame Aufsicht über das Institut zu verhindern;

- das Institut Tochterunternehmen eines anderen Unternehmens mit Sitz im Ausland ist, das im Staat seines Sitzes oder seiner Hauptverwaltung nicht wirksam beaufsichtigt wird oder dessen zuständige Aufsichtsstelle zu einer befriedigenden Zusammenarbeit mit dem Bundesaufsichtsamt nicht bereit ist;

- entgegen § 32 Abs. 1 Satz 2 KWG der Antrag keine ausreichenden Angaben oder Unterlagen enthält.

Aus anderen als den in § 33 Abs. 1 und Abs. 3 KWG genannten Gründen darf die Erlaubnis nicht versagt werden.

1.2.5   Erlöschen und Aufhebung der Erlaubnis

Fall 11: Riskante Spekulationen

Der als Finanzdienstleistungsinstitut zugelassene D, der überwiegend als Portfolioverwalter arbeitet, hat infolge riskanter Spekulationen in Warentermingeschäften das ihm anvertraute Vermögen der Witwe K veruntreut. Um die laufenden Kosten seines Betriebes zu decken, hat er Gelder anderer Kunden unterschlagen.

***

Fall 12: Verstöße gegen das Kreditwesengesetz

Die Finanzdienstleistungs-GmbH K hat in mehreren nachgewiesenen Fällen gegen die Bestimmungen des Kreditwesengesetzes verstoßen, indem sie unerlaubte Einlagengeschäfte, die nur von zugelassenen Kreditinstituten erbracht werden dürfen, betrieben hat. Der Rückabwicklungsverfügung des Bundesaufsichtsamtes für das Kreditwesen ist die Finanzdienstleistungs-GmbH K trotz Fristsetzung und Androhung eines Ordnungsgeldes nicht nachgekommen.

***

Eine erteilte Erlaubnis erlischt gem. § 35 KWG, wenn von ihr nicht innerhalb eines Jahres seit ihrer Erteilung Gebrauch gemacht wird. Im übrigen kann die Erlaubnis aufgehoben werden, wenn

- der Geschäftsbetrieb, auf den sich die Erlaubnis bezieht, seit mehr als sechs Monaten nicht mehr ausgeübt worden ist;

- Tatsachen bekannt werden, die die Versagung der Erlaubnis nach § 33 Abs. 1 Satz 1 Nr. 1-7 oder Abs. 3 Nr. 1-3 KWG rechtfertigen würden, also z. B. wenn der Antragsteller oder der Geschäftsleiter unzuverlässig sind;

- die Gefahr besteht, dass das Institut seine Verpflichtungen nicht mehr erfüllen und die Gefahr nicht durch andere Maßnahmen abgewendet werden kann, oder wenn eine

Gefahr für die Sicherheit der dem Institut anvertrauten Vermögenswerte besteht;

- die Eigenmittel eines Wertpapierhandelsunternehmens nicht den Anforderungen des § 10 Abs. 9 KWG entsprechen;

- das Institut nachhaltig gegen Bestimmungen des Kreditwesengesetzes, des Wertpapierhandelsgesetzes oder die zur Durchführung dieser Gesetze erlassenen Verordnungen oder Anordnungen verstoßen hat. Diese Voraussetzungen sind im Fall 12 erfüllt. Das Bundesaufsichtsamt für das Kreditwesen kann die Erlaubnis aufheben. Gegen Maßnahmen des Bundesaufsichtsamtes für das Kreditwesen ist der Verwaltungsrechtsweg gegeben.

1.2.6 Anzeige- und Informationspflichten

Für zugelassene Finanzdienstleistungsinstitute, die der Aufsicht des Bundesaufsichtsamtes für das Kreditwesen unterliegen, gelten umfangreiche Anzeige- und Informationspflichten. Zu beachten sind zahlreiche gesetzliche Bestimmungen, wie etwa das Kreditwesengesetz, das Geldwäschegesetz und die hierzu erlassenen Verordnungen und Verlautbarungen des Bundesaufsichtsamtes für das Kreditwesen.

Finanzdienstleistungsinstitute sind verpflichtet, nach Ablauf eines jeden Monats der Deutschen Bundesbank einen Monatsausweis über die geschäftliche Entwicklung des Instituts einzureichen. Nähere Einzelheiten sind in einer Rechtsverordnung geregelt. Vor allem folgende Änderungen sind jeweils dem Bundesaufsichtsamt für das Kreditwesen und der Deutschen Bundesbank anzuzeigen:

- Änderungen in der Geschäftsführung,
- Übernahme und Aufgabe einer bedeutenden Beteiligung an einem Finanzdienstleistungsinstitut. Das sind die Übernahme oder die Aufgabe einer Beteiligung von mindestens 10% der Anteile am Kapital oder den Stimmrechten.
- Änderungen betreffend die Rechtsform der Firma, des Gesellschaftsvertrages oder der Satzung der Gesellschaft;
- Absinken des Anfangskapitals unter die gesetzlich vorgeschriebene Mindesthöhe;
- Wegfall einer Versicherung, die anstelle des Anfangskapitals abgeschlossen wurde;
- Verluste in Höhe von 25% des haftenden Eigenkapitals;
- Einstellung des Geschäftsbetriebs,
- Sitzverlegungen,
- Errichtung, Verlegung und Schließung einer Zweigstelle,
- Aufnahme und Einstellung des Betreibens von Geschäften, die nicht Bankgeschäfte oder Finanzdienstleistungen sind und
- Inanspruchnahme des Europäischen Passes.

Finanzdienstleister sind gehalten, die Anzeige- und Informationspflichten strikt zu beachten. Bei Verletzung dieser Pflichten drohen Sanktionen.

1.2.7 Sanktionen

Fall 13: Fehlende schriftliche Erlaubnis

W ist Alleinvorstand des in der Rechtsform der Aktiengesellschaft betriebenen Unternehmens B-AG, das regelmäßig und in großem Umfang durch Emissionsprospekte Anlegerkapital sucht, um Windkraftwerke zu betreiben. Bei den angebotenen Verträgen handelt es sich wegen des Ausschlusses einer Verlustbeteiligung und wegen der den Anlegern fest versprochenen Verzinsung in bestimmter Höhe nicht um gesellschaftsrechtliche Beteiligungen, sondern um Darlehen. Eine Erlaubnis zum Betrieb von Bankgeschäften gemäß § 32 KWG hat das Unternehmen nicht.

Das Bundesaufsichtsamt für das Kreditwesen hat das Unternehmen unter Fristsetzung zur sofortigen Rückzahlung der Anlegergelder aufgefordert, weil es sich um Einlagengeschäfte nach § 1 Abs. 1 Satz 2 Nr. 1 KWG handelt und die erforderliche schriftliche Erlaubnis des Bundesaufsichtsamtes für das Kreditwesen zum Betrieb von Bankgeschäften nicht vorliegt. Außerdem hat das Amt gegen W Strafanzeige erstattet.

*** *

Wer verbotene Geschäfte im Sinne des Kreditwesengesetzes betreibt oder ohne Erlaubnis nach § 32 Abs. 1 Satz 1 Bankgeschäfte betreibt oder Finanzdienstleistungen erbringt, wird mit Freiheitsstrafe bis zu drei Jahren oder mit Geldstrafe belegt. Mit der gleichen Straferwartung zu rechnen hat, wer es als Geschäftsleiter eines Instituts oder als Inhaber eines in der Rechtsform eines Einzelkaufmanns betriebenen Instituts unterläßt, dem Bundesaufsichtsamt die Zahlungsunfähigkeit oder Überschuldung anzuzeigen. Handelt der Täter hierbei fahrlässig, so ist die Strafe Freiheitsstrafe bis zu einem Jahr oder Geldstrafe (§ 55 Abs. 1 und 2 KWG).

Außerdem sind zahlreiche Verhaltenspflichten bußgeldbewährt. Nach dem Gesetz können Bußgelder von bis zu 100 000 DM, 300 000 DM und sogar bis zu 1 Mio. DM verhängt werden. Eine Geldbuße in Höhe von 1 Mio. DM droht z. B. demjenigen, der sich seiner Abberufung als Geschäftsführer gemäß § 36 KWG widersetzt. Einen umfangreichen Katalog von Bußgeldvorschriften enthält § 56 KWG.

Hinweis:
Infolge der 6. Novelle zum Kreditwesengesetz sind umfangreiche neue gesetzliche Bestimmungen zu dem Recht der Finanzdienstleister verabschiedet worden. Wie bei allen neuen gesetzlichen Regelungen bestehen Unklarheiten und zum Teil Auslegungsprobleme. Aus diesem Grund haben Finanzdienstleister ständig die das Gesetz konkretisierenden neuen und noch zu erlassenden Verordnungen und die Verlautbarungen des Bundesaufsichtsamtes für das Kreditwesen zu beachten. Sorgfältig sollten auch die behördlichen Entscheidungen und gerichtlichen Urteile zum Kreditwesengesetz beachtet werden.

2. Das Haftungsrecht der Finanzdienstleister

2.1 Einführung

Der Bundesgerichtshof hat sich in der Vergangenheit in zahlreichen Entscheidungen mit den Pflichten der Vermögensverwalter, Anlagevermittler und Anlageberater gegenüber ihren Kunden auseinandergesetzt. Heute ist anerkannt, dass Finanzdienstleister umfangreiche Informations-, Aufklärungs-, Nachforschungs- und Beratungspflichten sowie nachvertragliche Pflichten gegenüber ihren Kunden zu erfüllen haben. Dabei werden an Anlageberater und Anlagevermittler unterschiedliche Anforderungen gestellt. Die Anforderungen, die an Anlageberater gerichtet werden, sind strenger als die, die Personen treffen, die als bloße Anlagevermittler auftreten. Besondere Anlagemodelle verlangen überdies die Beachtung besonderer Aufklärungs- und Beratungspflichten. Allerdings ist der Katalog der von Finanzdienstleistern zu beachtenden Aufklärungs- und Beratungspflichten nicht einheitlich und klar definiert. Häufig werden verschiedene Bezeichnungen verwendet. Einigkeit besteht über die Pflicht zur Wahrheit und zur Klarheit, was bedeutet, dass der Finanzdienstleister seinen Kunden eine verständliche Information schuldet, sowie über die Pflicht zur Vollständigkeit der Informationen und Erkundigungs- und Nachforschungspflichten.

Was den jeweiligen Umfang der erforderlichen Information und Aufklärung des Kunden durch den Finanzdienstleister angeht, ist kein praktischer Fall mit dem anderen vergleichbar, weil es immer auf die konkreten Umstände des Einzelfalles ankommt. Alle nachfolgend beschriebenen Fälle, die überwiegend auf grundlegenden Urteilen des Bundesgerichtshofs basieren, geben die maßgeblichen Verhaltenspflichten wieder und zeigen auf, was im Allgemeinen und im Besonderen, z. B. bei der Tätigkeit von Vertretern und der Einschaltung von anderen Hilfspersonen, zu beachten ist. Die Besonderheiten der verschiedenen Kapitalanlageformen wurden weitgehend berücksichtigt, sofern eigenständige Pflichten zu beachten sind.

Die Fallbeispiele geben insgesamt einen Überblick über den aktuellen Stand der Rechtsprechung. Eine auf den Einzelfall zugeschnittene rechtliche Beratung kann dadurch aber nicht ersetzt werden.

2.2 Grundlagen der Haftung

Finanzdienstleister haften ihren Kunden wegen unvollständiger oder unrichtiger Informationen oder wegen Verletzung von Nachforschungspflichten entweder aus

- *Vertrag*, d.h. wegen Verletzung vertraglicher oder nebenvertraglicher Pflichten (positive Vertragsverletzung),
- *Verschulden bei Vertragsverhandlungen* (sogenannte Haftung aus culpa in contrahendo),

- *Prospekthaftung* (das ist entweder die spezialgesetzliche Prospekthaftung oder die allgemeine zivilrechtliche Prospekthaftung) oder aus
- *unerlaubter Handlung* § 823 Abs. 1 BGB und wegen
- *Verletzung* sogenannter *Schutzgesetze* (§ 823 Abs. 2 BGB).

Geschäftsherren haften außerdem für ihre Erfüllungsgehilfen. Gesetzliche Vertreter, z. B. Geschäftsführer einer GmbH, können unter besonderen Umständen in die persönliche Eigenhaftung geraten. Daneben gilt es noch, die Haftung für Dritte, entweder aus Vertrag mit Schutzwirkung zugunsten Dritter oder wegen Verschulden bei Vertragsverhandlungen und in besonderen Fällen die sogenannte Rechtsscheinhaftung, zu beachten.

2.3 Die Haftung aus Vertrag

2.3.1 Haftung bei der Vermögensverwaltung

Fall 14: Verstoß gegen Anlagerichtlinien

Der Kläger A verlangte vom Beklagten B, einem Vermögensverwalter, Schadenersatz wegen Verletzung eines Vermögensverwaltungsvertrags. Nach Leistung einer Einlage von 500 000 DM schloß der Kläger mit dem Beklagten einen Vermögensverwaltungsvertrag und erteilte ihm schriftlich die Weisung, dass der Beklagte nur deutsche börsennotierte Wertpapiere handeln soll. Der Beklagte bestätigte den Erhalt der Weisung. Im Laufe der Zeit erkannte der Beklagte, dass beträchtlich höhere Gewinne mit ausländischen Wertpapieren erzielt werden konnten. Er verwendete die Einlage zu 60 % zum Erwerb deutscher börsennotierter Wertpapiere. Mit der übrigen Einlage kaufte und verkaufte der Beklagte in ca. 140 Fällen ausländische Wertpapiere. Von allen Vorgängen erhielt der Kläger regelmäßige Abrechnungen und Ausführungsanzeigen. Zu Reklamationen war es nicht gekommen. Nach etwa zwei Jahren bemängelte der Kläger die Nichtbeachtung seiner Vorgabe und kritisierte, dass sein Depot nur noch einen Nettowert von 313.976,80 DM aufwies. Auf Veranlassung des Klägers wurden sämtliche ausländischen Wertpapiere verkauft.

Der Kläger verlangte vom Vermögensverwalter Schadenersatz. Er war der Meinung, dass seine Weisung für den Vermögensverwalter verbindlich ist und er durch den weisungswidrigen Erwerb ausländischer Wertpapiere großen Schaden erlitten habe. Der Beklagte hielt demgegenüber die Weisung für unverbindlich und war der Meinung, dass ein Schadenersatzanspruch gegen ihn verwirkt sei, da der Kläger von allen Geschäftsvorgängen über den gesamten Zeitraum Kenntnis hatte.

(nach BGH, Urteil v. 28.10.1997 – XI ZR 260/96 (Hamburg) = BGH, NJW 1998, 449)

***

Vermögensverwaltungsvertrag

Regelmäßig erfolgt die Verwaltung fremden Vermögens aufgrund einer besonderen – häufig schriftlich geschlossenen – Vereinbarung im Rahmen eines Vermögensverwaltungsvertrages gegen Entgelt. Es handelt sich dabei um einen Geschäftsbesorgungsvertrag, auf den die dienstrechtlichen Bestimmungen des Bürgerlichen Gesetzbuches (BGB) Anwendung finden (§§ 675, 611 BGB).

Kennzeichnend für die Vermögensverwaltung (Finanzportfolioverwaltung) ist, dass der Vermögensverwalter die Vermögenswerte nach eigenem Ermessen verwaltet und darüber im Rahmen der mit dem Kunden vereinbarten Anlagerichtlinien im Namen des Kunden frei verfügen kann. Im Unterschied zur Anlageberatung, bei der der Anlageberater den Kunden über das Anlageobjekt fundiert zu informieren und zu beraten hat, der Anleger die Anlageentscheidung aber selbst fällt, kann der Vermögensverwalter beim Vermögensverwaltungsvertrag eigenständig entscheiden, ohne vorab eine Weisung des Kunden einzuholen. Alle Geschäfte werden aber im Namen und im Auftrag des Kunden ausgeführt. In allen Fällen bleibt dem Kunden ein Weisungsrecht und damit die Möglichkeit, in die Verwaltung seiner Vermögenswerte einzugreifen. Gegenstand der Vermögensverwaltung bilden überwiegend Wertpapiere, Immobilien und auch Nachlass- und Stiftungsvermögen.

Anlagerichtlinien

Maßgeblich für die Rechte und Pflichten des Vermögensverwalters sind die zwischen dem Kunden und ihm getroffenen Anlagerichtlinien. Sinnvoll ist es, diese so genau wie möglich zu fixieren, damit es nicht zu einem Streit über die Auslegung der Rechte und Pflichten des Vermögensverwalters kommt.

Der Vermögensverwalter haftet seinem Kunden auf Schadenersatz, wenn er die Pflichten des Vermögensverwaltungsvertrages verletzt. Eine Pflichtverletzung des Vermögensverwalters gegenüber dem Kunden ist evident, wenn er gegen die Anlagerichtlinien verstößt. Bei einem Vermögensverwaltungsvertrag müssen sich die Anlageentscheidungen des Verwalters im Rahmen vereinbarter Anlagerichtlinien halten. Andernfalls haftet er bei Verschulden wegen positiver Vertragsverletzung. Dabei gilt allgemein, dass den Kunden gegenüber den Vermögensverwalter nicht die Pflicht trifft, Abrechnungen und Ausführungsanzeigen von Wertpapiergeschäften zeitnah zu kontrollieren. Der Vermögensverwalter kann sich deshalb – wie im Fall 14 dargestellt – nicht auf den Einwand der Verwirkung gegenüber dem Kläger berufen.

Im Übrigen kann sich eine Schadenersatzverpflichtung des Vermögensverwalters gegenüber dem Kunden wegen Verletzung von Schutzgesetzen, z. B. dem Straftatbestand der Untreue, § 266 StGB, dem Straftatbestand des Betruges, § 263 StGB in Verbindung mit § 823 Abs. 2 BGB, ergeben (siehe Abschnitt 2.6).

2.3.2 Haftung bei der Anlageberatung

Die Haftung des Anlageberaters aus Vertrag tritt ein, wenn der Anlageberater infolge schuldhafter Vertragsverletzung kausal einen Schaden des Kunden verursacht hat. In der

Übersicht 1 werden die einzelnen Tatbestandsmerkmale der Haftung aus Vertrag erläutert. Dabei werden die konkreten Aufklärungs- und Beratungspflichten vorgestellt und auch die „Gegenrechte" des Anlageberaters, die er gegen die Inanspruchnahme einwenden kann, z. B. Mitverschulden, Vorteilsausgleichung, Verjährung etc., erläutert. In den Fällen 15 bis 21 werden die einzelnen Tatbestandsmerkmale der Haftung vertieft.

Übersicht 1: Haftung aus Anlageberatungsvertrag

Vertragstyp

Auskunfts- oder Beratungsvertrag. Es handelt sich regelmäßig um einen Geschäftsbesorgungsvertrag mit Dienstvertragscharakter, §§ 611, 675 BGB.

Zustandekommen des Vertrages (vgl. Fall 15)

Entweder ausdrücklich oder stillschweigend, d.h. durch schlüssiges Handeln. Die Einhaltung der Schriftform ist nicht erforderlich. Die Rechtsprechung nimmt einen stillschweigend abgeschlossenen Beratungs- oder Auskunftsvertrag an, wenn

- die Auskunft für den Empfänger erkennbar von erheblicher Bedeutung ist und diesem als Grundlage für Vermögensdispositionen dient,
- der Auskunftsgeber sich als sachkundig bezeichnet oder
- der Auskunftsgeber ein eigenes wirtschaftliches Interesse hat (z. B. Provisionsinteresse).

Pflichten des Anlageberaters

(1) Beratungs- und Auskunftspflichten (vgl. Fall 16)

Die Nicht- oder die Schlechterfüllung der Beratungs- und Auskunftspflichten kann zu Schadenersatzansprüchen gegenüber dem Anlageberater führen. *Inhalt* und *Umfang* der Beratungs- und Aufklärungspflichten, deren Verletzung zu Schadenersatzansprüchen führen können:

- Umfassende Informationspflicht dem Kunden gegenüber, d.h. dem Kunden müssen alle Informationen geliefert werden, die für die jeweilige Anlageentscheidung wesentliche Bedeutung haben oder haben können.
- Alle Informationen müssen wahrheitsgemäß, richtig und vollständig erteilt werden.
- Die Beratung des Kunden ist Hauptpflicht des Anlageberaters. Er schuldet dem Kunden eine auf ihn persönlich zugeschnittene Beratung. Er muss besonders fundiert und differenziert beraten.
- Auf Wunsch des Kunden ist der Anlageberater verpflichtet, die ihm gemachten Informationen und Unterlagen unter Berücksichtigung der Anlageziele und Risikobereitschaft des Anlegers fachkundig zu bewerten und zu beurteilen.
- Der Anlageberater hat a) personenbezogene und b) objektbezogene Umstände zu beachten (vgl. Fall 17):

---

a) *personenbezogene Umstände* bedeutet, dass die Anlage „anlegergerecht" sein muss, maßgeblich sind:
- Wissensstand des Kunden über das Anlagegeschäft
- Risikobereitschaft des Kunden
- Zweck des Anlagegeschäftes

b) *objektbezogene Umstände* sind:
- Aufklärung über alle Umstände, die für die konkrete Anlageentscheidung von wesentlicher Bedeutung sind
- Aufklärung über allgemeine und spezielle Risiken der Anlage

(2) Nachforschungspflichten

Da der Kunde üblicherweise nur geringe Möglichkeiten zur Nachprüfung der ihm vom Anlageberater gemachten Auskünfte hat, hat der Anlageberater eigene Nachforschungen die Kapitalanlage betreffend anzustellen. Der konkrete Umfang der Nachforschungspflicht lässt sich nicht abstrakt bestimmen. Maßgeblich ist, was der Kunde redlicherweise auf Grund entgegengebrachten Vertrauens vom Anlageberater verlangen kann.

(3) Offenbarungspflichten

Alle für die Anlageentscheidung wesentlichen Umstände müssen dem Anleger gegenüber offenbart werden. Auch dann, wenn der Anlageberater darauf vertraut, dass negative Umstände nicht eintreten werden. Unterlassene Information kann pflichtwidrig sein.

(4) Nachvertragliche Aufklärungspflichten (vgl. Fall 18)

Jeder Vermittler – insbesondere aber der Anlageberater – hat seine Kunden auch nach Vertragsschluss über alle wesentlichen Umstände, die für den Vertrag von erheblicher Bedeutung sind, zu informieren. Dies gilt in besonderem Maße für nachträglich bekannt werdende Risiken, wenn für den Anleger noch die Möglichkeit besteht, sich von der eingegangenen Bindung zu lösen oder einen drohenden oder bereits eingetretenen Schaden zu begrenzen.

Verletzt der Finanzdienstleister diese Aufklärungspflicht, entsteht für ihn ein hohes haftungsrechtliches Risiko mit der möglichen Folge von Schadenersatzansprüchen. Besonders haftungsträchtig ist, wenn der Finanzdienstleister in Kenntnis negativer Fakten über ein Unternehmen oder das Anlageobjekt es zulässt oder fördert, dass der Anleger dort weitere Beteiligungen übernimmt oder Ausschüttungen reinvestiert.

Von einem Anlageberater darf auch erwartet werden, dass er auf Grund eigener Sachkenntnis – z. B. durch Auswertung von Geschäftsberichten – schuldhaftes Fehlverhalten der Initiatoren oder grobe Abweichungen von prospektierten Aussagen feststellt und seine Kunden darüber informiert. In jedem Fall besteht Aufklärungspflicht, wenn in der einschlägigen Fachpresse oder in allgemein zugänglichen Publikationen negative Mitteilungen über das Anlageobjekt veröffentlicht werden.

(5) Besondere Pflichten bei Wertpapierdienstleistungen
Wertpapierdienstleistungsunternehmen sind gemäß § 31 Abs. 2 WpHG verpflichtet, von ihren Kunden Angaben über ihre Erfahrungen oder Kenntnisse, über ihre mit den Geschäften verfolgten Zielen und ihre finanziellen Verhältnisse zu verlangen

Kausalität der Pflichtverletzung (vgl. Fall 39)

(1) Ursächlichkeit (Kausalität)
Die Pflichtverletzung muss für den Eintritt des Schadens ursächlich sein. Folge der Nicht- oder Schlechterfüllung der Beratungs- und Auskunftpflichten ist die Verpflichtung zum Schadenersatz gegenüber dem Kunden.

Häufig wird der wegen Verletzung seiner vertraglichen Pflichten in Anspruch genommene Finanzdienstleister einwenden, dass andere Umstände den Schaden kausal – d.h. ursächlich – herbeigeführt haben, nicht aber etwaige unterlassene Beratungs- oder Aufklärungspflichten. In der Tat hat ein Anlageberater oder Vermittler nur dann für einen entstandenen Schaden einzustehen, wenn dieser durch sein Fehlverhalten verursacht wurde.

Kausalität in diesem Sinne bedeutet, dass der Anleger entweder durch falsche Angaben zu seiner Anlageentscheidung veranlasst wurde oder dass eine Verletzung der (auch nachträglichen) Aufklärungspflicht den Schaden verursacht hat. Allerdings gehen die Gerichte in der Regel davon aus, dass bereits das Verkaufsgespräch das erste – und somit verantwortliche – Glied der Ursachenkette ist. Im Falle einer fehlerhaften oder unzureichenden Beratung oder Aufklärung kann sich der Finanzdienstleister deshalb nicht darauf berufen, dass der Schaden letztendlich durch ein pflichtwidriges Verhalten Dritter (z. B. von Initiatoren, Treuhändern oder anderen verantwortlichen Personen) entstanden ist. Wie Urteile aus der Vergangenheit gezeigt haben, gilt dieser Grundsatz auch für Extremfälle, z. B. wenn der Treuhänder die ihm anvertrauten Gelder veruntreut hat oder wenn der Prospekt falsche Angaben enthält, der Schaden jedoch aus dem wirtschaftlichen Zusammenbruch der Gesellschaft resultiert.

(2) Unterbrechung der Kausalität
Aus Gründen des Anlegerschutzes wird grundsätzlich zunächst davon ausgegangen, dass eine Pflichtverletzung des Finanzdienstleisters Ursache eines entstandenen Schadens ist. Deshalb muss der im Rahmen eines Schadenersatzprozesses in Anspruch genommene Finanzdienstleister beweisen, dass der entstandene Schaden nicht die Folge seiner Aufklärungs- und Beratungspflicht ist und/oder dass sich der Anleger auch bei korrekter Beratung zum Abschluss gerade dieser Kapitalanlage entschlossen hätte. Diesen Beweis kann der Finanzdienstleister in der Regel nur dadurch erbringen, dass er im Haftungsprozess dem Anleger nachweisen kann, dass sich dieser wegen der Kapitalanlage durch fachkundige Dritte – z. B. einen Steuerberater, einen Wirtschaftsprüfer oder einen Rechtsanwalt – hat beraten lassen und sich trotz dieser Beratung zu der Kapitalanlage entschlossen hat. Weil die Beweis-

führung schwierig, wenn nicht nahezu unmöglich ist, sollte der Finanzdienstleister zumindest die korrekte Aufklärung über die wesentlichen Umstände der Kapitalanlage und ihre Risiken nachweisen können, z. B. durch Erstellung eines vom Anleger unterzeichneten Anlegerprofils.

Verschulden (vgl. Fall 40)

Für den Verschuldensvorwurf gegenüber dem Finanzdienstleister genügt bereits einfache Fahrlässigkeit. Fahrlässig handelt, wer die im Geschäftsverkehr erforderliche Sorgfalt außer Acht lässt (§ 276 BGB). Die zu beobachtenden Sorgfaltspflichten ergeben sich aus dem jeweiligen Einzelfall. Der Anlageberater und auch der Anlagevermittler muss den Kunden richtig und vollständig über alle für die Anlage wichtigen Umstände informieren (BGHZ 74, 106, NJW 82, 1095, 83, 1730). Er handelt schuldhaft, wenn er nicht offen legt, dass seine positive Beurteilung ausschließlich auf nicht überprüften Informationen der Börsenzulassung (BGH NJW 93, 2433) oder des betreffenden Unternehmens beruhen (BGH NJW-RR 93, 1115). Der Maßstab für die Anforderungen an die Sorgfaltspflicht kann strenger angelegt werden, wenn der Finanzdienstleister besondere Erfahrungen und Kenntnisse hat (BGH VersR 64, 831, 67, 777, 68, 1059).

Schaden (vgl. Fälle 41, 42)

Inhalt und Umfang des *Schadenersatzes:* Anlageberater und Anlagevermittler haften dem Anleger dafür, dass dieser im Fall einer fehlgeschlagenen Kapitalanlage so zu stellen ist, als ob er diese Anlage nicht getätigt hätte (juristisch nennt man dies „negatives Interesse"). Der Schaden besteht dabei regelmäßig in dem Verlust oder Teilverlust der Einlage nebst etwaigem Agio, zuzüglich einer angemessenen Verzinsung. Als angemessen gilt im Regelfall ohne besonderen Nachweis ein Zinsanspruch in Höhe von 4 % pro Jahr.

Kann der Anleger einen höheren Zinsschaden nachweisen – z. B. wenn er auf Grund konkreter Angebote glaubhaft darstellen kann, dass er das angelegte Kapital anderweitig entsprechend besser hätte anlegen können – ist ihm dieser zu ersetzen.

Unter besonderen Umständen kann der Anleger auch noch Aufwendungen für einen zur Finanzierung der Anlage aufgenommenen Kredit als Schaden geltend machen.

Hält der Anleger am Vertrag fest – d. h. wünscht er keine Rückabwicklung – kann sich sein Anspruch auch auf Erfüllung des Vertrages oder auf Schadenersatz wegen Nichterfüllung richten. In jedem Fall muss sich der Anleger entscheiden, ob er

a) die Rückabwicklung seiner Kapitalanlage wünscht. In diesem Fall ist er Zug um Zug gegen die Rückübertragung der Kapitalanlage von dem abgeschlossenen Vertrag und seinen Rechtsfolgen und Verbindlichkeiten zu befreien. Ihm sind dabei seine Einlagen und die damit verbundenen Aufwendungen zu ersetzen sowie ggf. die Vorteile, die er durch deren anderweitige Anlage hätte erzielen können;

oder

b) seine Kapitalanlage behalten und den Ersatz des wirtschaftlichen Schadens verlangen will. Dann ist er so zu stellen, wie er gestanden hätte, wenn er nicht auf die Besonderheiten dieser Kapitalanlage vertraut hätte. Dabei ist ihm alles das zu ersetzen, was er wegen des enttäuschten Vertrauens zu viel aufgewendet hat.

Einwendungen und Einreden

(1) Mitverschulden (vgl. Fall 45)

In besonderen Fällen – wenn z. B. Warnungen von dritter Seite oder differenzierende Hinweise des Finanzdienstleisters nicht genügend beachtet werden – kann sich der Finanzdienstleister gegebenenfalls auf den Einwand des Mitverschuldens des Anlegers berufen. Dieser Einwand wird insbesondere dann akzeptiert, wenn der Anleger nach der Beratung durch den Finanzdienstleister (oder gar auf dessen Rat) seine Anlageentscheidung abhängig gemacht hat von dem Rat oder der Beurteilung durch einen berufserfahrenen versierten Dritten, z. B. eines Steuerberaters, Wirtschaftsprüfers oder Rechtsanwaltes.

Insbesondere für den erkennbar lediglich als Vermittler auftretenden Finanzdienstleister – der sich nicht auf eigene Fachkunde beruft, sondern keinen Zweifel daran lässt, dass er lediglich als „Verkäufer" für die kapitalsuchende Gesellschaft handelt – hat der Bundesgerichtshof den Einwand des Mitverschuldens des Anlegers zugelassen. Hingegen wird ein Anlageberater, der vom Anleger als sachkundig angesehen wird und persönliches Vertrauen in Anspruch nimmt, sich nur schwerlich auf ein Mitverschulden des Anlegers berufen können.

Grundsätzlich gilt: Kann der Finanzdienstleister glaubhaft nachweisen, dass dem Anleger die Risiken der besonderen Anlageform bewusst waren, kann vom Anleger auch erwartet werden, dass er Unklarheiten oder Zweifel zumindest durch Rückfragen oder durch eigene Nachforschungen beseitigt.

(2) Vorteilsausgleichung (Vgl. Fall 43)

Insbesondere bei steuerbegünstigten Kapitalanlagen stellt sich im Schadenfall die Frage, ob sich der Anleger erhaltene Steuervorteile bei der Berechnung des Schadenersatzes anrechnen lassen muss. Eine ausdrückliche gesetzliche Regelung zu dieser Problematik fehlt bisher.

Eine Vorteilsausgleichung – d.h. die Anrechnung gesparter Steuern auf den Schadenersatzanspruch – ist davon abhängig, ob der Finanzdienstleister nachweisen kann, dass der Geschädigte auch nach der Wiederversteuerung noch eine Steuerminderung übrig behält. Diesen Nachweis kann er in der Regel nur erbringen, wenn er über ein aussagekräftiges Anlegerprofil verfügt, das auch die steuerliche Situation des Anlegers beinhaltet.

(3) Verjährung (vgl. Fall 46)
Vertragliche Ansprüche des Anlegers gegenüber dem Finanzdienstleister verjähren grundsätzlich in 30 Jahren (§ 195 BGB).

Es steht dem Finanzdienstleister allerdings frei, die gesetzlichen Verjährungsfristen rechtswirksam im Vertrag mit dem Anleger oder in seinen Allgemeinen Geschäftsbedingungen abzukürzen, § 225 Satz 2 BGB. (Alternativ kann er sich eine entsprechende Erklärung vom Kunden unterzeichnen lassen.)

Dem steht nicht entgegen, dass Prospekthaftungsansprüche sowie Ansprüche gegen Wertpapierdienstleistungsunternehmen für bestimmte Tätigkeiten im Wertpapierbereich bereits in kürzerer Frist verjähren (grundsätzlich sechs Monate nach Kenntnis des Mangels oder der Pflichtverletzung, spätestens jedoch in drei Jahren ab Vertragsabschluss). Dies trifft jedoch für die Haftungsansprüche der vermittelnden Finanzdienstleister in der Regel nicht zu.

2.3.3 Haftung bei der Anlagevermittlung

Die Haftung des Anlagevermittlers aus Vertrag tritt ein, wenn er schuldhaft eine Vertragspflicht verletzt hat und hierdurch kausal ein Schaden des Anlegers entstanden ist. Ebenso wie der Anlageberater kann der Anlagevermittler im Falle der Inanspruchnahme bestimmte Einreden und Einwendungen geltend machen, die zum Ausschluss bzw. zu einer Reduzierung seiner Haftung führen können.

Übersicht 2: Haftung aus Anlagevermittlungsvertrag

Vertragstyp

Vertrag gerichtet auf Auskunftserteilung (BGH, Urt. v. 25.11.1981 – IV a ZR 286/80 (Frankfurt) = BGH, NJW 1982, 1095 (1096)).

Zustandekommen des Vertrages

Entweder ausdrücklich oder stillschweigend, d.h. durch schlüssiges Handeln. Die Einhaltung der Schriftform ist nicht erforderlich.

Pflichten des Anlagevermittlers

(1) Informationspflichten
Der Anlagevermittler ist zu richtiger und vollständiger Information über diejenigen tatsächlichen Umstände verpflichtet, die für den Anlageentschluss des Kunden von besonderer Bedeutung sind.

Anders als der Anlageberater schuldet der Anlagevermittler aber keine Bewertung der Kapitalanlage. Die Grenzziehung zwischen den Tatsachen, die für den Beitritts-entschluss von wesentlicher Bedeutung sind und der Bewertung solcher Tatsachen ist im Einzelfall allerdings höchst problematisch. Anlagevermittler sind z. B. verpflichtet, den Anleger über die wirtschaftliche Entwicklung und die Haftungsgrundlagen zu informieren.

(2) Offenbahrungspflichten
Nicht nur die unrichtige Information, sondern auch das Unterlassen gebotener Information stellt Schlechterfüllung dar (BGHZ 72, 382 (388) = NJW 1979, 718; BGH, WM 1978, 611 (612)).

(3) Nachforschungspflichten
Abhängig vom Einzelfall. Je nachdem wieweit im Einzelfall das schutzwürdige Vertrauen des Kunden auf die Richtigkeit der Angaben reicht, sind auch Nachforschungen zu fordern (BGHZ 74, 103 (111) = NJW 1979, 1449; BGH, LM § 676 BGB Nr. 14 (Bl. 2)).

(4) Nachvertragliche Aufklärungspflichten: Umfang und Inhalt wie bei der Anlageberatung.

Kausalität der Pflichtverletzung

Es bestehen keine Unterschiede zum Anlageberater (siehe Übersicht 1).

Verschulden

Es gelten grundsätzlich die gleichen Grundsätze wie bei der Anlageberatung (siehe Übersicht 1). Der Anlagevermittler haftet für Vorsatz und Fahrlässigkeit. Allerdings werden an den Anlageberater strengere Sorgfaltspflichten als an den Anlagevermittler gestellt.

Schaden

Es gelten die gleichen Grundsätze wie bei der Anlageberatung (siehe Übersicht 1).

Einwendungen und Einreden

Was die Einwendungen und Einreden betrifft gilt das Gleiche wie bei der Anlageberatung (siehe Übersicht 1).

2.3.4 Vertragliche Haftung bei der Anlagevermittlung

Fall 15: Die angeblich sichere Kapitalanlage

Der als Versicherungsvertreter und Anlagevermittler tätige A vermittelte seinem Kunden eine stille Beteiligung mit einer Beteiligungssumme von 10 000 DM an einer Film- und

Fernsehproduktions-GmbH. Diese zahlte zunächst die versprochenen Erträge vertragsgemäß. Zwei Jahre nach Abschluss des Vertrages wurde über das Vermögen der Firma Konkursantrag gestellt, das Verfahren aber mangels Masse nicht eröffnet. Der Kunde verlangte von seinem Finanzdienstleister die Rückzahlung der Beteiligung und Zinsen.

Im Rahmen des Vermittlungsgespräches schilderte A die Beteiligung als eine „sichere Kapitalanlage bei einer besonders im Trend liegenden Firma mit bestem Auftragsbestand und zu erwartenden guten Erträgen". Mehrfach hatte A das Unternehmen vor dem Geschäftsabschluss besichtigt. Seine Schilderungen über die wirtschaftlichen Verhältnisse beruhten aber ausschließlich auf Angaben der Geschäftsführung des Unternehmens. Eigene Nachprüfungen hatte A nicht unternommen.

(nach BGH, Urteil v. 13.05.1993 – III ZR 25/92 (Karlsruhe) = NJW-RR 1993, 1114)

***

Vertragliche Grundlagen der Anlagevermittlung

Auch wenn zwischen dem Finanzdienstleister und seinem Kunden kein schriftlicher Vertrag abgeschlossen wird, ist in der Rechtsprechung anerkannt, dass im Rahmen der Anlagevermittlung zwischen Kunde und Finanzdienstleister ein Auskunftsvertrag mit Haftungsfolgen zumindest stillschweigend zustande kommen kann.

Das gilt jedenfalls dann, wenn der Kunde dem Finanzdienstleister gegenüber zum Ausdruck bringt, dass er in Bezug auf eine bestimmte Anlageentscheidung die besonderen Kenntnisse und Verbindungen des Vermittlers in Anspruch nehmen will und der Anlagevermittler für den Kunden tätig wird (vgl. BGHZ 74, 103 (106/107) = NJW 1979, 1449 = LM § 676 BGB Nr. 20; BGHZ 100, 117 (118/119) = NJW 1987, 1815 = LM § 676 BGB Nr. 32 m.w.Nachw.).

Im Fall 15 ist der Finanzdienstleister als bloßer Anlagevermittler aufgetreten. Davon zu unterscheiden ist die Tätigkeit des Anlageberaters. Die Stellung und die Aufgaben eines Anlagevermittlers und Anlageberaters unterscheiden sich voneinander. Beide haben unterschiedliche Pflichten zu erfüllen, wobei allerdings der jeweilige Pflichtenumfang nicht abstrakt bestimmt werden kann. Vor allem in haftungsrechtlicher Hinsicht bestehen weit reichende Unterschiede. Entscheidend sind immer die Besonderheiten des jeweiligen Einzelfalles (vgl. BGH, NJW-RR 1989, 150 = LM § 249 (E) BGB Nr. 11 = BGH Warn 1988 Nr. 243 = BGHR BGB § 676 – Anlagevermittler 1).

An einen Anlageberater wendet sich ein interessierter Anleger in aller Regel, wenn er selbst keine ausreichenden wirtschaftlichen Kenntnisse und keinen genügenden Überblick über wirtschaftliche Zusammenhänge hat. Bei der Anlageberatung verlangt der Kunde die fachkundige Bewertung und Beurteilung von Tatsachen und erwartet eine auf seine persönlichen Verhältnisse zugeschnittene Beratung.

Die Tätigkeit des Anlageberaters wird üblicherweise vom Kunden bezahlt. Regelmäßig gibt sich der Kapitalanleger mit der Mitteilung bloßer Tatsachen über das Anlageobjekt allein nicht zufrieden. Der Anlageberater, der als unabhängiger individueller Berater tätig ist und dem weit reichendes persönliches Vertrauen entgegengebracht wird, hat besonders differenziert und fundiert zu beraten (vgl. BGH, NJW 1982, 1095 f. = LM § 652 BGB Nr. 78 = BGH Warn 1981 Nr. 337).

Wer es demgegenüber mit einem bloßen Anlagevermittler zu tun hat, dem ist bekannt, dass dieser für eine bestimmte Kapitalanlage im Interesse der kapitalsuchenden Gesellschaft auftritt. Der Kunde weiß, dass der Anlagevermittler ein eigenes Provisionsinteresse hat, und er kann sich darauf einstellen, dass neben der Information über Tatsachen auch der werbende und anpreisende Charakter der Aussagen im Vordergrund steht.

Generell lässt sich sagen, dass der Kunde dem Anlagevermittler selbständiger gegenübersteht. Allerdings ist der Anlagevermittler genauso wie der Anlageberater zu richtiger und vollständiger Information über diejenigen tatsächlichen Umstände verpflichtet, die für den Anlageentschluss des Kunden von besonderer Bedeutung sind (vgl. BGH, NJW 1982, 1095 f = LM § 652 BGB Nr. 78 = BGH Warn 1981 Nr. 337). Lediglich eine Beurteilung und Bewertung der Anlagemöglichkeit wird vom Anlagevermittler – anders als vom Anlageberater – nicht verlangt.

Aufklärungspflichten des Anlagevermittlers

Ein Anlagevermittler verletzt die seinem Kunden gegenüber bestehende Pflicht zur korrekten Information, wenn er, wie im Fall 15, nicht über objektive Daten verfügt und selbst mangels entsprechender Informationen nur unzureichende Kenntnisse über das Anlageobjekt hat. Es reicht nicht aus, wenn der Anlagevermittler allein auf die vom Geschäftsführer der kapitalsuchenden Gesellschaft gemachten Angaben vertraut. In Fällen wie diesen muss der Anlagevermittler dem Kunden unmissverständlich offen legen, dass er selbst nur über unzureichende Informationen verfügt und er die Angaben der Geschäftsführung des Unternehmens nicht nachgeprüft hat (Offenbarungspflicht, vgl. BGH, NJW 1982, 1095 f. = LM § 652 BGB Nr. 78; BGH NJW 1990, 506 (507) = LM § 164 BGB Nr. 65).

Unterlässt der Anlagevermittler diesen Hinweis, dann kann der Kunde die maßgeblichen Umstände für die Beteiligung selbst nicht zuverlässig beurteilen und auch keine sachgerechte Entscheidung treffen.

Wer als Finanzdienstleister – wie im Fall 15 geschildert – positive Aussagen über die Kapitalanlage macht, ohne gleichzeitig zu offenbaren, dass es sich bei dieser Darstellung um eine rein subjektive Meinung handelt, die insbesondere nicht auf objektiven Informationen über den Stand des Unternehmens beruht, verletzt schuldhaft seine Vertragspflichten gegenüber dem Anlageinteressenten.

Das bedeutet, dass der Anlagevermittler A in vollem Umfang für den Schaden aufzukommen hat, der seinem Kunde infolge der Beteiligung an der Film- und Fernsehproduktions-GmbH entstanden ist. Der Anlagevermittler hat schuldhaft seine Offenbarungs- und Nachforschungspflichten gegenüber dem Kunden verletzt. Es wird vermutet, dass sich der Anleger bei zutreffender Information nicht am Unternehmen der Film- und Fernsehproduktions-GmbH beteiligt hätte und ihm kein Schaden entstanden wäre.

Fazit

- Finanzdienstleister sind verpflichtet, ihre Kunden wahrheitsgemäß über alle für den Beitrittsentschluss maßgeblichen Umstände vollständig und richtig zu informieren. Sie schulden dem Anleger eine korrekte Information über das Anlageobjekt. Die Wahrheitspflicht ist die Hauptpflicht bei der Erteilung von Rat und Auskunft. Sie gilt für Tatsachenbehauptungen ebenso wie für Beurteilungen und Prognosen und verlangt, dass dem Kunden nur sachlich richtige, klare und vollständige Informationen mitgeteilt werden dürfen. Der Anleger hat Anspruch darauf, dass ihm alle Informationen, die für den Beitrittsentschluss oder den Geschäftsabschluss von Bedeutung sind, mitgeteilt werden. Das bedeutet auch, dass negative Tatsachen nicht verschwiegen werden dürfen.

- Finanzdienstleister sind zur verständlichen Information gegenüber dem Anleger verpflichtet (Pflicht zur Klarheit). Das bedeutet, dass Umfang und Inhalt der Aufklärungs- und Beratungspflicht natürlich auch von den besonderen Umständen des Einzelfalles abhängen und dass je nach Eigenkenntnis und Auffassungsgabe des Kunden zu differenzieren ist. Fachausdrücke sollten nach Möglichkeit erläutert und dem Kunden verständlich gemacht werden.

- Eine Verschärfung der Aufklärungs- und Beratungspflichten tritt dann ein, wenn der Finanzdienstleister dem Kunden eine bestimmte Anlage ausdrücklich empfiehlt.

- In allen Fällen, in denen der Finanzdienstleister in besonderem Maße persönliches Vertrauen des Kunden in Anspruch nimmt, sei es etwa wegen seiner vielfältigen Berufserfahrung oder Sachkunde oder wenn das Vertrauen des Anlegers auf die besondere Zuverlässigkeit des Finanzdienstleisters gerichtet ist, tritt eine Verschärfung der Sorgfaltspflichten ein.

- Den Anlageberater trifft anders als den Anlagevermittler die Pflicht zur fachkundigen Beratung und Bewertung des Anlageobjekts (sogenannte anlage- und anlegergerechte Beratung).

- Finanzdienstleister müssen dem Anlageinteressenten ungefragt offen legen, wenn sie selbst nur über unzureichende Informationen über das Anlageobjekt verfügen. Das gilt z. B. dann, wenn die Angaben ausschließlich von der Geschäftsleitung oder den Initiatoren etc. stammen und nicht objektiv nachgeprüft wurden.

- Sofern positive Aussagen über die Kapitalanlage gemacht werden, muss offenbart werden, wenn es sich um persönliche Einschätzungen handelt, die nicht auf objektiven Informationen über das Anlageobjekt beruhen. Ist der Finanzdienstleister von der Richtigkeit seiner Information oder seiner Auskunft selbst nicht völlig überzeugt, muss er dies seinem Kunden mitteilen.

Fall 16: Der fehlerhafte Prospekt

Der Anlagevermittler F und sein Kunde C stritten vor Gericht darüber, ob der Finanzdienstleister bei der Vermittlung einer Kommanditbeteiligung an einem Unternehmen, das mittlerweile wirtschaftlich zusammengebrochen ist, falsch beraten hatte oder nicht. Im gerichtlichen Verfahren erklärte F, dass er seinem Kunden die Prospektunterlagen, die Stellungnahme des Wirtschaftsprüfers und die Investitions- und Finanzierungspläne zur eigenen Prüfung und Durchsicht vorgelegt habe. Erläutert hatte er seinem Kunden die Unterlagen nicht. Die Übergabe der Unterlagen konnte der Anlagevermittler F aber durch ein vom Kunden unterschriebenes Quittungsformular beweisen. Es stellte sich heraus, dass die im Prospekt mehrfach genannte gesicherte Abnahmegarantie von jährlich 800 Tonnen fälschlicherweise die Produktion des Unternehmens zum Gegenstand hatte und eine Abnahmegarantie nur für 300 Tonnen vorlag.

Der Finanzdienstleister meinte, dass ihn keinerlei Verschulden trifft und sein Kunde die Widersprüche anhand der Prospektunterlagen selbst leicht hätte erkennen müssen.

(nach BGH, Urteil v. 02.02.1983 – IVa ZR 118/81 (Düsseldorf) = NJW 1983, 1730)

***

Zu den anerkannten Aufklärungspflichten des Anlagevermittlers gehört, dass er mit seinem Kunden das Informationsmaterial, z. B. den Prospekt, über die Kapitalanlage in Einzelheiten und erschöpfend erläutert. Der Kunde erwartet mehr als nur Material zur eigenen Durchsicht (BGH, NJW 1983, 1730). Er will eine erschöpfende Erläuterung, um das Anlagerisiko weitgehend einschätzen zu können. Immer dann, wenn das schriftliche Material widersprüchlich ist, sind die Widersprüche vom Anlagevermittler aufzudecken und zu erklären, also z. B. falsche Angaben eines Prospekts oder einer Stellungnahme ausdrücklich richtig zu stellen. Kann der Anlagevermittler das nicht allein, hat er sich fachkundiger Hilfe Dritter zu bedienen. Er darf Widersprüche nicht übergehen und nicht darauf vertrauen, dass es darauf nicht ankommt. Den Anlagevermittler trifft wie den Anlageberater eine Nachforschungspflicht, deren Umfang vom jeweiligen Einzelfall abhängig ist.

Nur die Angaben, die für die Anlageentscheidung offensichtlich unwesentlich sind, brauchen nicht richtig gestellt zu werden. Eine solche Ausnahme wird aber nur in den seltensten Fällen gegeben sein. Zweifel gehen zum Nachteil des Finanzdienstleisters. Fehlerhafte Angaben über eine garantierte Abnahmemenge wie im Fall 16, sind für den Beitrittsentschluss in jedem Fall von Bedeutung. Weist der Anlagevermittler seinen Kunden auf entsprechende Widersprüche in den Prospektunterlagen nicht hin, handelt er pflichtwidrig. Das bedeutet, dass Anlagevermittler jeden Prospekt sorgfältig zu prüfen haben, bevor sie mit dem Vertrieb der Kapitalanlage beginnen.

Auch die Tatsache, dass der Kunde eine Quittung unterschrieben hat, ändert an der Pflichtverletzung des Finanzdienstleisters nichts. Die Quittung kann die Gefahr eines Missverständnisses des Anlegers, der in Kapitalanlagedingen häufig ein Laie ist, nicht beseitigen. Es ist Aufgabe des Anlagevermittlers, auf Widersprüche ausdrücklich hinzuweisen. Im eigenen Interesse erfolgt der Hinweis schriftlich und ist am besten vom Kunden gegenzuzeichnen.

Im Fall 16 ist der Finanzdienstleister für den beim Kunden eingetretenen Schaden verantwortlich. Es wird zulasten des Finanzdienstleisters vermutet, dass sich der Kunde an der Kommanditgesellschaft nicht beteiligt hätte, wenn er zutreffend über die Widersprüche im Prospekt und in den Materialien aufgeklärt worden wäre. (siehe auch Fall 24, S. 63).

Fazit

- Finanzdienstleister sind verpflichtet, das Informationsmaterial über die Kapitalanlage im Detail zu erörtern. Wer seinem Kunden Informationsmaterial ohne Erörterung überlässt, handelt grob pflichtwidrig (sogenannte Korrespondenzkunden).

- Auf sämtliche Widersprüche in den Informationsmaterialien ist ungefragt hinzuweisen. Falsche Erklärungen sind ausdrücklich richtig zu stellen.

- Die schriftliche Bestätigung des Kunden, dass dieser das Informationsmaterial erhalten hat, entlastet den Finanzdienstleister nicht. Das gilt auch dann, wenn der Kunde die Widersprüche ohne Schwierigkeiten selbst problemlos hätte feststellen können.

- Vor Beginn der eigenen Vertriebstätigkeit ist der Prospekt sorgfältig auf Widersprüche usw. hin zu überprüfen. Kann der Anlagevermittler/Anlageberater eine verlässliche Prüfung der Prospektunterlagen nicht selbst vornehmen, muss er den Rat berufserfahrener Dritter einholen.

2.3.5 Haftung für unzureichende Anlageberatung oder Anlagevermittlung

Fall 17: Nichtbeachtung der Ratingbewertung

Der als freier Anlageberater tätige D wurde von dem Kunden B, der einen Betrag in Höhe von 50 000 DM geerbt hatte, gebeten, eine Anlageform zu empfehlen. Neben anderen Angeboten legte D seinem Kunden eine Liste von Angeboten vor, in der die DM-Anleihe der australischen Bond-Finance-Ltd. enthalten war. Persönlich hatte sich der Anlageberater darüber informiert, dass kurz zuvor auf Grund eines Prospekts mit dem darin enthaltenen Testat eines Wirtschaftsprüfers die Anleihe an der Frankfurter Börse zum amtlichen Handel zugelassen worden war. Ein Börsenzulassungsprospekt lag dem Finanzdienstleister ebenfalls vor. B kaufte auf Empfehlung des Anlageberaters Anleihen im Nennwert von 30 000 DM.

Bereits ein halbes Jahr vor dem Kauf hatte die Australian Ratings Agency die Anleihe als spekulativ bewertet. Zum Zeitpunkt der Börsenzulassung wurde die Anleihe mit „CCC" bewertet, womit praktisch auf die Gefahr einer Insolvenz des Emittenten hingewiesen war. Zum Zeitpunkt des gerichtlichen Streits war die Anleihe völlig wertlos. Der Anlageberater D erklärte, dass ihm das Rating der australischen Agentur nicht bekannt gewesen sei.

(nach BGH, NJW 1993, 2433)

***

In der dem Fall 17 zu Grunde liegenden Entscheidung wurde der Anlageberater zur Zahlung von Schadenersatz verurteilt. Das Gericht sah die Verletzung einer aus dem Beratungsvertrag abgeleiteten Pflicht unter anderem darin, dass der Anlageberater die Anleihe trotz ihres aus dem Rating zu entnehmenden spekulativen Charakters empfohlen hatte und der Anlageberater seinen Kunden nicht ausreichend über das damit bestehende Risiko aufgeklärt hatte. Einen schriftlichen Anlageberatungsvertrag hatten die Parteien nicht abgeschlossen.

Im Falle der Anlageberatung kommt der Beratungsvertrag häufig stillschweigend dadurch zu Stande, dass ein Anlageinteressent an einen Anlageberater herantritt, um über die Anlage eines Geldbetrages beraten zu werden und der Anlageberater mit der Beratung des Kunden beginnt (vgl. BGHZ 100, 117 (118 f.) = NJW 1987, 1815 = LM § 676 BGB Nr. 32).

Anleger- und objektgerechte Beratung

Welche konkreten Beratungspflichten der Anlageberater zu beachten hat, entscheidet sich anhand der jeweiligen Umständen des Einzelfalles. Inhalt und Umfang der Beratungspflichten sind von einer Reihe von Faktoren abhängig, die sich einerseits auf die Person des Kunden und andererseits auf die Kapitalanlage beziehen (BGH, NJW 1993, 2433). Zu den *Umständen* in der Person des *Kunden* gehören zum Beispiel:

- Wissensstand des Kunden über Anlagegeschäfte der empfohlenen Art,
- Risikobereitschaft des Kunden,
- bisheriges Anlageverhalten des Kunden,
- einschlägiges Fachwissen und Erfahrungen des Kunden,
- Anlageziele, die der Kunde konkret verfolgt, z. B. Spekulationsgeschäft, kurzfristiges Steuersparmodell, langfristige Anlage zur Alterssicherung etc.

Die Empfehlung, die der Anlageberater gibt, muss anlegergerecht sein. Das bedeutet, dass sich die Beratung unter anderem danach auszurichten hat, ob das beabsichtigte Anlagegeschäft der sicheren Geldanlage dienen soll oder spekulativen Charakter hat.

Häufig hat der Anlegeberater Kenntnis von den persönlichen Umständen des Kunden, etwa bei lang andauernden Gesprächsbeziehungen. Kennt der Anlageberater die persönlichen Umstände des Kunden nicht, muss er den Informationsstand und das Anlageziel des Kunden erfragen und prüfen, ob das Anlagegeschäft auf die persönliche Situation des Kunden zugeschnitten ist. Zu diesem Zweck muss der Finanzdienstleister in jedem Fall ein aussagekräftiges Anlegerprofil erstellen.

Die Rechtsprechung verlangt, dass die Beratung auf den Anleger zugeschnitten sein soll (BGH, NJW 1982, 1095 (1096) = LM § 652 BGB Nr. 78).

Zu den *Umständen* in Bezug auf das *Anlageobjekt* muss sich die Beratung auf diejenigen Eigenschaften beziehen, die für die jeweilige Anlageentscheidung wesentliche Bedeutung haben oder haben können (vgl. BGH, NJW-RR 1987, 936 = WM 1987, 531 (532)). Hierzu gehören unter anderem folgende Umstände:

- Beratung über allgemeine Risiken, wie z. B. Konjunkturlage, Entwicklung des Börsenmarktes.
- Beratung über spezielle Risiken, wie z. B. Kurs-, Zins- und Währungsrisiken.
- Vermögenssituation des Emittenten,
- kritische Berichte in der Wirtschaftspresse und einschlägige Brancheninformationsdienste.

Lediglich unsachliche oder Schmähkritik, wie sie mitunter in einzelnen Informationsdiensten verbreitet wird, ist nicht mitteilungspflichtig. Wer als Anlageberater seinem Kunden Empfehlungen für ausländische Papiere ausspricht, hat sich auch anhand ausländischer Quellen über die Güte der Papiere zu informieren und sie einer eigenen Prüfung zu unterziehen. Dabei muss die Anlageberatung richtig und sorgfältig und für den Kunden verständlich und vollständig sein. Der Anlageberater muss zeitnah über alle Umstände unterrichten, die für das konkrete Anlagegeschäft von Bedeutung sind. Verfügt er über diese Kenntnisse nicht, so hat der Anlageberater dem Kunden das mitzuteilen und offen zu legen, dass er zu einer Beratung z. B. über das konkrete Risiko des Geschäfts mangels eigener Information nicht in der Lage ist.

In der dem Fall 17 zu Grunde liegenden Entscheidung hat der Bundesgerichtshof klargestellt, dass die Tatsache, dass die Effekten im amtlichen Handel an der Börse zugelassen waren, nicht zu einer Reduzierung des Umfanges der Beraterpflichten führt. Der Anlageberater kann sich also nicht auf die Börsenzulassung der Papiere verlassen und darf sich nicht damit begnügen, allein den Zulassungsprospekt zum Maßstab für seine Beratung zu machen, ohne weitere eigene Informationen einzuziehen. Das hat seinen Grund darin, dass die Zulassung zum amtlichen Handel keine „Bonitätsprüfung" darstellt, weil die Zulassungsstelle selbst keine eigenen Ermittlungen über die Bonität des Emittenten und die Absicherung der zuzulassenden Wertpapiere führt. Diese Prüfung vorzunehmen, ist Aufgabe des Anlageberaters.

Auch der Umstand, dass für die Jahresabschlüsse des Emittenten eine Bestätigung durch einen Wirtschaftsprüfer vorliegt, hat keinen Einfluss auf den Umfang der Beraterpflichten und führt nicht zu einer Entlastung des Anlageberaters. Vor allem nicht in den Fällen, in denen die Bestätigung nicht zeitnah vorliegt, weil eine Prüfung durch den Wirtschaftsprüfer über die augenblickliche Bonität nur von eingeschränkter Aussagekraft ist.

Im Fall 17 hätte sich der Anlageberater zur Vermeidung der eigenen Haftung selbst aktuelle Informationen über das Anlageobjekt verschaffen müssen. Bei privaten Anleihen gehört dazu die eigene Unterrichtung über die für die Beurteilung des Risikos wesentliche Bonität, und zwar unter Auswertung der dazu vorhandenen Veröffentlichungen in der Wirtschaftspresse (BGH, NJW 1993, 2433 (2434); Köndgen, WuB I G 4.-4.93), wozu auch ausländische Wirtschaftszeitungen und Magazine gehören. Es spielt generell keine Rolle, ob der Anlageberater etwa wegen Organisationsmängeln keine Kenntnisse von der kritischen Presseberichterstattung hatte oder ob er sie einfach nur vergessen hatte.

Hinweis:
Allgemein gilt, dass bei „exotischen" Kapitalanlagen der Beratungsbedarf des Kunden wegen der erschwerten Zugänglichkeit der Informationsquellen eher höher ist. Wer den erhöhten Recherche- und Beratungsaufwand scheut, darf entsprechende Papiere nicht empfehlen. Die Folgen der eigenen Versäumnisse kann der Anlageberater nicht auf seinen Kunden abwälzen.

Fazit
- Die Empfehlung des Anlageberaters muss anleger- und anlagegerecht sein. Es wird verlangt, dass die Beratung auf den Anleger zugeschnitten sein muss. Die Beratung

über das Anlageobjekt muss sich auf alle Eigenschaften beziehen, die für die Anlage-entscheidung wesentliche Bedeutung haben oder haben könnte.

- Anlageberater dürfen sich nicht allein auf den Börsenzulassungsprospekt, Wirt-schaftsprüfertestate usw. verlassen.

- Der Anleger ist vom Anlageberater ungefragt auf sämtliche kritische Presseberichter-stattungen und Meldungen in den einschlägigen Brancheninformationsdiensten hinzu-weisen. Die Rechtsprechung verlangt, dass der Anlageberater Berichte und Meldun-gen kennt. Sie geben immer Anlass zu eigenen Nachforschungen bezüglich des Anlageobjektes.

- Bei „exotischen" Anlagen erhöht sich der Recherche- und Beratungsaufwand enorm.

Abgrenzung von Anlageberatung zu Anlagevermittlung

Die Begriffe Anlageberater und Anlagevermittler sind gesetzlich nicht definiert. Die Rechtsprechung hat einzelne Kriterien der Abgrenzung herausgearbeitet, um die Tätigkeit des Anlageberaters und des Anlagevermittlers zu konkretisieren. Bezugspunkt ist hierbei der jeweilige Umfang der Sorgfaltspflichten gegenüber den Kunden. Aus haftungsrechtli-chen Gründen ist zwischen der Anlageberatung und der Anlagevermittlung zu differenzie-ren. Als *Anlageberater* wird behandelt:

- wer unter der Bezeichnung „Anlageberater" auftritt und/oder den Eindruck besonderer Sachkunde und Nähe zum Initiator vermittelt,
- wer eine Bewertung und Beurteilung der Kapitalanlage gegenüber dem Anleger vor-nimmt,
- wer hierbei die persönlichen und wirtschaftlichen Verhältnisse des Anlegers prüft,
- wer den Eindruck einer fachkundigen und objektiven Beratung vermittelt und hierbei erkennbar besonderes persönliches Vertrauen für sich in Anspruch nimmt;
- weiteres, aber nicht zwingendes Indiz: wer für seine Tätigkeit vom Anleger und nicht vom Initiator bezahlt wird.

Wer als *Anlagevermittler* behandelt werden will, muss:

- den werbenden und anpreisenden Charakter seines Produktes deutlich zum Ausdruck bringen,
- seine Tätigkeit als Vermittler klar herausstellen und auf irreführende, Vertrauen er-weckende Namenszusätze oder Bezeichnungen verzichten,
- ausdrücklich klarstellen, dass keine individuelle Beratung erfolgt,
- darauf achten, dass kein besonderes persönliches Vertrauen in Anspruch genommen wird,
- eine eigene Bewertung des Finanzproduktes in jedem Falle unterlassen,
- den etwaigen Wunsch des Anlegers, eine eigene Bewertung der Kapitalanlage vorzu-nehmen, ausdrücklich zurückweisen,
- deutlich zum Ausdruck bringen, dass er eine Risikoeinschätzung der Anlage dem Anleger nicht abnimmt, sondern ihm ausschließlich Informationen zur Verfügung stellt, damit der Anleger die Risikoeinschätzung selbst oder durch Dritte vornehmen kann,

- alles unterlassen, was über die eigentliche Kapitalanlagevermittlung hinaus weitergehende Verpflichtungen begründen kann,
- im Zweifel darauf aufmerksam machen, dass eine Honorierung durch den Initiator erfolgt.

Nachvertragliche Aufklärungspflichten

Fall 18: Nachvertragliche Informationspflichten

Der Anlagevermittler F wurde von einem Kunden auf Schadenersatz wegen unrichtiger Auskunft im Zusammenhang mit der Vermittlung einer Kapitalanlage verklagt. Der Kunde warf ihm vor, ihm anlässlich eines Vermittlungsgespräches über die Beteiligung an einem Immobilienfonds der Wahrheit zuwider falsche Informationen über den aktuellen Stand des Umbaus und den Umfang der Vermietung mitgeteilt zu haben. Der Finanzdienstleister und der Anleger waren sich darin einig, dass der Anleger nicht durch den Anlagevermittler, sondern erst später durch den Geschäftsführer der Immobilienfonds-Gesellschaft zum Beitritt veranlasst worden war. Das Anlageobjekt war wirtschaftlich gescheitert.

Vom Anlagevermittler F wollte der Kunde Schadenersatz, weil er der Meinung war, dass F verpflichtet gewesen sei, auch noch nachträglich die Fallschinformationen richtig zu stellen. Das Gericht hatte dem Kunden Recht gegeben.

(nach BGH, Urteil v. 12.06.1997 – III ZR 278/95 (Karlsruhe) = NJW 1998, 448)

***

Die dem Fall 18 zu Grunde liegende Entscheidung wird für Anlagevermittler und -berater kaum übersehbare Haftungsfolgen haben. Gleichzeitig wird die praktische Umsetzung der Entscheidung aus Gründen des Wettbewerbs der Finanzdienstleister untereinander große Schwierigkeiten bereiten.

Das Gericht verpflichtet Finanzdienstleister, ihre Kunden auch nach Vertragsende über die maßgeblichen Umstände, insbesondere über fehlerhafte Angaben – das Anlageobjekt betreffend – aufzuklären. Das gilt grundsätzlich auch für fehlerhafte Prospektangaben (siehe auch Fall 24, S. 63) und ist allgemein anerkannt.

Die Besonderheit des vorliegenden Falles besteht aber darin, dass diese Verpflichtung auch dann besteht, wenn die Tätigkeit des Finanzdienstleisters gar nicht zum Abschluss des Anlagegeschäftes geführt hat, sondern ein Dritter den Abschluss des Geschäfts gemacht hat. Die Tatsache, dass die Fehlinformation bereits in einem „frühen Stadium" der Verhandlungen erfolgt ist, ist nach Ansicht des Gerichts ebenso bedeutungslos wie der Umstand, dass der Kunde seinen endgültigen Anlageentschluss ohne weitere verbindliche Beratung durch den Anlagevermittler erst in einem Gespräch mit einem Dritten gefasst hat.

Der Bundesgerichtshof verlangt, dass sich Anlagevermittler und Anlageberater „zum Zweck der Richtigstellung" auch noch in die Verhandlungen zwischen dem Kunden und dem Dritten *einschalten* müssen. Zur Begründung stellt das Gericht darauf ab, dass der Finanzdienstleister seinem Kunden in jeder Phase der Verhandlungen, also „von Anfang an", zutreffende Informationen über alle Umstände, die für die Anlageentscheidung wesentlich sind, schuldet. Das gilt ganz besonders für die Umstände, die den Eindruck vermitteln, dass es sich um eine sichere und wirtschaftliche Kapitalanlage handelt (vgl. Senat, NJW-RR 1993, 1114 = LM H. 1/1994, § 676 BGB Nr. 44).

Die Informationen, um die es im Fall 18 geht, nämlich die Fertigstellung des Umbaus und die vollständige, langfristige Vermietung des Gebäudes, betrafen die für die Bewertung der Anlage wesentlichen Umstände. Wenn in der Folge der Vermittlung der Verhandlungspartner des Kunden wechselt, entbindet dieser Umstand den Finanzdienstleister nicht von der Verpflichtung, die dem Kunden gemachten Fehlinformationen richtig zu stellen. Die Tatsache, dass auch der weitere Verhandlungspartner es ebenfalls unterlassen hat, die unrichtigen Angaben des F zu korrigieren, führt nicht zu einer Entlastung des Anlagevermittlers F. Durch die unzureichende Beratung des weiteren Verhandlungspartners wird der Kausalzusammenhang zwischen dem Fehlverhalten von F und dem Schadeneintritt nach der Auffassung des Gerichts nicht unterbrochen.

Das Urteil des Bundesgerichtshofs begründet nicht nur weit reichende Informationspflichten für Finanzdienstleister, sondern es wird mit Sicherheit auch erhebliche praktische Probleme bereiten. Das Gericht verlangt, dass sich Finanzdienstleister zum „Zwecke der Richtigstellung" auch noch in die Verhandlungen zwischen dem Kunden und einem weiteren Verhandlungspartner *einschalten* müssen. Damit sind wettbewerbsrechtliche Auseinandersetzungen der Finanzdienstleister untereinander vorprogrammiert, angefangen bei den Fällen der Abmahnung wegen wettbewerbswidrigen Verhaltens bis hin zur Anschwärzung.

Auch wenn das Urteil im „Kern" zutreffend ist, weil das Gericht nichts anderes verlangt, als dass der Finanzdienstleister in jedem Stadium der Verhandlungen richtig und vollständig informieren muss, so bewirkt die praxisfremde Entscheidung eine beträchtliche Verschärfung des ohnehin schon strengen Wettbewerbs der Finanzdienstleister untereinander. Es ist davon auszugehen, dass Finanzdienstleister künftig, sobald sie merken, dass ein Kunde nicht bei ihnen abschließen will, die Verhandlungen mit weiteren Beratern gezielt torpedieren. Dabei werden sie ihre Aktivitäten auch aus werblichen Gründen mit Hinweis auf den Anlegerschutz rechtfertigen. Ein Deckmantel, der nicht nur von Finanzdienstleistern, sondern zum Teil auch von unseriösen Brancheninformationsdiensten vielseitig genutzt werden kann und wird. Ob die Anleger im Ergebnis davon profitierten werden, ist zu bezweifeln.

Fazit
- Finanzdienstleister schulden ihren Kunden auch nachvertragliche Aufklärung.

- Finanzdienstleister haben ihre Kunden in jeder Phase der Verhandlungen zutreffend über alle Umstände zu informieren, die für die Anlageentscheidung wesentlich sind.

- Erkennt der Finanzdienstleister, dass er seinen Kunden z. B. anlässlich eines Erstgespräches falsch informiert hat, hat er sich zum Zweck der Richtigstellung auch noch in die Verhandlungen zwischen dem Kunden und Dritten einzuschalten.

- Die Tatsache, dass ein Dritter den Kunden ebenfalls nicht korrekt informiert hat, befreit den Finanzdienstleister nicht von seiner Haftung.

2.3.6 Eigenhaftung des Vertreters

Wer als Vertreter für einen anderen – das kann eine natürliche Person oder auch eine juristische Person, also z. B. eine GmbH, sein – tätig wird, wird nicht selbst Vertragspartner, denn er sorgt dafür, dass der Vertrag unmittelbar mit dem Kunden und dem Vertretenen zum Abschluss kommt. Unter besonderen Umständen, z. B. dann, wenn der Vertreter besonderes persönliches Vertrauen für sich in Anspruch genommen hat, kann es ausnahmsweise zur Eigenhaftung des Vertreters kommen. Obwohl die Rechtsprechung strenge Anforderungen an die Eigenhaftung des Vertreters stellt, sind Schadenersatzprozesse gegen Vertreter nicht selten. Das liegt vor allem daran, dass Vertreter häufig – z. B. um erfolgreich zu verkaufen – wesentliche Grundsätze missachten.

Die Eigenhaftung des Vertreters kommt nur in Ausnahmefällen in Betracht. Die Rechtsprechung ist, was die persönliche Haftung des Vertreters angeht, sehr zurückhaltend. Die Eigenhaftung des Vertreters kann eintreten, wenn

- der Vertreter ein besonderes wirtschaftliches Interesse am Abschluss des Vertrages hat oder in besonderem Maße persönliches Vertrauen für sich in Anspruch nimmt (z. B. BGHZ 88, 67 (69) = NJW 1983, 2696 = LM § 276 (Fa) BGB Nr. 78; BGH, WM 1985, 384; NJW 1987, 1141 = LM Art. 7 ff. EGBGB (Dt.IPR) Nr. 56 = WM 1987, 77 f.) oder

- im Falle der Prospekthaftung (z. B. BGHZ 71, 284 (286 f.) = NJW 1978, 1625 = LM § 276 (Fa) BGB Nr. 50; BGHZ 83, 222 f. = NJW 1982, 1514 = LM § 195 BGB Nr. 24).

Beim wirtschaftlichen Interesse des Vertreters genügt ein nur mittelbares Interesse, wie z. B. das Provisionsinteresse, nicht (Senat, WM 1984, 127; NJW 1990, 1907 f.). Erforderlich ist vielmehr eine so enge Beziehung zum Vertragsgegenstand, dass der Vertreter wie in eigener Sache tätig wird mit der Folge, dass er als wirtschaftlicher Herr des Geschäfts anzusehen ist (BGHZ 56, 81 (84) = NJW 1971, 1309 = LM § 276 (Fa) BGB Nr. 35; NJW 1984, 2284 (2286); NJW 1990, 506 = LM § 164 BGB Nr. 65).

Die Inanspruchnahme besonderen persönlichen Vertrauens führt dann nicht zur Eigenhaftung des Vertreters, wenn er lediglich die bei sich vorhandene Sachkunde hervorhebt (BGHZ 88, 67 (69) = NJW 1983, 2696 = LM § 276 (Fa) BGB Nr. 78). Vielmehr muss der Vertreter durch sein Verhalten Einfluss auf die Entscheidung des Kunden nehmen und über das allgemeine Verhandlungsvertrauen hinaus eine zusätzliche, von ihm persönlich ausgehende Gewähr für die Seriosität und die Erfüllung des Geschäfts bieten (BGHZ 88, 67 (69) = NJW 1983, 2696 = LM § 276 (Fa) BGB Nr. 78; BGH, NJW 1990, 506 = LM § 164 BGB Nr. 65).

Bei Angestellten und Versicherungsagenten liegen die besonderen Voraussetzungen regelmäßig nicht vor (BGHZ 88, 67 (69) = NJW 1983, 2696 = LM § 276 (Fa) BGB Nr. 78; OLG Karlsruhe, NJW-RR 1986, 27).

Fall 19: Eigenhaftung des Vertreters

Auf Empfehlung des Anlagevermittlers D, der sich auf seiner Visitenkarte als „Leitender Repräsentant" der A-GmbH auswies, kaufte der Kapitalanleger K bei der B-GmbH insgesamt sechs Transportcontainer zu einem Gesamtkaufpreis von 90 000 DM. Zugleich schloss der Kunde K mit der B-GmbH einen Verwaltungsvertrag für die Dauer von acht Jahren gegen ein festes Entgelt von jeweils 20 % des eingesetzten Kapitals ab. Im Gegenzug stellte K der B-GmbH die Transportcontainer für die Dauer der Vertragslaufzeit zur Verfügung. Vereinbart war, dass die B-GmbH die Container nach Ablauf des Verwaltungsvertrages für 40 % des Einstandspreises zurückkaufen sollte.

Für die Vermittlung von D erhielt die A-GmbH eine Provision. Dem Kunden erklärte D, dass er selbst bei der B-GmbH Transportcontainer gekauft und ihre Schulungskurse besucht habe und die Büroorganisation und die Geschäftsleitung kenne. Weiter erklärte D, dass sich die B-GmbH über Jahre vertragstreu verhalten habe. Wider erwarten fiel die B-GmbH drei Jahre nach Abschluss des Vertrages in Konkurs. K wollte von D Schadenersatz, weil er sich schlecht beraten fühlte.

(nach BGH, Urteil v. 17.10.1989 – XI ZR 173/88 (Karlsruhe) = BGH, NJW 1990, 506)

***

Im Fall 19 ist D als *Vertreter* der A-GmbH und nicht als Anlagevermittler Vertragspartner des Kunden geworden. Dadurch unterscheidet sich dieser Fall u. a. von den vorangegangenen Fällen, in denen der Finanzdienstleister selbst Vertragspartner des Kunden war. Grundsätzlich treffen die Verpflichtungen aus dem durch die Anbahnung von Vertragsverhandlungen eines Vertreters begründeten Schuldverhältnis nur den Vertretenen und nicht den Vertreter selbst. Vertreten wurde im Fall 19 die „A-GmbH".

Nur ganz ausnahmsweise und unter besonderen Umständen wird der Vertreter selbst persönlich in die Pflicht genommen (vgl. BGH, NJW-RR 1989, 110 m.w.Nachw. = LM § 164 BGB Nr. 61 = WM 1988, 1888 (1889)). Die persönliche Haftung des Vertreters kommt nach der Rechtsprechung des Bundesgerichtshofes zum Beispiel dann in Betracht, wenn der Vertreter ein besonderes wirtschaftliches Interesse am Abschluss des Vertrages hat. Dabei reicht aber ein bloßes mittelbares wirtschaftliches Interesse des Vertreters nicht aus, um seine eigene Haftung zu begründen. Erforderlich ist vielmehr, dass eine so enge Beziehung zum Gegenstand der Vertragsverhandlungen gegeben ist, dass der Vertreter, wirtschaftlich betrachtet, wie in eigener Sache tätig ist (vgl. BGH, NJW-RR 1989, 110 m.w.Nachw. = LM § 164 BGB Nr. 61 = WM 1988, 1888).

Anerkannt ist, dass allein das Provisionsinteresse des Handelsvertreters, Prokuristen oder sonstigen Angestellten für die Begründung der persönlichen Haftung unter keinen Umständen ausreicht (BGH, NJW 1986, 586 (587) unter II 1 c m.w.Nachw. = LM § 276 (Fa) BGB Nr. 87).

Im Übrigen treffen den Vertreter eigene vorvertragliche Pflichten nur dann, wenn er in besonderem Maße persönliches Vertrauen in Anspruch genommen hat. Ein solcher Fall kann zum Beispiel dann gegeben sein, wenn der Vertreter mit Hinweis auf seine außergewöhnliche Sachkunde oder seine besondere persönliche Zuverlässigkeit dem Verhandlungspartner eine zusätzliche, von ihm persönlich ausgehende Gewähr für das Gelingen der in Aussicht genommenen Anlage bietet (vgl. Senat, Urt. v. 03.10.1989 – XI ZR 157/88). Dabei ist aber zu beachten, dass das Vertrauen über das normale Verhandlungsvertrauen hinausgehen muss, das bei der Anbahnung von Geschäftsbeziehungen immer gegeben ist oder gegeben sein sollte (BGH, NJW-RR 1989, 110 = LM § 164 BGB Nr. 61 m.w.Nachw. = WM 1988, 1888 (1890)).

Wenn der Vertragsmittler wie im Fall 19 erklärt, er habe sich selbst an dem Anlagegeschäft wirtschaftlich beteiligt, können hieraus allein keine Rückschlüsse auf eine außergewöhnliche eigene Sachkunde des Vertreters abgeleitet werden. Auch kann aus dieser Erklärung nicht gefolgert werden, dass der Vertreter eine zusätzliche, nur ihm persönlich mögliche Gewähr und eine eigene Einflussnahme auf das Gelingen der in Aussicht genommenen Investition übernommen hat.

Erklärt der Vertreter, dass er persönlich Schulungskurse der Anlagegesellschaft absolviert hat, das Unternehmen und die gesamte Anlage besichtigt und das Bürosystem kennen gelernt hat, belegt das nur, dass der Vertreter eingehende Kenntnisse über das Anlageunternehmen hat, die jeder Verhandlungspartner ohnehin erwartet. Zur Begründung der Eigenhaftung des Vertreters oder Vermittlers führen diese Erklärungen allerdings nicht. D ist K gegenüber nicht zum Schadenersatz verpflichtet.

Fazit
- Grundsätzlich hat der Vertretene gegenüber dem Vertragspartner für die Pflichtverletzungen seines Vertreters einzustehen. Die persönliche Haftung des Vertreters gegenüber dem Kunden bildet die Ausnahme.

- Die persönliche Haftung des Vertreters tritt z. B. dann ein, wenn der Vertreter ein besonderes eigenes wirtschaftliches Interesse an der Erfüllung des Geschäftes hat oder dem Kunden z. B. mit Hinweis auf seine außergewöhnliche Sachkunde oder besondere persönliche Zuverlässigkeit eine zusätzliche, von ihm persönlich ausgehende Gewähr für das Gelingen der Anlage bietet.

- Das Provisionsinteresse allein oder der Hinweis, dass sich der Vertreter selbst finanziell an der Kapitalanlage beteiligt hat, begründet die persönliche Haftung des Vertreters nicht.

2.3.7 Haftung für Erfüllungsgehilfen

Fall 20: Haftung für den Erfüllungsgehilfen auf Abwegen

Die Vermittlungsagentur D übernahm seit Jahren die Vermittlung von Bausparverträgen für die Bausparkasse B. Zum Teil setzte die Vermittlungsagentur auch Untermakler ein. Der Untermakler F versprach den Eheleuten E ein Vorausdarlehen über 200 000 DM und sorgte für den Abschluss von zwei Bausparverträgen. Unmittelbare Verhandlungen zwischen der Bausparkasse und den Eheleuten E hatten nicht stattgefunden. Der Wahrheit zuwider erklärte der Untermakler F den Eheleuten E, dass das Vorausdarlehen nur dann vergeben wird, wenn sie eine von ihm vermittelte Eigentumswohnung kaufen, weil die Finanzierung von weiteren grundbuchlichen Sicherheiten abhängig sei. Die Eheleute E konnten die eingegangenen Verpflichtungen nicht mehr erfüllen. Die Bausparkasse verwertete die Eigentumswohnung der Eheleute E im Rahmen eines Zwangsversteigerungsverfahrens.

Als die Eheleute E von der Bausparkasse B Schadenersatz verlangten, weil sie der Untermakler falsch beraten und überdies arglistig getäuscht hatte, meinte die Bausparkasse B, sie hätte mit den Erklärungen des F nichts zu tun. Ihr sei es völlig gleichgültig, wer die Formulare einreicht.

(nach BGH, Urteil v. 24.09.1996 – XI ZR 318/95 (Celle) = NJW-RR 1997, 116)

***

Für alle Kapitalanleger hat die auf den Fall 20 Bezug genommene Entscheidung des Bundesgerichtshofs weit reichende Bedeutung. Geht es für Kapitalanleger doch häufig darum, in der „Krise" noch einen solventen Anspruchsgegner haftbar zu machen. Das sind in vielen Fällen oft nur noch die Banken oder Versicherungen.

Die Vorinstanz hatte die Klage des Anlegers abgewiesen, weil das Gericht der Ansicht war, dass kein Anknüpfungspunkt dafür vorhanden war, dass die arglistige Täuschung des Untermaklers gemäß § 278 BGB der Bausparkasse zuzurechnen ist. Demgegenüber hat der Bundesgerichtshof die Auffassung vertreten, dass die selbständige Stellung des Maklers seiner Einordnung als Erfüllungsgehilfe der Bausparkasse nicht grundsätzlich entgegen steht.

Immer dann, wenn der Erfüllungsgehilfe mit Wissen und Wollen einer der späteren Vertragsparteien Aufgaben übernimmt, die typischerweise dem Geschäftsherrn obliegen, wird er in ihrem Pflichtenkreis tätig und ist aus diesem Grund als ihre Hilfsperson zu betrachten (BGH, NJW 1996, 451 = LM H. 3/1996 § 278 BGB Nr. 129 = WM 1996, 315 (316)). Wann eine solche – haftungsrechtlich weit reichende – Einschätzung gerechtfertigt ist, lässt sich nach der Rechtsprechung des Bundesgerichtshofs nur auf Grund einer die Interessen beider Parteien wertenden Betrachtung der Einzelfallumstände entscheiden (BGH, NJW 1996, 451 = LM H. 3/1996 § 278 BGB Nr. 129 = WM 1996, 315 m.w.Nachw.); maßgeblich ist dabei nicht, ob dem Makler für den Vertrag Vertretungsmacht eingeräumt ist oder nicht (BGH, NJW 1996, 451 = LM H. 3/1996 § 278 BGB Nr. 129 = WM 1996, 315).

Während sich die beklagte Bausparkasse im gerichtlichen Verfahren damit zu verteidigen versuchte, dass es sie „nichts angehe", was mit dem Kunden besprochen wurde und es ihr „völlig gleichgültig sei, wer Formulare einreiche", stellte sich der Bundesgerichtshof auf den Standpunkt, dass sich die Bausparkasse nicht dadurch ihrer Verantwortung entziehen könne, dass sie selbständige Vermittlungsfirmen für die Vertragsverhandlungen mit ihren potenziellen Kunden einsetzt. In Fällen wie diesen muss damit gerechnet werden, dass die Vermittlungsfirma nicht nur eigene, sondern auch andere Makler als Untervermittler bemüht.

Konsequenterweise entschied der Bundesgerichtshof, dass auch deren Verhalten bei den Darlehensvertragsverhandlungen nach § 278 BGB der Bausparkasse zuzurechnen ist (nach BGH, Urteil v. 04.02.1997 – XI ZR 31/96 (Frankfurt am Main = NJW 1997, 1360)).

Fälle wie dieser sind auch für Vertriebsgesellschaften relevant, die sich eigener Mitarbeiter oder Vertragsmittler bedienen: Nach § 278 Satz 1 BGB hat der Schuldner für das schuldhafte Verhalten der Personen, deren er sich zur Erfüllung vertraglicher Pflichten bedient, in gleichem Umfang einzustehen wie für eigenes Verschulden. Konkret bedeutet das, dass dem Geschäftsherrn schuldhaftes Fehlverhalten seiner Hilfsperson zugerechnet wird, soweit es in unmittelbarem sachlichem Zusammenhang mit den Aufgaben steht, die der Hilfsperson im Hinblick auf die Vertragserfüllung zugewiesen sind. Dabei ist erforderlich, dass die Hilfsperson nicht nur bei Gelegenheit zur Erfüllung einer Verbindlichkeit des Schuldners gehandelt hat, sondern das Fehlverhalten in Ausübung der ihr übertragenen Hilfstätigkeit erfolgt ist. Über § 278 BGB haftet der Schuldner auch für vorsätzlich weisungswidriges und sogar strafbares Verhalten seiner Hilfsperson (Senat, NJW 1991, 3208 = LM H. 5/1992 § 675 BGB Nr. 173 = WM 1991, 1912 (1914); NJW 1994, 3344 = LM H. 2/1995 § 278 BGB Nr. 126 = WM 1994, 2073 (2075) jew. m.w.Nachw.).

Umfang der Haftung

Was den Umfang des Schadenersatzanspruches angeht gilt Folgendes: Nach der Rechtsprechung des Bundesgerichtshofs schließt fehlende Vertretungsmacht des Handelnden für den Abschluss eines Vertrages nur Erfüllungsansprüche gegen den Geschäftsherrn aus, nicht aber Ansprüche auf Ersatz des Vertrauensinteresses.

Im Bereich der Vertrauenshaftung ist dem Geschäftsherrn eine schädigende Handlung schon dann zuzurechnen, wenn der Handelnde sie im Zusammenhang mit einer Tätigkeit begeht, mit der er betraut wurde und die ihrem Inhalt nach geeignet ist, die Vertrauenshaftung des Geschäftsherrn zu begründen (BGH-Urteil vom 09.07.1984 – II ZR 193/83, DB 1984 2133 = WM 1984, 1017 (1018)).

Für Auskünfte eines Erfüllungsgehilfen haftet der Geschäftsherr dementsprechend bereits dann, wenn dieser mit seinem Wissen eine Tätigkeit ausübt, die die Erteilung von Auskünften mit sich bringt. Der Auskunftsempfänger darf darauf vertrauen, dass der Erfüllungsgehilfe eine für diese Tätigkeit ausreichende Vollmacht besitzt (zuletzt BGH, Urteil vom 07.07.1998 – X1 ZR 375/97 = DB 1858; BGH-Urteil vom 05.01.1955 – VI ZR 227/53, DB 1955, 188 = WM 1955, 230 (233); WM 1973, 635, DB 1990, 218 = WM 1989, 1836 (1837)).

Fazit

- Kreditinstitute, Finanzdienstleistungsinstitute, insbesondere Vertriebsgesellschaften, sind grundsätzlich verantwortlich für das Verschulden derjenigen Personen, deren sie sich zur Erfüllung ihrer Verbindlichkeit – das heißt zur Erfüllung vertraglicher Haupt- oder Nebenpflichten – bedienen (§ 278 BGB).

- Wer Erfüllungsgehilfen einsetzt, kann sich nicht dadurch entlasten, dass er nachweist, dass ihm weder bei der Auswahl noch bei der Überwachung des Erfüllungsgehilfen ein Verschulden trifft.

- Für die Auskünfte eines Erfüllungsgehilfen haftet der Geschäftsherr bereits dann, wenn dieser mit seinem Wissen eine Geschäftstätigkeit ausübt, die die Erteilung von

Auskünften mit sich bringt. Der Auskunftsempfänger darf darauf vertrauen, dass der Erfüllungsgehilfe eine für diese Tätigkeit ausreichende Vollmacht besitzt (zuletzt BGH, Urteil v. 07.07.1998 – ZR 372/97).

- Eine Haftungsfreizeichnung durch Allgemeine Geschäftsbedingungen ist regelmäßig ausgeschlossen (BGH NJW 1975, 262 (263)).

Grenzen der Haftung für den Erfüllungsgehilfen

Die Haftung des Geschäftsherrn, den gemäß § 278 BGB auch weisungswidriges Verhalten seines Erfüllungsgehilfen trifft (siehe Fall 20), entfällt erst dann, wenn das pflichtwidrige Verhalten der Hilfsperson aus dem allgemeinen Umkreis jenes Aufgabengebiets herausfällt, den sie wahrzunehmen hat. Weil grundsätzlich auch strafbares Verhalten des Erfüllungsgehilfen dem Geschäftsherrn zugerechnet werden kann, müssen also ganz besondere Umstände vorliegen.

Besondere Umstände sind etwa dann anzunehmen, wenn sich der Erfüllungsgehilfe ohne Kenntnis des Geschäftsherrn, aber in Absprache mit dem Kunden, eigenmächtig eine eigene Gewinnbeteiligung zusprechen lässt. Ebenso wenn der Erfüllungsgehilfe bei der Abwicklung des Geschäfts nicht für den Geschäftsherrn handelt, sondern ein eigenes Konto einrichtet, auf dem er die Dispositionen für den Kunden vornimmt. Die Voraussetzungen, unter denen die Zurechnung unterbrochen wird, sind also sehr streng.

Hinweis:
Im Haftungsfall trägt der Geschäftsherr die Beweislast für das Vorliegen besonderer, die Zurechnung ausschließender Umstände.

2.3.8 Haftung kraft Anscheinsvollmacht

Fall 21: Zurechnen fremden Verschuldens

Die B-Anlageberatungs-GmbH ist ein bundesweit tätiges Wirtschaftsberatungs- und Finanzbetreuungsunternehmen, das Kapitalanlagen, Bauspar- und Versicherungsverträge vermittelt. Mit Hilfe ihrer selbständigen Handelsvertreter unterhält sie eine Außendienstorganisation. Je nach ihrer Position werden die Außendienstmitarbeiter in der Hierarchie als Geschäftsstellenleiter, Direktionsassistenten, Direktionsmanager, Direktoren oder Landesdirektoren bezeichnet. Alle Außendienstmitarbeiter sind befugt, das Firmenzeichen der B-GmbH auf Briefbögen und in den Geschäftsstellengebäuden zu benutzen und die Geschäftsräume nach außen als Geschäftsstelle der B-GmbH zu bezeichnen. Für alle Außendienstmitarbeiter gilt strikt, dass sie nur die Verträge vermitteln dürfen, die von der B-GmbH und ihren Partnergesellschaften angeboten werden und in dem jeweils gültigen Produktplan enthalten sind.

Der Handelsvertreter S betrieb eine Geschäftsstelle der B-GmbH. Von der B-GmbH erhielt er die Genehmigung, im Rahmen seiner privaten Nebentätigkeit Handelsgeschäfte mit sogenannten Bankgarantien zu vermitteln. Die B-GmbH stellte ihm gegenüber klar, dass er bei der Vermittlung dieser Geschäfte keine Mitarbeiter der B-GmbH einbeziehen darf und S seinen Kunden gegenüber deutlich zu machen habe, dass diese Tätigkeit nicht im Zusammenhang mit den für die Bonus-GmbH erbrachten Beratungsleistungen stehe. Im Rahmen seiner Nebentätigkeit vermittelte S die im Produktplan der B-GmbH nicht enthaltenen SLC-Geschäfte (standby letters of credit). Absprachewidrig verwendete S dabei die Briefbögen der B-GmbH. Wegen wiederholter Verstöße in einem Zeitraum von mehr als neun Monaten wurde S von der B-GmbH mehrfach abgemahnt.

Im Januar 1997 schloss der Anleger A mit S eine Vereinbarung über eine gemeinsame Beteiligung an einem SLC-Geschäft ab, das über ein Treuhandkonto des S abgewickelt werden sollte. Der Anleger zahlte 100 000 DM auf dieses Konto, erhielt später aber weder den Geldbetrag zurück noch wurden ihm Gewinnanteile ausbezahlt.

Der Anleger A war der Ansicht, dass ihm die B-GmbH zum Schadenersatz verpflichtet ist. Er meinte, dass er zu Recht davon ausgehen durfte, dass S in Vertretung der B-GmbH gehandelt hatte. Im gerichtlichen Verfahren konnte A beweisen, dass S in der Vergangenheit im großen Umfang SLC-Geschäfte vermittelt und über die B-GmbH abgewickelt hatte. Belegt wurde das durch einen Artikel in der hauseigenen Zeitschrift „Report" der B-GmbH, in der die Aktivitäten des S im Zusammenhang mit der Vermittlung der SLC-Geschäfte besonders lobend herausgestellt waren. Auch im Rahmen eines Vertriebsmeetings der Bonus-GmbH, an der ca. 400 Mitarbeiter teilnahmen, stellte S die Modalitäten des SLC-Geschäftes dar, wobei die Geschäftsleitung der B-GmbH angekündigt hatte, weitere Direktionsmanager der B-GmbH in die Vermittlung von SLC-Geschäften einweisen zu wollen. Außerdem erklärte die Geschäftsleitung der B-GmbH, dass sie es begrüßen würde, wenn weitere Stammkunden in diese Geschäfte investierten.

(nach BGH, Urteil v. 05.03.1998 – III ZR 183-96 (Celle = BGH NJW 1998, 1854)

*** *

Unter besonderen Umständen haftet ein Anlageberatungs- bzw. Anlagevermittlungsunternehmen auch für einen als Handelsvertreter tätigen Außendienstmitarbeiter. Die Haftung für den Handelsvertreter kann sich aus der sogenannten Anscheinsvollmacht ergeben.

Bei der Anscheinsvollmacht kann sich der Vertretene auf den Mangel der Vertretungsmacht nicht berufen, wenn er schuldhaft den Rechtsschein einer Vollmacht veranlasst hat, sodass der Geschäftspartner nach Treu und Glauben mit Rücksicht auf die Verkehrssitte von einer Bevollmächtigung ausgehen darf und von ihr ausgegangen ist. Das ist z. B. dann der Fall, wenn er nach Lage der Dinge ohne Fahrlässigkeit annehmen darf, der Vertretene kenne und dulde das Verhalten des für ihn auftretenden Vertreters (BGH, NJW 1998, 1854 (1855); st. Rspr., vgl. BGH, NJW-RR 1987, 308).

Allerdings greift dieser Rechtsgrundsatz in der Regel nur dann, wenn das Verhalten des Vertreters, aus dem der Geschäftspartner auf die Bevollmächtigung eines Dritten schließen zu können glaubt, von einer gewissen Häufigkeit und Dauer ist (vgl. BGH, NJW-RR 1986, 1169 = LM § 164 BGB Nr. 54). Es genügt also nicht, wenn der Handelsvertreter nur vereinzelt und nur über einen kurz bemessenen Zeitraum in dieser Form tätig ist. In der dem Fall 21 zu Grunde liegenden Entscheidung hat der Bundesgerichtshof die Ansicht vertreten, dass der Anleger davon ausgehen durfte, dass S die SLC-Geschäfte im Rahmen seiner normalen Tätigkeit für die B-GmbH vermittelte und dass der B-GmbH diese Vorgänge bekannt waren. Immerhin wurde S wegen mehrerer Verstöße in einem Zeitraum von über neun Monaten mehrfach abgemahnt. Der Anleger A, der sich in einer mit der Firmenbezeichnung der B-GmbH gekennzeichneten Geschäftsstelle Verträge vermitteln ließ, musste nach Lage der Dinge annehmen, dass die B-GmbH das Verhalten des S duldet.

Die B-GmbH haftet dem Anleger gegenüber auf Schadenersatz, obwohl es sich um Kapitalanlagen gehandelt hat, die nicht in dem gültigen Produktplan der B-GmbH enthalten sind.

2.3.9 Haftung Dritten gegenüber

Die Haftung Dritten gegenüber kann sich unter anderem für Sachverständige, Gutachter, Wirtschaftsprüfer und Steuerberater ergeben, wenn sie im Auftrag ein Gutachten oder eine gutachterliche Stellungnahme, z. B. ein Wertgutachten, Wirtschaftsprüfungs- oder Steuerberatungstestat oder Ähnliches anfertigen.

Bei der Anlageberatung, die richtigerweise als individuelle Beratung des Kunden verstanden wird, sind Dritthaftungsfälle untypisch. Das gilt auch für alle Fälle der Anlagevermittlung. Mögliche Ansprüche Dritter können sich aber theoretisch aus einem Auskunftsvertrag mit Schutzwirkung zugunsten Dritter oder aus dem Rechtsinstitut des Verschuldens bei Vertragsschluss (siehe Abschnitt 2.4) ergeben. Das gilt vor allem für größere Vertriebsgesellschaften, die etwa ein Produkt exklusiv vermarkten und durch eigene, dem Anschein nach objektive Bewertung der Anlage hervortreten. In Fällen wie diesen kann ein gutgläubiger Dritter unter besonderen Umständen auf Aussagen und auch Gütesiegel, Prüfzertifikate usw. vertrauen und zum Kreis der Dritten gehören, denen gegenüber eine Schadenersatzpflicht besteht.

Will der Finanzdienstleister einen Haftungsprozess erfolgreich überstehen, hat er zum Zweck der Beweisführung eine umfassende *Dokumentation der Beratung* zu erstellen:[2]

- Eigenhändig unterzeichnetes und vom Kunden gegengezeichnetes Verlaufsprotokoll des Verkaufsgespräches.

- Ein vom Kunden gegengezeichnetes Anlegerprofil.

- Unterschriebene Risiko-Hinweis-Belehrung.

- Dokumentation über die dem Anleger zur Verfügung gestellten Pressemitteilungen und gegebenenfalls Nachweise der Übergabe bzw. Übermittlung durch Empfangsbestätigung, Einschreiben mit Rückschein oder Telefaxprotokoll.

- Dokumentation der Korrespondenz mit dem Kunden.

- Protokolle und Prüfnachweise betreffend die nicht selbst, sondern vom Mitarbeiter geworbenen Kunden.

---

2 Vgl. Plück/Schmutzler/Kühn, a.a.O., S. 173 f.

- Bei Anlageberatung: Katalog eigener Recherchen, z. B. Auszug aus dem Grundbuch bei im Prospekt angegebenen Grundvermögen, Auszug aus dem Handelsregister der Gesellschaft, Protokoll über Gespräche mit der Geschäftsleitung/Vorstand der Gesellschaft etc.

- Schriftliche Stellungnahme der Personen, die ggf. mit der Prüfung der Prospektunterlagen beauftragt wurden, z. B. schriftliche Stellungnahme eines Rechtsanwalts, Wirtschaftsprüfers oder der einschlägigen Brancheninformationsdienste.

- Geschlossene und vollständige Übersicht der vom Initiator erhaltenen Informationen zur Kapitalanlage.

- Schriftwechsel mit dem Initiator der Kapitalanlage, insbesondere Stellungnahme des Initiators zu kritischen Anfragen betreffend Wirtschaftlichkeit, Rendite, Einhaltung der Prospektaussagen, Reaktionen auf kritische Berichterstattung usw.

- Bei Strukturvertrieben: Dokumentation des mit der Betreuungsgesellschaft geführten Schriftwechsels.

2.4 Haftung aus Verschulden bei Vertragsschluss (culpa in contrahendo)

Bereits mit der Aufnahme von Vertragsverhandlungen entsteht ein gesetzliches Schuldverhältnis. Auf den wirksamen Abschluss eines Anlageberatungs- bzw. Anlagevermittlungsvertrages kommt es nicht an.

Die Aufklärungspflicht bei Vertragsverhandlungen erstreckt sich auf alle Umstände, die für den Kauf- oder den Beitrittsentscheid des Anlegers erkennbar von wesentlicher Bedeutung sein können. Im Rahmen der Vertragsverhandlungen ist vor allem jede Irreführung des künftigen Vertragspartners zu vermeiden. – Die Verletzung vorvertraglicher Aufklärungspflichten begründet Schadenersatzansprüche des Kunden.

Fall 22: Haftung für Fehler bei Vertragsschluss

In der Absicht, sich an einem kurzfristigen Steuersparmodell zu beteiligen, nahm der Anleger B mit dem Finanzdienstleister F Kontakt auf. Der Kunde erklärte, dass er an einer langfristigen Kapitalbeteiligung nicht interessiert sei. Ihm ging es darum, spätestens nach Ablauf von zwei Jahren seine Beteiligung weiterveräußern zu können. Der Finanzdienstleister F empfahl dem Anleger die Beteiligung an einer Kommanditgesellschaft und erklärte ihm ohne ausreichende Prüfung, dass die jederzeitige Wiederveräußerlichkeit der Beteiligung durch die Ankaufsbereitschaft eines großen Unternehmens der Anlagen-Branche gesichert sei.

Später stellte sich heraus, dass die Kommanditbeteiligung auf dem freien Kapitalmarkt so gut wie gar nicht veräußerbar war. Wegen der fehlenden Fungibilität der Beteiligung nahm der Anleger den Finanzdienstleister auf Schadenersatz in Anspruch. Er verlangte von ihm die Übernahme der Kommanditbeteiligung Zug um Zug gegen Zahlung des aufgewendeten Betrages nebst Finanzierungskosten.

(nach BGH, Urteil v. 09.10.1989 – II ZR 257/88 (Koblenz) = BGH, NJW 1990, 229)

***

Schadenersatzansprüche aus Verschulden bei Vertragsschluss wegen einer Aufklärungspflichtverletzung setzen einen wirksamen Anlagevermittlungs- oder Anlageberatungsvertrag nicht voraus. Nach ständiger Rechtsprechung des Bundesgerichtshofs entsteht mit der Aufnahme von Vertragsverhandlungen ein gesetzliches Schuldverhältnis, das nicht vom Zustandekommen eines Vertrages und seiner Wirksamkeit abhängig ist (Senat, NJW 1995, 1152 = LM.H 7/1995 § 607 BGB Nr. 152 = WM 1995, 566 (568) m.w.Nachw.). Aus diesem Schuldverhältnis können sich Aufklärungspflichten ergeben, deren schuldhafte Verletzung eine Schadenersatzpflicht begründet.

Aufklärungspflichten bei Vertragsverhandlungen

Nach gefestigter Rechtsprechung des Bundesgerichtshofs besteht auch bei Vertragsverhandlungen, in denen die Parteien entgegengesetzte Interessen verfolgen, für jeden Vertragspartner die Pflicht, den anderen Teil über solche Umstände aufzuklären, die den Vertragszweck des anderen vereiteln können und daher für seinen Entschluss von wesentlicher Bedeutung sind, sofern er die Mitteilung nach der Verkehrsauffassung erwarten konnte (Senat, NJW 1979, 2243; WM 1982, 960 (961) m. w. Nachw.).

Die Aufklärungspflicht im Rahmen von Vertragsverhandlungen erstreckt sich auf alle Umstände, die für den Kauf- oder Beitrittsentscheid des anderen Teils erkennbar von wesentlicher Bedeutung sein können. Dabei gilt, dass insbesondere bei vorvertraglichen Beratungsgesprächen jede Irreführung des künftigen Vertragspartners zu vermeiden ist.

Legt ein Kunde z. B. besonderen Wert auf eine gesicherte Rückgabemöglichkeit oder Wiederveräußerlichkeit der zu erwerbenden Anteile, weil er ausdrücklich nicht an einer längerfristigen Kapitalanlage, sondern an einem kurzfristigen Steuersparmodell interessiert ist, und erklärt der Finanzdienstleister ohne ausreichende Überprüfung der Kapitalanlage, dass eine hohe Fungibilität der Anlage durch die jederzeitige Ankaufbereitschaft des hinter der Anlage stehenden Unternehmens gewährleistet ist, dann liegt eine Falschberatung innerhalb von Vertragsverhandlungen vor, wenn sich später herausstellt, dass die Anlage nur in dem Maße und zu dem Preis wiederverkäuflich ist, in dem der freie Kapitalmarkt zum Ankauf derartiger Anteile aufnahmebereit ist.

Entgegen weit verbreiteter Meinung kommt es für die Haftung bei Verschulden aus Vertragsverhandlungen nicht darauf an, dass der Finanzdienstleister seinem Kunden eine besondere Eigenschaft verbindlich zugesichert haben muss, etwa in dem Sinne, dass er hierfür einstehen will. Es geht vielmehr allein darum, dass die unvollständigen und unrichtigen Angaben beim Kunden das Vertrauen hervorgerufen haben, dass er die Anlage jederzeit und ohne Rücksicht auf die wechselnden und unsicheren Verhältnisse am freien

Kapital- und Anlagemarkt tatsächlich problemlos verwerten kann. Anknüpfungspunkt ist also bereits die unvollständige und unrichtige Information.

Umfang des Schadenersatzes

Der durch Verschulden bei Vertragsverhandlungen Geschädigte hat Anspruch auf Ersatz des Schadens, der ihm dadurch entstanden ist, dass er auf die ihm gegebenen unrichtigen Erklärungen vertraut hat. Dabei gilt, dass der Schaden nach oben hin nicht durch das Erfüllungsinteresse begrenzt ist (BGHZ 69, 53 (56) = NJW 1977, 1536 = LM § 276 (Fc) BGB Nr. 5; BGHZ 57, 191 (193) = NJW 1972, 95 = LM § 195 BGB Nr. 13). Das bedeutet im Ergebnis, dass der Anleger so zu stellen ist, wie er gestanden hätte, wenn er nicht auf die ihm zugesicherte jederzeitige Veräußerlichkeit der Anteile vertraut hätte. Weil der Kunde andernfalls vom Erwerb der Anlage abgesehen hätte, da er nicht an einer längerfristigen Kapitalanlage, sondern an einem kurzfristigen Steuersparmodell mit jederzeitiger Wiederveräußerbarkeit interessiert war, entspricht der beim Kunden entstandene Schaden dem für den Erwerb aufgewendeten Betrag einschließlich der für die Finanzierung des Kaufpreises entrichteten Zinsen. Im Gegenzug hat er die Kommanditbeteiligung an den Finanzdienstleister abzutreten. Die vom Kunden erzielten Steuervorteile werden bei der Bezifferung des Schadens regelmäßig nicht berücksichtigt (siehe Fall 43, S. 105).

Fazit

- Wer bei Vertragsverhandlungen Aufklärungspflichten verletzt, kann schadenersatzpflichtig werden. Der Schadenersatzanspruch besteht unabhängig davon, ob ein wirksamer Vertrag zu Stande gekommen ist oder nicht.

- Bereits bei den Vertragsverhandlungen ist über alle Umstände aufzuklären, die für den Kauf- oder Beitrittsentschluss von wesentlicher Bedeutung sein können.

- Jede Irreführung des künftigen Vertragspartners ist zu vermeiden.

- In keinem Fall dürfen ungeprüft Angaben zur Veräußerbarkeit der Kapitalanlage gemacht werden.

- Die Haftung aus Verschulden bei Vertragsschluss trifft vor allem Anlageberater, die besonderes persönliches Vertrauen für sich in Anspruch nehmen, oder den Eindruck besonderer Sachkunde beim Kunden erwecken. In diesen Fällen unterscheidet sich der Umfang vorvertraglicher und vertraglicher Aufklärungs- und Beratungspflichten praktisch nicht mehr. Eine generelle Ausweitung der Haftung aus Verschulden bei Vertragsschluss auch auf Anlagevermittler ist von der Rechtsprechung nicht beabsichtigt (BGHZ 79, 337 (341)).

2.5 Prospekthaftung

2.5.1 Gesetzliche Prospektpflichten und gesetzlich ungeregelte Bereiche

Auf Grund sondergesetzlicher Bestimmungen besteht eine Prospektpflicht für bestimmte Kapitalanlagen. In anderen Bereichen, vor allem betreffend die Angebote des sogenannten „grauen Kapitalmarktes", ist die Verpflichtung zur Erstellung eines Emissionsprospektes gesetzlich nicht geregelt. Umfangreiche Neuerungen,[3] betreffend die gesetzlichen Prospektpflichten, sind durch das Dritte Finanzmarktförderungsgesetz eingetreten. Die Pflicht zur Erstellung eines Prospekts besteht auf Grund gesetzlicher Regelungen für:

- börsenrechtliche Prospekthaftung nach dem Börsengesetz,
- verkaufsprospektgesetzliche Prospekthaftung nach dem Verkaufsprospektgesetz,
- investmentrechtliche Prospekthaftung nach dem Gesetz über Kapitalanlagegesellschaften sowie
- Prospekhaftung nach dem AuslandsInvestment-Gesetz.

2.5.2 Allgemeine zivilrechtliche Prospekthaftung

Ausgehend von den spezialgesetzlichen Bestimmungen hat der Bundesgerichtshof die allgemeine zivilrechtliche Prospekthaftung entwickelt. Sie gilt nicht für Börsenzulassungsprospekte, zum Zweck der Einführung von Wertpapieren, für Verkaufsprospekte nach dem VerkProspG, dem KAGG und AuslInvestmG, sondern hat den prospektvermittelten Vertrieb von anderen Kapitalanlagen zum Gegenstand. Anwendung findet die allgemeine zivilrechtliche Prospekthaftung

a) auf Prospekte, mit denen der Erwerb von Aktien außerhalb der geregelten Aktienmärkte geworben wird,
b) auf Prospekte, die Beteiligungen an Bauherrenmodellen anbieten,
c) nach richtiger Ansicht auch für Prospekte, mit denen Anleger als Kommanditisten zum Beitritt an einer Publikumspersonengesellschaft geworben werden sollen sowie
d) für alle anderen Fälle, die nicht bereits der gesetzlichen Prospekthaftung unterliegen und in denen der Prospekt, wenn auch nicht die einzige, so doch „die wichtigste Informationsquelle (ist), die den Anleger in die Lage versetzt, die Anlage objektiv zu beurteilen und sein Risiko richtig einzuschätzen" (BGHZ 115, 214, (218)).

Unrichtige oder unvollständige Prospekte können Schadenersatzansprüche der Anleger gegenüber dem Finanzdienstleister begründen. Sind in einem Prospekt Angaben enthalten, die nicht zutreffen oder fehlen Informationen, die für die Beurteilung der Kapitalanlage wichtig sind, muss der Finanzdienstleister den Anleger vollständig und richtig unterrichten. Unterlässt der Finanzdienstleister diese Aufklärung, dann liegt eine schuldhafte Pflichtverletzung vor, die einen Schadenersatzanspruch begründet. Nach Ansicht des Bun-

---

3 Was die Neuerungen zu den gesetzlich geregelten Prospektpflichten infolge des Dritten Finanzmarktförderungsgesetzes angeht, wird auf die Ausführungen von Plück/Schmutzler/Kühn, a.a.O., S. 77 ff. verwiesen.

desgerichtshofs entsteht die Haftung nicht nur dann, wenn im Prospekt enthaltene Tatsachenbehauptungen falsch sind, sondern auch dann, wenn wesentliche Umstände – das sind z. B. persönliche oder wirtschaftliche Verflechtungen zwischen der Kapitalanlagegesellschaft oder sie beeinflussende Personen und den an der Durchführung des Projekts beteiligten Geschäftspartnern – verschwiegen werden (BGH NJW 1981, 1449 (1451)).

Grundsätzlich zu beachten ist, dass nicht nur unrichtige Angaben tatsächlicher Art die Prospekthaftung begründen können, sondern auch wertende Aussagen über die wirtschaftliche Lage des Unternehmens, wie z. B. Prognosen und Liquiditätsberechnungen.

Die einzelnen Voraussetzungen des Schadenersatzanspruches der allgemeinen zivilrechtlichen Prospekthaftung werden in Abschnitt 2.5.3 genannt. Der Vollständigkeit halber werden auch „Gegenrechte" des Finanzdienstleisters, d. h. Einwendungen, wie z. B. das Mitverschulden des Anlegers und die Vorteilsausgleichung, mit berücksichtigt.

2.5.3 Grundlagen der Prospekthaftung

Die allgemeine zivilrechtliche Prospekthaftung ist gesetzlich nicht geregelt. Man unterscheidet die Prospekthaftung im engeren Sinne und die Prospekthaftung im weiteren Sinne. Die Differenzierung ist maßgeblich für den Kreis der jeweils haftenden Personen und für die Frage der anzuwendenden Verjährungvorschriften. Die allgemeine zivilrechtliche Prospekthaftung gilt für die Kapitalanlagen, für die keine spezialgesetzlichen Prospekthaftungsansprüche bestehen. Voraussetzungen für die Haftung sind:

- *Prospekte:* Alle Angebotsunterlagen, die für die Beurteilung einer Kapitalanlage wesentliche Angaben enthalten (vgl. Fall 16).

- *Wer unterliegt der Prospekthaftung?* Wer der Prospekthaftung unterliegt ist vom Bundesgerichtshof in einer Reihe von Urteilen im Einzelnen entschieden worden. Allerdings ist der Kreis der Haftungsverantwortlichen noch nicht abschließend definiert, auch bleiben die Einteilungskriterien weitgehend abstrakt. Wer zu den Haftungsverantwortlichen der Prospekthaftung im engeren Sinne und wer zu den Haftungsverantwortlichen der Prospekthaftung im weiteren Sinne gehört wird in Abschnitt 2.5.7 beschrieben (vgl. Fälle 23, 26).

- *Anknüpfungspunkt der Haftung:* Ein unvollständiger oder unrichtiger Prospekt (vgl. Fälle 24, 25).

- *Anspruchsberechtigter:* Wer durch einen unrichtigen oder unvollständigen Prospekt zum Erwerb einer Kapitalanlage veranlasst wurde.

- *Anspruch aus Prospekthaftung:* Voraussetzung ist, dass der Anleger nachweist, dass die falschen Angaben ihn zur Kapitalanlage veranlasst haben (sog. haftungsbegründende Kausalität) und dass die Pflichtverletzung der Prospektverantwortlichen zum Schadeneintritt geführt hat (haftungsausfüllende Kausalität).

- *Verschulden:* Der Prospekthaftungsanspruch setzt voraus, dass der Prospektverantwortliche schuldhaft gehandelt hat. Die Haftung tritt ein für Vorsatz und Fahrlässigkeit. Eine Haftungsbeschränkung auf Vorsatz und grobe Fahrlässigkeit nach dem Vorbild der spezialgesetzlich geregelten Prospekthaftungsansprüche wird von der Rechtsprechung nicht zugelassen. Der Verschuldensvorwurf bezieht sich darauf, dass der in Anspruch Genommene die Umstände kannte, die die Aufklärungspflicht begründete, und darüber hinaus Kenntnis von den Tatsachen hatte oder haben musste, über die der Anleger aufzuklären war (BGHZ 79, 337, (345); vgl. Fall 40).

- *Mitverschulden:* Unter besonderen Umständen kann der wegen Prospekthaftung in Anspruch genommene Finanzdienstleister den Einwand des Mitverschuldens des Anlegers erheben. Das sind die Fälle, in denen der Anleger z. B. „Warnungen von dritter Seite" oder differenzierende Hinweise des Finanzdienstleisters nicht hinreichend beachtet hat (vgl. Fall 45).

- *Umfang der Haftung, Schaden:* Wie im Falle der Haftung aus Anlageberatungs- bzw. Anlagevermittlungsvertrag (vgl. Übersichten 1 und 2, S. 30 u. 35. Besonderheiten bestehen nicht (vgl. Fälle 41, 42).

- *Vorteilsausgleichung:* Wie im Falle der Haftung aus Anlageberatungs- oder Anlagevermittlung. Besonderheiten bestehen keine (vgl. Fall 43).

- Haftungsfreizeichnung: Die im Prospekt enthaltene Haftungsfreizeichnung zu Gunsten des Finanzdienstleisters entfaltet nach herrschender Meinung keine Wirkung und wird als unzulässig betrachtet (BGHZ 79, 337, (341)).

- *Verjährung:* In Anlehnung an die spezialgesetzlichen Prospekthaftungsansprüche verjähren Prospekthaftungsansprüche im engeren Sinne in sechs Monaten seit Kenntnis des Prospektmangels, spätestens aber in drei Jahren seit dem Beitritt zur Gesellschaft bzw. nach Abschluss des Anlagegeschäftes (BGHZ 83, 222, 226 f.; BGH WM 1984, 889, 890; BGH WM 1984. 1075, 1077; BGH WM 1984, 1529, 1531; BGH WM 1985, 534, 535; vgl. Fall 46).

Besonderheiten gelten für Prospekthaftungsansprüche im engeren Sinne, die auf falsche oder unvollständige Prospekte, z. B. im Zusammenhang mit dem Vertrieb von Bauherrenmodellen, gestützt werden. Lange Zeit war umstritten, ob diese Ansprüche der werkvertraglichen Verjährungsfrist des § 638 BGB unterliegen oder nicht. Man muss heute davon ausgehen, dass diese Prospekthaftungsansprüche den allgemeinen Verjährungsregeln des § 195 BGB unterliegen mit der Folge, dass eine Verjährung der Ansprüche erst nach dreißig Jahren eintritt.

Werden Prospekthaftungsansprüche im weiteren Sinne geltend gemacht, unterliegen diese Ansprüche grundsätzlich den allgemeinen Regeln und verjähren in dreißig Jahren.

2.5.4 Die Prospekthaftung im engeren Sinne

Fall 23: Verantwortung für den Prospekt

Die Kläger waren Kommanditisten der K-KG. Gegenstand der K-KG war die „Planung, Bebauung und Verwaltung von Grundstücken auf der Insel Mallorca". Das Vorhaben war gescheitert und das Unternehmen befand sich in Liquidation. Die Kläger waren auf dem freien Kapitalmarkt auf der Grundlage eines Emissionsprospektes geworben worden. Sie sahen ihre Beteiligung als verloren an und waren der Meinung, dass sie durch falsche und unvollständige Angaben im Emissionsprospekt zum Beitritt in die Kommanditgesellschaft veranlasst worden waren.

Der Rechtsanwalt der Kläger erhob Schadenersatzansprüche gegenüber dem Geschäftsführer der K-KG, dem Anlagevermittler F und dem Berater G der K-KG, der den Emissionsprospekt – im Wesentlichen auf Grund der Angaben des Geschäftsführers der Kommanditgesellschaft – entworfen hat, und wollte sie gerichtlich einklagen.

(nach BGH, NJW 1981, 1449)

***

Den Rechtsgrundsatz, dass auch der Vertreter und der Sachwalter für Verschulden bei Vertragsverhandlungen haftet (vgl. Abschnitt 2.3), wenn sie für ihre Person Vertrauen in Anspruch genommen und dadurch die Vertragsverhandlungen beeinflusst haben, hat der Bundesgerichtshof im Fall der Publikums-Kommanditgesellschaft, die auf dem freien Kapitalmarkt mit unrichtigen oder unvollständigen Emissionsprospekten Anleger geworben hat, ganz allgemein auf die Initiatoren, Gründer und Gestalter der Gesellschaft angewandt, soweit sie das Management bilden oder beherrschen (BGHZ 71, 284 (287 ff.) = NJW 1978, 1625).

Darüber hinaus haben die Gerichte diesen Rechtsgrundsatz auch auf die Personen für anwendbar erklärt, die hinter der Komplementär-GmbH und der Publikums-KG stehen und neben der Geschäftsleitung besonderen Einfluss in der Gesellschaft ausüben und aus diesem Grund Mitverantwortung tragen. Dabei kommt es nicht einmal darauf an, dass die Bedeutung dieser Personen und ihr Einfluss in dem Prospekt dargestellt wird. Gleichgültig ist auch, ob diese Personen den Verhandlungspartnern vor oder bei den Vertragsverhandlungen bekannt waren oder nicht (BGHZ 72, 382 (387) = NJW 1979, 718).

Der besondere Sinn des Rechtsgrundsatzes liegt in Folgendem: Im Interesse des Anlegerschutzes sollen nicht nur die Personen haftbar gemacht werden, die unmittelbar am Vertragsabschluss beteiligt sind – wie zum Beispiel Anlagevermittler und Anlageberater und im Einzelfall der Vertreter – sondern auch diejenigen Unternehmen und Personen, die zu der für die Herausgabe des Prospekts verantwortlichen eigentlichen Leitungsgruppe oder sonst zu den maßgeblichen Hintermännern des Anlageunternehmens gehören.

Dabei wird an den Gedanken angeknüpft, dass die Grundlage der Vertrauenshaftung nicht nur das von einem bestimmten Menschen ausgehende persönliche Vertrauen sein kann, sondern auch ein Vertrauen, das kraft Amtes oder Berufes entsteht oder auf einer besonderen Fachkunde oder einer allgemein anerkannten und hervorgehobenen beruflichen und wirtschaftlichen Stellung beruht. Hiernach haften für die Richtigkeit und Vollständigkeit der Prospektangaben die Personen und Unternehmen, die den Prospekt unmittelbar herausgeben oder die für die Herausgabe verantwortlich sind.

Bei einer Personenhandelsgesellschaft sind das die Initiatoren, Gründer und Gestalter der Gesellschaft, die das Management bilden oder beherrschen, und die Personen, die hinter der Anlagegesellschaft stehen und besonderen Einfluss in der Gesellschaft ausüben und Mitverantwortung tragen.

Im Fall 23 haftet der Geschäftsführer der K-KG für den bei den Kommanditisten eingetretenen Schaden. Als Geschäftsführer der K-KG hat er die Geschicke der Gesellschaft geleitet und gestaltet.

Eine Haftung des G, dem Berater der K-KG, der den Emissionsprospekt auf Grund der Vorgaben des Geschäftsführers der K-KG gestaltet hat, tritt hingegen nicht ein. Die von der Rechtsprechung herausgestellte Bedeutung, die dem Emissionsprospekt zukommt, führt nicht für jeden im Prospekt Benannten zur Vertrauenshaftung mit der Folge, dass ihm jede in dem Prospekt enthaltene und für den Verhandlungspartner bedeutsame Unrichtigkeit und Unvollständigkeit zugerechnet werden kann.

Für Personen, die nicht zu den das Management bildenden Initiatoren, Gestaltern und Gründern (BGHZ 71, 284 = NJW 1978, 1625) gehören und die auch nicht daneben besonderen Einfluss in der Gesellschaft ausüben und Mitverantwortung tragen, kommt eine Haftung für unrichtige oder unvollständige Prospektangaben grundsätzlich nur in engen Grenzen in Betracht.

Ein solcher Haftungsfall kann zum Beispiel dann eintreten, wenn G durch sein nach außen in Erscheinung tretendes Mitwirken an dem Prospekt einen besonderen Vertrauenstatbestand geschaffen oder selbst eigene Erklärungen abgegeben hätte (Senat, BGHZ 77, 172 = NJW 1980, 1840).

Ob der Finanzdienstleister F für den bei den Kommanditisten eingetretenen Schaden haftet, richtet sich danach, ob er sich den Prospekt zu Eigen gemacht hat oder nicht. Es gelten die in den Fällen 24 und 25 dargestellten Grundsätze. – Sind mehrere für den Eintritt des Schadens verantwortlich, haften sie den Kommanditisten als Gesamtschuldner.

Fazit

- Für unrichtige oder unvollständige Angaben in Emmissionsprospekten von Publikumsgesellschaften, die zur Anwerbung von Anlegergeldern verwendet werden, haften die Initiatoren, Gründer und Gestalter der Gesellschaft, soweit sie das Management bilden oder beherrschen. Außerdem die Personen, die hinter der Komplementär-GmbH und der Publikums-KG stehen und neben der Geschäftsleitung besonderen Einfluss in der Gesellschaft ausüben.

- Bei der Haftung kommt es nicht darauf an, ob diese Personen dem geschädigten Anleger vor oder bei den Vertragsverhandlungen bekannt waren oder nicht.

2.5.5 Die Prospekthaftung im weiteren Sinne

Fall 24: Unvollständiger Prospekt

Der Finanzdienstleister D befasst sich u.a. mit der Vermittlung steuerbegünstigter Kapitalanlagen. Im Jahre 1993 übernahm er den Vertrieb von Kommanditanteilen für die B GmbH & Co KG und ließ sich hierfür eine Provision versprechen.

Mit einem Emissionsprospekt wandte sich der Finanzdienstleister D an den Anleger A, mit dem er bis dahin nicht in Geschäftsverbindung gestanden hatte. Er bot ihm eine Beteiligung an der KG als eine Kapitalanlage an, die „allen Nachprüfungen standhalte". Als besonderen Vorteil hob er hervor, dass „die Produktion bereits Anfang des nächsten Jahres beginne und der Absatz schon jetzt gesichert sei". Dem Anleger erklärte der Finanzdienstleister, dass er das Objekt – wie alle seine Objekte – vorher durch Wirtschaftsprüfer und Steuerfachleute habe prüfen lassen. Weiter meinte er, dass er eine Beteiligung nachhaltig empfehlen kann, weil das Beteiligungsangebot gegenüber anderen Beteiligungsangeboten vor allem folgende Vorteile aufweist:

- hervorragendes, fachlich bewährtes Management,
- Produktion und Absatz bereits für ein Jahr gesichert.

In dem Emissionsprospekt hieß es, dass der Verkauf „sowohl über den Einzelhandel als auch über Warenhäuser und Konzerne" sichergestellt ist und bereits jetzt „verbindliche Zusagen eingeführter und erfolgreicher Vertriebsorganisationen im In- und Ausland bestehen und dass schon in der Aufbauphase mit einer Auslastung der vorhandenen Kapazitäten zu rechnen ist."

Später stellte sich heraus, dass die in den Prospekten gemachten Aussagen falsch waren. Die unternehmerische Beteiligung des Anlegers war wertlos geworden. Von dem Finanzdienstleister verlangt der Anleger Schadenersatz, weil er sich die falschen Prospektaussagen „zu Eigen gemacht hat".

***

Unter dem Stichwort „Haftung der Emissionshelfer" können Finanzdienstleister gemäß dem Rechtsinstitut der Prospekthaftung im weiteren Sinne in Anspruch genommen werden, die bei dem Vermittlungs- bzw. Beratungsgespräch einen falschen oder unvollständigen Emissionsprospekt verwenden und sich diesen inhaltlich „zu Eigen machen".

Das Gleiche gilt dann, wenn sie einen „aus ihrer Person hergeleiteten zusätzlichen Vertrauenstatbestand" schaffen, um so ihrem Verhandlungspartner „eine zusätzliche, wenn nicht gar die ausschlaggebende Gewähr für die Richtigkeit der in dem Werbeprospekt oder anderweitig über die Kapitalanlage gemachten Angaben zu bieten". (BGHZ 74, 103, 109).

In Fällen wie diesen haftet der Finanzdienstleister seinem Kunden für die Richtigkeit der im Prospekt enthaltenen Angaben, ohne dass er selbst Einfluss auf den Prospekt nehmen konnte. Seine Haftung kann sogar so weit gehen, dass er dem Kunden gegenüber die umfassende Gewähr für die Richtigkeit des Prospekts übernimmt. Dieses Haftungsrisiko trifft vor allem Finanzdienstleister – Anlageberater wie Anlagevermittler –, die in dieser Branche als vielfältig erfahren und damit sachkundig auftreten und dabei den Eindruck besonderer persönlicher Zuverlässigkeit erwecken. Das gilt insbesondere, wenn sie durch ihr Auftreten für ihre Kunden eine zusätzliche – wenn nicht die ausschlaggebende – Gewähr für die Richtigkeit der in dem Werbeprospekt oder anderweitig über die Kapitalanlage gemachten Angaben bieten. (BGHZ 74, 103, 109).

In der dem Fall 24 zu Grunde liegenden Entscheidung hat der Bundesgerichtshof eine so weit reichende Haftung bejaht. Das Gericht hat darauf abgestellt, dass sich der Finanzdienstleister als „erfahrener und seriöser Partner" bezeichnet hat, der alle durch seine Hände gegangenen bedeutenden Vorhaben zur vollen Zufriedenheit seiner Kunden abgewickelt habe. Wegen der von dem Finanzdienstleister gemachten Aussagen, er habe das Objekt, bevor es in den Vertrieb aufgenommen wurde, durch mehrere Wirtschaftsprüfer und Steuerfachleute prüfen lassen, hat er den Eindruck erweckt, besondere Sorgfalt walten zu lassen und damit auch besonders vertrauenswürdig zu sein (BGHZ 74, 103, 110).

Nach Meinung des Gerichts kommt dem persönlichen Einsatz des Finanzdienstleisters für das Objekt und den in den von ihm selbst verfassten Briefen gemachten Angaben über das Objekt besonderes Gewicht zu.

Vermeidung der Haftung

Um eine Haftung zu vermeiden, sollten die folgenden Strategien beachten werden:

- Zwecks Vermeidung enormer Haftungsrisiken sollte dringend darauf geachtet werden, dass das Anlageobjekt mit der ausreichenden Distanz vorgestellt wird.

- In keinem Fall darf sich der Finanzdienstleister ungeprüft Prospektaussagen zu Eigen machen und in besonderer Weise seine Sachkunde und seine persönliche Vertrauenswürdigkeit herausstellen.

- Eine erhöhte Sorgfaltspflicht trifft den Finanzdienstleister, wenn er in besonderem Maße persönliches Vertrauen in Anspruch nimmt, das sich auf seine vielfältige Berufserfahrung und Sachkunde oder auf seine besondere persönliche Zuverlässigkeit gründet.

- Wer als Finanzdienstleister in besonderem Maße persönliches Vertrauen in Anspruch nimmt, muss, betreffend die angebotene Kapitalanlage, eigene Ermittlungen anstellen und darf die Angaben Dritter nicht ungeprüft übernehmen und weitergeben. Das gilt umso mehr, wenn er den Eindruck erweckt, dass das von ihm angebotene Objekt geprüft worden ist (vgl. BGHZ 70, 356, 362 und BGH WM 1978, 611, BGHZ 74, 103, 111/112).

2.5.6 Unrichtige Prospektangaben – Schutzzweck der Prospektaufklärungspflicht

Fall 25: Unrichtiger Prospekt

Der Beklagte war Vorstandsvorsitzender der B-AG. Die Hauptversammlung der Gesellschaft beschloss eine Kapitalerhöhung in Form der Ausgabe von 30 000 neuen Inhaber-

Vorzugsaktien ohne Stimmrecht im Nennbetrag von je 50 DM zum Ausgabepreis von 189 DM. Gleichzeitig sollten 15 000 Inhaberstammaktien der bisherigen Altaktionäre im Nennbetrag von je 50 DM zum Stückpreis von 210 DM verkauft werden. In dem dazu herausgegebenen, von dem Beklagten zu 1 verantwortlich gestalteten Prospekt wurde der Beklagte zu 1 als der alleinige Vorstand der Gesellschaft bezeichnet. In dem dem Prospekt beigefügten Jahresabschluss waren die „Gesamtbezüge des Vorstandes" mit 300 000 DM – 8 % der Umsatzerlöse – angegeben. Tatsächlich hatte die Gesellschaft zu diesem Zeitpunkt aber bereits weitere Vorstandsmitglieder bestellt. Deren Bezüge waren in der Form von Provisionen in dem Jahresabschluss ohne besonderen Ausweis nur in dem Titel „Personalaufwand" enthalten. Die im Mai 1987 gemeinsam mit einer Wirtschaftsprüfungsgesellschaft bei der F-Wertpapierbörse beantragte Zulassung zum Geregelten Markt wurde vom Börsenvorstand mit der Begründung abgelehnt, ein Wirtschaftsprüfer sei nicht als Mitantragsteller im Sinne von § 71 Abs. 2 Satz 3 Börsengesetz geeignet, weil diese Tätigkeit nach einer Stellungnahme der Wirtschaftsprüferkammer nicht mit den Standespflichten eines Wirtschaftsprüfers vereinbar sei. Die in der Folge nur außerhalb der Börse im sogenannten Telefonverkauf gehandelten Aktien der B-AG fielen auf einen Kurs von 130 DM je Aktie.

Der Kläger kaufte bereits im Frühjahr 1987 insgesamt 1000 Inhaber-Stammaktien zum Preis von 210 000 DM und verlangte vom Beklagten die Rückzahlung dieses Betrages zuzüglich Zinsen Zug um Zug gegen Rückgabe der erworbenen Aktien. Er meinte, der Prospekt habe unwahre Angaben über die Zahl der Vorstandsmitglieder und deren tatsächliche Bezüge enthalten. Hätte er von diesen im Prospekt verschwiegenen oder doch unrichtig dargestellten Umständen Kenntnis gehabt, so hätte er keine Aktien der Gesellschaft erworben. Auch der Finanzdienstleister F, der Kunden mit dem falschen Prospekt geworben hatte, fürchtete haftungsrechtliche Folgen.

(nach BGH, Urteil v. 05.07.1993 – II ZR 194/92 (Frankfurt am Main) = NJW 1993, 2865)

***

Anforderungen an den Prospektinhalt

Ein für Kapitalanlagen werbender Prospekt muss ein zutreffendes Bild über das Beteiligungsobjekt abgeben. Der Prospekt muss den Anleger über alle Umstände, die für seine Entscheidung von wesentlicher Bedeutung sind oder sein können, sachlich richtig und vollständig unterrichten (BGHZ 79, 337 (344) = NJW 1981, 1449 = LM § 276 (Fa) BGB Nr. 69 L).

Die Aufklärungspflicht erstreckt sich auch auf solche Umstände, von denen zwar noch nicht feststeht, die es aber wahrscheinlich machen, dass sie den vom Anleger verfolgten Zweck gefährden werden (BGHZ 72, 382 (388) = NJW 1979, 718 = LM § 161 HGB Nr. 53; BGH, NJW-RR 1988, 348 = LM § 463 BGB Nr. 50 = WM 1988, 48 (50) = ZfBR 1988, 67).

Der Emissionsprospekt stellt im Allgemeinen die Grundlage für den Beitrittsentschluss des Anlegers dar. Aus diesem Grund hat der Prospekt ein zutreffendes Bild von der angebotenen Kapitalbeteiligung zu vermitteln. Entspricht der Prospekt diesen Anforderungen nicht, so hat der Anleger, der auf der Grundlage des Prospekts geworben worden ist, gegen den schuldhaft handelnden Verantwortlichen einen Anspruch auf Erstattung der für den Erwerb gemachten Aufwendungen gegen Rückgabe der Anlage.

Dabei gilt, dass ein Anleger, der mit einem in erheblichen Punkten unrichtigen oder unvollständigen Prospekt geworben worden ist, die Rückgängigmachung seiner Beteiligung selbst dann verlangen kann, wenn die im Prospekt unrichtig dargestellten Risiken nicht mit denen identisch sind, die zu dem späteren Wertverfall der Anlage geführt haben (BGH, NJW 1993, 2865). Gemeint sind die Fälle, bei denen die im Prospekt verschwiegenen Umstände und die Umstände, die später tatsächlich zu einer Entwertung der Anlage geführt haben, nicht übereinstimmen.

Die Prospektmängel sind für die Entscheidung des Anlegers kausal, wenn die Anlageentscheidung auch von den unrichtigen oder unvollständigen Prospektangaben mitbestimmt war und sich der Anleger in Kenntnis der wahren Sachlage nicht an dem Anlageobjekt beteiligt hätte (vgl. BGHZ 74, 103 (112 f.) = NJW 1979, 1449 = LM § 676 BGB Nr. 20; BGH, NJW 1982, 1095 = LM § 652 BGB Nr. 78 = WM 1982, 90 (91); 1982, 1095; BGH, NJW-RR 1991, 599 = LM § 675 BGB Nr. 160 = WM 1991, 695 (698) = ZfBR 1991, 106 = BauR 1991, 384).

Wird der Anleger z. B. nicht ausreichend darüber aufgeklärt, dass – wie im Fall 25 – 8 % der Umsatzerlöse allein für die Vergütung der Vorstände der Gesellschaft verwendet werden und ergibt sich später, dass die Kapitalbeteiligung aus anderen Gründen wertlos geworden ist, greifen die Grundsätze der Prospekthaftung zum Nachteil des Finanzdienstleisters. Der Bundesgerichtshof akzeptiert eine Einschränkung der Haftung für Prospektfehler nicht. Aus diesem Grund kann sich ein Finanzdienstleister nicht darauf berufen, dass sich der Sinn und Zweck der Aufklärung darin erschöpft, den Anleger davor zu schützen, dass der Prospekt unrichtige oder unvollständige Angaben enthält, die sich später tatsächlich in negativer Weise auf die Anlage ausgewirkt haben. Nach Ansicht des Gerichts soll vielmehr durch eine umfassende Aufklärungspflicht gegenüber dem mit diesem Prospekt geworbenen Anleger dessen Recht zur Selbstbestimmung über die Verwendung seines Vermögens sichergestellt werden.

Da dem Anleger diese in eigener Verantwortung zu treffende Entscheidung von niemanden – am wenigsten vom Anbieter der Kapitalanlage – abgenommen werden kann und darf, hat ihm der Emissionsprospekt ein möglichst vollständiges Bild von den für eine sachgerechte Beurteilung der Anlage erheblichen Umständen zu vermitteln.

Aus diesem Grund stellen in wesentlichen Punkten unrichtige oder unvollständige und damit irreführende Prospektangaben eine rechtswidrige Verletzung der Verhaltenspflichten der Verantwortlichen dar. Da die verletzte Prospektaufklärungspflicht gerade vor Anlageentscheidungen schützen soll, die der Anleger in voller Kenntnis aller Verhältnisse nicht getroffen hätte, kommt es später nicht darauf an, ob sich die im Prospekt verschwiegene Gefahr oder ein anderes Risiko, über das nicht ausreichend aufgeklärt worden ist, verwirklicht hat oder nicht. Den Prospektverantwortlichen trifft die Darlegungs- und Beweislast dafür, dass der Schaden auch bei pflichtgemäßer Aufklärung und Information eingetreten wäre (Senatsurteil BGHZ 111, 314 = NJW 1990, 2461 = LM § 276 (Fa) BGB Nr. 11).

Aufklärung bei späteren Veränderungen

Wird ein Prospekt später unrichtig oder ergeben sich entgegen den im Prospekt darge-stellten Umstände wesentliche Änderungen, ist im Prospekt oder in einem Nachtrag dar-über aufzuklären. Der Finanzdienstleister hat seinen Kunden zwingend über tatsächliche Abweichungen von den Prospektaussagen zu unterrichten. Das ergibt sich aus Folgen-dem: Nach der oben dargestellten Rechtsprechung dient die Aufklärungspflicht dem Recht des Anlegers auf eine eigenverantwortliche Anlagedisposition. Werden ihm we-sentliche Umstände verschwiegen, wird das Selbstbestimmungsrecht des Anlegers ver-letzt.

Für den Finanzdienstleister kann die Verletzung nachträglicher Aufklärungspflichten enorme haftungsrechtliche Folgen haben. Das Rechtsinstitut der Prospekthaftung gibt dem Anleger u. a. das Recht, im Wege des Schadenersatzes (siehe Abschnitt 4.2 und 4.3) die Rückgängigmachung seiner Beteiligung zu verlangen.

Wann ist ein Prospekt unrichtig bzw. unvollständig?

Bei der Frage, ob ein Emissionsprospekt unrichtig oder unvollständig ist, kommt es nicht allein auf die darin wiedergegebenen Einzeltatsachen, sondern wesentlich auch darauf an, welches Gesamtbild er durch seine Aussagen von den Verhältnissen und z. B. von der Ver-mögens-, Ertrags- und Liquiditätslage macht (BGH, NJW 1982, 2823 (2824)). Nach der Rechtsprechung des Bundesgerichtshofes muss im Emissionsprospekt insbesondere auf folgende Umstände hingewiesen werden:

- „Im Emissionsprospekt für einen geschlossenen Immobilienfonds müssen Sondervor-teile, die den Gründungsgesellschaftern gewährt werden, offen gelegt werden." (BGH Urteil vom 10.10.1994 – II ZR 95/93 (München) = BGH NJW 1995, 130)

- „Es stellt eine Verletzung von Aufklärungspflichten dar, wenn im Prospekt für ein Be-teiligungsmodell nicht darauf hingewiesen wird, dass die ausgewiesenen Baukosten erhöht wurden, um eine Mietausfallgarantie anbieten zu können." (BGH Urteil vom 10.10.1994 – II ZR 95/93 (München) = BGH NJW, 1995, 130)

- „Zu den offenbarungspflichtigen Tatsachen gehören auch wesentliche kapitalmäßige und personelle Verflechtungen zwischen den Gesellschaftern und den Unternehmen, in deren Hand die Gesellschaft die nach dem Emissionsprospekt durchzuführenden Vorhaben ganz oder wesentlich gelegen hat." (BGH Urteil vom 10.10.1994 – II ZR 95/93 (München) = BGH NJW 1995, 130)

- „Sämtliche Sonderzuwendungen sind zu offenbaren. Dabei spielt es keine Rolle, ob eine Vergütung der jeweiligen Leistung üblich ist und sich in einem angemessenen Rahmen hält. Da allein kapitalmäßige oder personelle Verflechtungen bereits die Ge-fahr einer Interessenkollision zum Nachteil der Anleger hervorrufen können, erfasst die Aufklärungspflicht ohne Unterschied alle Zuwendungen an die Gesellschafter und ihre Unternehmen."

- „Zu den zu offenbarenden Tatsachen gehören deshalb wesentliche kapitalmäßige und personelle Verflechtungen zwischen einerseits der Komplementär-GmbH sowie ihren

Geschäftsführern und beherrschenden Gesellschaftern und anderseits den Partner-Unternehmen sowie deren Geschäftsführern und beherrschenden Gesellschaftern, in deren Hand die Publikums(-Kommanditgesellschaft) die nach dem Emissionsprospekt durchzuführenden Vorhaben ganz oder wesentlich gelegt hat." (BGHZ 79, 337 ff.)

Finanzdienstleister, die bei dem Beratungsgespräch mit dem Kunden einen unvollständigen, widersprüchlichen oder fehlerhaften Prospekt verwenden, sind dem Kunden gegenüber verpflichtet, die Fehler und Widersprüchlichkeiten aufzuklären und zu erläutern. Die Finanzdienstleister haben das ihnen überlassene Prospektmaterial vorher auf Richtigkeit und Vollständigkeit zu überprüfen.

Prospektinhaltskatalog und Prüfungsmaßstab

Große praktische Bedeutung kommt in diesem Zusammenhang den von dem Institut der Wirtschaftsprüfer in Deutschland e.V. (IdW) herausgegebenen Richtlinien „Grundsätze ordnungsgemäßer Durchführung von Prospektprüfungen" zu. Diese Grundsätze enthalten – in Anlehnung an die spezialgesetzlichen Bestimmungen über Prospekte – Beurteilungskriterien hinsichtlich des Mindestinhalts von Prospekten. Wegen der berufsrechtlichen Selbstbindung der Wirtschaftsprüfer und deren Prüfungsmonopol kommt den Grundsätzen „gesetzähnliche Geltung" zu.

Der Prospektinhaltskatalog des IdW sollte zumindest zu dem Thema „Vollständigkeit der Prospektaussagen" von Finanzdienstleistern bei der Prüfung eines Emissionsprospektes herangezogen werden. Anhand dieses Katalogs (siehe Übersicht 3) kann der Finanzdienstleister die maßgeblichen Prospektangaben prüfen. Bei Zweifeln sollte er in jedem Fall Rücksprache mit dem verantwortlichen Herausgeber des Prospekts nehmen und berufserfahrene Dritte mit der Überprüfung des Prospektmaterials beauftragen.

Nach dem Prospektinhaltskatalog müssen z. B. zu den darin genannten Aspekten (siehe Übersicht 3) vollständige Angaben im Prospekt enthalten sein. Die Aufzählung ist nicht abschließend. Im Übrigen wird darauf hingewiesen, dass die Rechtsprechung, was die Prospektanforderungen angeht, „in Bewegung" ist. Für besondere Anlagen, wie etwa Börsentermingeschäfte, wird die Beachtung weiterer, unter anderem formaler Kriterien verlangt. So muss der Hinweis auf die mit diesen Geschäften verbundenen Risiken z. B. an hervorgehobener Stelle erfolgen, was bedeutet, dass die Risikohinweise nicht etwa versteckt im hinteren Textteil des Prospekts verborgen sein dürfen. Dass dieses formale Erfordernis generell, d.h. bei sämtlichen mit Prospekten angebotenen Kapitalobjekten zu beachten ist, kann zumindest derzeit nicht bestätigt werden.

Übersicht 3: Prospektinhaltskatalog

---

1. Angaben über den Herausgeber des Prospekts

Über den Herausgeber des Prospekts – und falls Initiatoren im Prospekt genannt werden, die nicht mit dem Herausgeber des Prospekts identisch sind, auch diese – sind unter anderem folgende Angaben zu machen:

- Name bzw. Firma,
- Sitz und Anschrift,
- Rechtsform,
- Registergericht und Registernummer sowie Tag der ersten Eintragung,
- Datum und Aufnahme der Geschäftstätigkeit,
- Gegenstand des Unternehmens,
- bei Kapitalgesellschaften, Genossenschaften und Kommanditgesellschaften: Höhe des haftenden Kapitals sowie der geleisteten Einlagen,
- Name und Wohnort persönlich haftender Gesellschafter und Gesellschafter mit Anteilen oder Stimmrechten von mehr als 25 % (demnächst 10 %),
- Name und Wohnort der gesetzlichen Vertreter und deren Vertretungsbefugnis,
- Name, Wohnort und Beruf der Mitglieder von Aufsichtsorganen und deren Funktion.

2. Beschreibung der Kapitalanlage

- Darstellung des Anlageobjekts,
- Hinweise, wenn das Anlageobjekt oder wesentliche Teile sich im Eigentum des Herausgebers des Prospektes und/oder von ihm mit kapitalmäßig oder personell verflochtenen Personen befinden oder von diesen erworben worden sind.
- Belastungen des Anlageobjektes,
- geplanter Beginn der Investition,
- voraussichtlicher Fertigstellungstermin und Nutzungsbeginn.
- Sofern das Anlageobjekt noch nicht feststeht, Personen oder Gremien, welche die Anlageentscheidung treffen, Kriterien nach denen die Anlageentscheidung getroffen wird.
- Begrenzungen und Kontrollmöglichkeiten.
- Darstellung von wesentlichen ergänzenden, die Kapitalanlage kennzeichnenden Risiken, z. B. Währungsrisiken, andere spezielle Risiken bei Auslandsinvestitionen und außergewöhnliche Branchenrisiken.

3. Angaben zur wirtschaftlichen Beurteilung der Kapitalanlage

- Gesamtkosten der Kapitalanlage,
- Gesamtfinanzierung der Investition,
- wirtschaftliche Angaben zur Nutzung.

4. Steuerliche Angaben zur Kapitalanlage

- Steuerliche Konzeption,

- steuerliche Auswirkungen in der Investitionsphase,
- steuerliche Auswirkungen in der Nutzungsphase,
- ggf. Angaben über anzuwendendes ausländisches Steuerrecht und Doppelbesteuerungsabkommen.
- Sofern bei der Darstellung der Gesamtfinanzierung davon ausgegangen wird, dass Eigenkapital teilweise aus Steuererstattungen finanziert wird, ist anzugeben, wann mit den entsprechenden Erstattungen frühestens zu rechnen ist.

5. Daten zur Rückabwicklung der Kapitalanlage

- Die für den Fall der Rückabwicklung vorgesehenen Regelungen sind darzustellen. Es sind die Voraussetzungen anzugeben, unter denen eine für den Anleger schadenfreie Rückabwicklung noch möglich ist.
- Falls vor Sicherstellung der Gesamtfinanzierung über Eigen- oder Fremdmittel verfügt werden kann, sind die daraus entstehenden Risiken anzugeben.

6. Hinweis auf die wirtschaftlichen Folgen der Beendigung der Kapitalanlage

- Angabe der Möglichkeit, der Bedingungen und der wirtschaftlichen und steuerlichen Auswirkungen einer Beendigung der Kapitalanlage (Veräußerung, Rückgabe des Anteils, Auflösung der Gesellschaft) mit Angabe der Preis- bzw. Wertermittlungsmethoden.

7. Rechtliche Angaben zur Kapitalanlage

- Hierbei geht es vor allem um den wesentlichen Inhalt aller Verträge und Rechte der Kapitalanleger im Sinne von Informations-, Kontroll- und Mitwirkungsrechten usw.

8. Angaben über die wesentlichen Vertragspartner und Beteiligten der Kapitalanlage

- Bonität,
- Leistungsfähigkeit und
- wirtschaftliche oder personelle Verflechtungen zwischen den Herausgebern des Prospekts und/oder den Vertragspartnern sowie Abhängigkeiten der mit Kontrollfunktionen beauftragten Personen.

9. Formelle Erfordernisse

- Der Prospekt soll gebunden und durchnummeriert sein. Ein Inhaltsverzeichnis wird empfohlen. Anlagen sollen, sofern sie wesentlich sind, in den Prospekt eingebunden sein. Für lose Anlagen ist ein Anlagenverzeichnis erforderlich. Im übrigen muss der Prospekt das Datum seiner Herausgabe sowie einen ausdrücklichen Hinweis darauf enthalten, dass für den Inhalt des Prospekts nur die bis zu diesem Zeitpunkt bekannten oder erkennbaren Sachverhalte maßgeblich sind. Eine Angabe des Datums ist auch für jede einzelne Anlage, die im Anlageverzeichnis genannt ist, erforderlich.

2.5.7 Anspruchsgegner

Die Anspruchsgegner der Prospekthaftung im *engeren Sinne* sind diejenigen, die

- den Prospekt herausgeben oder für die Prospekterstellung verantwortlich sind, das sind die Personen, die das Management bilden oder beherrschende Initiatoren, Gestalter und Gründer sowie die für die Prospektherausgabe verantwortliche „eigentliche Leitungsgruppe" (BGHZ 79, 337, 341; BGHZ 71, 284, 287; 72, 382, 384 ff.; 74, 103, 108 ff.; 77, 172, 175; 79, 337, 340 ff.; 83, 222, (223); BGHZ 115, 214, 218; BGH NJW 1995, 1025);

- hinter der Anlagegesellschaft stehen und besonderen Einfluß in der Gesellschaft ausüben und Mitverantwortung tragen. Das gilt unabhängig davon, ob diese Personen nach außen in Erscheinung getreten sind oder nicht,

- im Hinblick auf ihre besondere berufliche oder wirtschaftliche Position bzw. als berufliche Sachkenner eine Garantenstellung einnehmen. Das gilt allerdings nur, sofern diese Personen durch ihr nach außen in Erscheinung tretendes Mitwirken am Prospekt einen besonderen Vertrauenstatbestand schaffen. Allein die namentliche Nennung im Prospekt macht Personen nicht zum Anspruchsgegner der Prospekthaftung im engeren Sinne. Zum Kreis der Haftungsverantwortlichen gehören Rechtsanwälte, Wirtschaftsprüfer, Steuerberater, Gutachter, Sachverständige, Kreditinstitute usw. Dabei ist zu beachten, dass die Haftung nur in dem Umfang begründet wird, in dem das geschaffene Vertrauen in Bezug auf den Prospektinhalt reicht.

Die Anspruchsgegner der Prospekthaftung im *weiteren Sinne* sind die Personen, die

- insbesondere auf vertraglicher Grundlage wegen Inanspruchnahme persönlichen Vertrauens eine Aufklärungspflicht zu erfüllen haben und die sich zwecks Erfüllung der Aufklärungspflicht eines Emissionsprospektes bedienen und inhaltlich zu Eigen machen,

- einen aus ihrer Person hergeleiteten Vertrauenstatbestand schaffen, um so ihrem Verhandlungspartner „eine zusätzliche, wenn nicht gar die ausschlaggebende Gewähr für die Richtigkeit der in dem Werbeprospekt oder anderweitig über die Kapitalanlage gemachten Angaben bieten" (BGHZ 74, 103, 109). Hierzu gehören insbesondere Emissionshelfer, Anlageberater und Anlagevermittler.

2.5.8 Haftung der Prospektherausgeber

Fall 26: Prospekthaftung und Börsengesetz

Das Bankhaus D wurde als Mitherausgeberin eines Emissionsprospekts wegen unrichtiger Angaben und Verschweigens wesentlicher Angaben von vielen Personen in Anspruch genommen. Alle hatten sich nach Veröffentlichung des Emissionsprospektes zum Bezug von Aktien der B-AG entschlossen. Die Aktionäre meinten, dass das beklagte Bankhaus D als Mitherausgeberin des Emissionsprospekts wegen zu günstiger Darstellung der wirtschaftlichen Lage und der Zukunftsaussichten der B-AG im Börsenprospekt haftet. Tatsächlich hatte das Bankhaus D im Börsenprospekt nicht darauf hingewiesen, dass das Bezugsangebot im Zusammenhang mit Sanierungsmaßnahmen steht, deren Erfolg noch nicht sichtbar abzusehen war. Außerdem enthielt der Prospekt Prognosen, die, objektiv betrachtet, nicht auf Tatsachen gestützt und kaufmännisch nicht vertretbar waren. Mußte das Bankhaus für die Prospektfehler haften?

(nach BGH, Urteil v. 12.07.1998 – II ZR 175/81 (Düsseldorf) = NJW 1982, 2823)

***

Gemäß § 45 Börsengesetz (BörsG) haftet der Herausgeber eines Aktienemissionsprospekts, wenn darin Angaben enthalten sind, die für die Beurteilung des Werts der Papiere erheblich, aber unrichtig sind und er die Unrichtigkeit gekannt hat oder ohne grobes Verschulden hätte kennen müssen. Außerdem haftet der Herausgeber des Prospekts, wenn er wesentliche Tatsachen böswillig verschwiegen hat oder solche Tatsachen deshalb fehlen, weil er eine ausreichende Prüfung böswillig unterlassen hat. Die einschlägigen Bestimmungen des Börsengesetzes können die Haftung eines Bankhauses begründen, wenn die Bank in einem Emissionsprospekt die wirtschaftliche Lage und die Zukunftsaussichten des Emittenten zu günstig darstellt.

Das Gesetz will das Vertrauen des Publikums schützen, das sich auf Grund des Prospekts oder der durch seine Veröffentlichung ausgelösten Anlagestimmung dazu entschließt, die mit diesem eingeführten Papiere zu erwerben. Aus diesem Grund sind solche Angaben von Bedeutung, die sich allgemein auf die gegenwärtige und künftige Lage des Unternehmens und damit auf die Umstände beziehen, die den inneren Wert einer Beteiligung wesentlich mitbestimmen. Nach Ansicht des Bundesgerichtshofs bedeutet das zwar nicht, dass eine Emissionsbank für die Richtigkeit einer Voraussage in einem Prospekt Gewähr leisten muss. Sie ist nach Ansicht des Gerichts aber dafür verantwortlich, dass Voraussagen oder Werturteile ausreichend durch Tatsachen gestützt und kaufmännisch vertretbar sind.

Grundsätzlich verlangt der Bundesgerichtshof Zurückhaltung bei Voraussagen und Werturteilen. Dies gilt vor allem dann, wenn an der wirtschaftlichen Gesundheit des Unternehmens, dessen Aktienpapiere oder Geschäftsanteile bzw. Beteiligungen vertrieben werden, Zweifel bestehen können oder das Bezugsangebot im Zusammenhang mit Sanierungsmaßnahmen steht, deren Erfolg noch nicht sichtbar ist.

Wenn in einem solchen Fall Prognosen aufgestellt werden, müssen deutliche Vorbehalte und klare Risikohinweise gemacht werden. Besser noch ist es, wenn auf wirtschaftliche Voraussagen in diesen Fällen ganz verzichtet wird.

Hinweis:
Höchste Vorsicht ist für alle Prospektverantwortlichen vor ungesicherten Angaben und Aussagen geboten.

2.6 Haftung wegen unerlaubter Handlung

2.6.1 Deliktische Haftung

Neben der vertraglichen Haftung, der Haftung wegen Verschuldens bei Vertragsschluss und der Prospekthaftung entweder nach den spezialgesetzlichen Bestimmungen oder der allgemeinen zivilrechtlichen Prospekthaftung im engeren oder weiteren Sinne, kann sich im Einzelfall eine Haftung aus den gesetzlichen Bestimmungen der unerlaubten Handlung (deliktische Haftung), § 823 ff. BGB, ergeben.

Die grundlegende Norm des Deliktsrechts ist § 823 Abs. 1 BGB. Allerdings schützt § 823 Abs. 1 BGB nur die schuldhafte Verletzung bestimmter, im Gesetz abschließend aufgezählter Lebens- oder Rechtsgüter, wie Leben, Körper, Gesundheit, Freiheit, Eigentum oder sonstige Rechte, z. B. das Namensrecht, nicht aber das Vermögen als solches. Deshalb wird wegen Erteilung eines falschen Rates oder einer falschen Empfehlung eine Haftung aus § 823 Abs. 1 BGB regelmäßig nicht in Betracht kommen, weil insoweit nur allgemeine Vermögensschäden betroffen sind.

Für die Praxis relevant sind daher Schadenersatzansprüche, die sich aus § 823 Abs. 2 BGB in Verbindung mit strafrechtlichen Schutzvorschriften ergeben, die auch den Schutz des Vermögens zum Gegenstand haben. Besonders zu erwähnen sind in diesem Zusammenhang die strafrechtlichen Bestimmungen des Betruges (§ 263 StGB), des Kapitalanlagebetruges (§ 264 a StGB) und der Untreue (§ 266 StGB). Macht sich ein Finanzdienstleister gegenüber seinem Kunden des Betruges strafbar, weil er, etwa in der Absicht, sich einen rechtswidrigen Vermögensvorteil zu verschaffen, den Kunden über Tatsachen betreffend die Kapitalanlage getäuscht hat, ist er dem Geschädigten gegenüber gemäß § 823 Abs. 2 BGB in Verbindung mit § 263 StGB zum Schadenersatz verpflichtet, wobei im Gegensatz zu § 823 Abs. 1 BGB auch ein Vermögensschaden geschützt wird.

Eine wichtige Ergänzung des nur lückenhaften Vermögensschutzes bildet § 826 BGB, der in Fällen vorsätzlich sittenwidriger Schädigung auch bei Kapitalanlagen Vermögensschäden ersetzt. Eine vorsätzlich sittenwidrige Schädigung der Kunden wird regelmäßig für den aggressiven Telefonverkauf von Börsentermingeschäften mit unzureichenden oder irreführenden Informationen angenommen. Was dieses Geschäftsfeld angeht, besteht neben der Verletzung vertraglicher oder vorvertraglicher Pflichten regelmäßig auch ein Schadenersatzanspruch wegen vorsätzlicher sittenwidriger Schädigung gemäß § 826 BGB (BGH ZIP 1991, 1207; Plück/Schmutzler/Kühn, a.a.O., S. 158).

Im Übrigen wird eine sittenwidrige Schädigung dann angenommen, wenn das Verhalten gegen das Anstandsgefühl aller „billig und gerecht Denkenden" verstößt. Wann das der Fall ist, ist jeweils anhand des konkreten Einzelfalles festzustellen. Die Tatsache, dass das Verhalten als unbillig erscheint, genügt für sich allein nicht, um den Sittenverstoß anzunehmen (so schon RG 86, 194). In jedem Fall muss der Finanzdienstleister, wenn er wegen Verstoßes gegen § 826 BGB in Anspruch genommen werden soll, vorsätzlich gehandelt haben. Häufig lässt sich bereits aus der Art und Weise, aus der sich das sittenwidrige Verhalten ergibt, folgern, dass der Täter vorsätzlich gehandelt hat. Fälle dieser Art sind zum Beispiel bei grob leichtfertigem und gewissenlosem Handeln gegeben, etwa bei Einschaltung eines Schwindelunternehmens zur Vermittlung von Warentermingeschäften (BGH WM 89, 1047).

Für fehlerhafte Auskünfte oder fehlerhafte Beratung kommt eine Haftung gemäß § 823 Abs. 1 BGB grundsätzlich nicht in Betracht. Diese Norm schützt nicht vor allgemeinen Vermögensschäden.

Die Haftung des Finanzdienstleisters kann sich aber bei gleichzeitiger Verletzung eines Schutzgesetzes, hierzu gehören z. B. der Straftatbestand des Betruges, des Kapitalanlagebetruges und der Untreue, gemäß § 823 Abs. 2 BGB in Verbindung mit § 263, 264 a, 266 StGB ergeben, da im Gegensatz zu § 823 Abs. 1 BGB auch ein Vermögensschaden geschützt wird.

Große Bedeutung hat die Haftung der Finanzdienstleister aus § 826 BGB im Falle vorsätzlich sittenwidriger Schädigung des Kunden. Häufigster Anwendungsfall ist der aggressive Telefonverkauf von Börsentermingeschäften mit unzureichenden oder irreführenden Informationen.

2.6.2 Strafrechtliche Bestimmungen

Betrug, § 263 StGB

Wegen Betruges macht sich strafbar und in Verbindung mit § 823 Abs. 2 BGB schadenersatzpflichtig, wer in der Absicht, sich einen rechtswidrigen Vermögensvorteil zu verschaffen,

- einen anderen täuscht und hierdurch
- einen Irrtum erregt oder unterhält, der
- den Getäuschten veranlasst, dass er über sein eigenes Vermögen oder das Vermögen eines anderen verfügt,

wodurch kausal ein Vermögensschaden entsteht.

Die Täuschung – aktiv oder passiv – ist ein Verhalten, das irreführen oder den Irrtum unterhalten und damit auf die Vorstellung eines anderen einwirken soll. Die Täuschung erfolgt z. B. durch Vorspiegeln falscher Tatsachen, auch durch ein Verhalten, das nach der Verkehrsanschauung als stillschweigende Erklärung zu verstehen ist oder durch die Unterdrückung wahrer Tatsachen. Das zuletzt Genannte betrifft das Unterlassen gebotener Aufklärung, und zwar nicht nur durch bloßes Schweigen, sondern durch jegliches Verhindern der Kenntnisnahme von einer Tatsache. Die Tathandlung des Betruges ist vollendet, wenn der Vermögensschaden eingetreten ist. Gemäß § 263 Abs. 2 BGB ist aber bereits der versuchte Betrug strafbar. Strafe ist Freiheitsstrafe bis zu fünf Jahren oder alternativ Geldstrafe. In besonders schweren Fällen des Betruges ist die Strafe von einem Jahr bis zu zehn Jahren.

Kapitalanlagebetrug, § 264 a StGB

Wie der Tatbestand des Betruges ist auch der Straftatbestand des Kapitalanlagebetruges, § 264 a StGB, Schutzgesetz im Sinne des § 823 Abs. 2 BGB. Wegen Kapitalanlagebetruges macht sich strafbar, wer im Zusammenhang mit

- dem Vertrieb von Wertpapieren, Bezugsrechten oder von Anteilen, die eine Beteiligung an dem Ergebnis eines Unternehmens gewähren sollen, oder
- dem Angebot, die Einlage auf solche Anteile zu erhöhen,

in Prospekten oder in Darstellungen und Übersichten über den Vermögensgegenstand hinsichtlich der für die Entscheidung über den Erwerb oder die Erhöhung erheblichen Umstände gegenüber einem größeren Kreis von Personen unrichtige vorteilhafte Angaben macht oder nachteilige Tatsachen verschweigt.

§ 264 a Abs. 1 StGB kommt entsprechend zur Anwendung, wenn sich die Tat auf Anteile an einem Vermögen bezieht, das ein Unternehmen im eigenen Namen, jedoch für fremde Rechnung verwaltet (§ 264 a Abs. 2 StGB).

Der Straftatbestand des Kapitalanlagebetruges wird mit Freiheitsstrafe bis zu drei Jahren oder mit Geldstrafe bestraft. Zu beachten ist § 264 a Abs. 3 StGB: Findet § 264 a StGB zwar grundsätzlich Anwendung auf eine Handlung, muss die Strafe aber nicht unbedingt vollzogen werden. Abs. 3 enthält einen sogenannten Strafaufhebungsgrund bei tätiger Reue. Danach wird wegen Kapitalanlagebetruges nicht bestraft, wer noch vor Erbringung der Einlageleistung den Anleger freiwillig aufklärt. Auch wer aus Furcht vor einer Bestrafung den Sachverhalt richtigstellt, bevor die Einlageleistung erbracht wird – auch wenn das jeweilige Verpflichtungsgeschäft, der Vertrag, schon unterschrieben ist –, handelt freiwillig und kann nicht wegen Kapitalanlagebetruges bestraft werden.[4]

Prospekt im Sinne des § 264 a StGB ist jedes Schriftstück, das die für die Beurteilung der Geldanlage erheblichen Daten enthält oder den Eindruck eines solchen Inhalts erwecken soll. Zu beachten ist, dass hierzu auch Ton- und Bildträger sowie mündliche Angaben gezählt werden, sofern hierbei wiederum der Eindruck einer vollständigen Information erweckt wird, mag sich dieser Eindruck auch erst aus der Summe mehrerer Werbemaßnahmen ergeben (*Schönke/Schröder/Cramer*, StGB, § 264 a, Rdnr. 21).

Hinweis:
Stellt ein Finanzdienstleister ein Kapitalanlagemodell anlässlich einer einmaligen Veranstaltung einem kleinen Kreis von Kunden vor und verwendet er dabei unzureichendes Prospektmaterial, kommt eine Strafbarkeit gemäß § 264 a StGB nicht in Betracht.[5]

Untreue, § 266 StGB

Weiteres Schutzgesetz im Sinne des § 823 Abs. 2 BGB ist der Tatbestand der Untreue, § 266 StGB (BGHZ 100, 191). Der Straftatbestand der Untreue enthält zwei Tatbestandsalternativen. Den sogenannten Missbrauchs- und den Treuebruchtatbestand. Strafbar und

---

4 Vgl. Plück/Schmutzler/Kühn, a.a.O., S. 249 f.
5 Vgl. Plück/Schmutzler/Kühn, a.a.O., S. 251.

in Verbindung mit § 823 Abs. 2 BGB schadenersatzpflichtig macht die vorsätzliche Vermögensschädigung eines anderen durch

- Missbrauch einer Vertrauensstellung oder durch
- Ausnutzung eines Treueverhältnisses.

Strafe ist Freiheitsstrafe bis zu fünf Jahren oder Geldstrafe. In besonders schweren Fällen ist Strafe Freiheitsstrafe von einem Jahr bis zu zehn Jahren. Ein besonders schwerer Fall liegt regelmäßig bei hohem Schaden (MDR/H 76, 16; NStZ 83, 455; NJW 1984, 2540) mit außergewöhnlichem Tatumfang sowie ungewöhnlich gesteigertem Gewinnstreben (wistra 84, 28) vor. Die Tat ist nur strafbar, wenn der Täter vorsätzlich gehandelt hat, wobei bedingter Vorsatz genügt.

Verleitung zur Börsenspekulation, § 89 BörsG

Ebenfalls Schutzgesetz im Sinne des § 823 Abs. 2 BGB ist die Verleitung zu Börsenspekulationsgeschäften gemäß § 89 BörsG (Düsseldorf WM 1989, 175). Der Vorschrift kommt große straf- und zivilrechtliche Bedeutung gegenüber unseriösen Vermittlern von (Börsen-)Termingeschäften zu. Sie schützt Anleger, die unter Ausnutzung ihrer Unerfahrenheit zu Börsenspekulationsgeschäften oder zur unmittelbaren Beteiligung an solchen Geschäften verleitet werden. Maßgeblicher Anknüpfungspunkt für die strafrechtliche und zivilrechtliche Inanspruchnahme ist die Unerfahrenheit des Kunden.[6] Strafe ist Freiheitsstrafe bis zu drei Jahren oder Geldstrafe. Bestraft wird, wer vorsätzlich gehandelt hat.

---

6 Vgl. Plück/Schmutzler/Kühn, a.a.O., S. 252 f.

3. Aufklärungspflichten bei einzelnen Kapitalanlagen

3.1 Unternehmerische Beteiligungen

Fall 27: Unternehmerische Beteiligungen

F vermittelte Anlagen und beriet Anlageinteressenten. Auf eine von F geschaltete Anzeige setzte sich der Anleger D mit dem Finanzdienstleister in Verbindung und erhielt ein Beteiligungsangebot mit einem Emissionsprospekt der U-KG. Nach dem Emissionsprospekt sollte die in Deutschland ansässige KG für eine englische Ltd. als Einkaufs- und Finanzierungsgesellschaft nach einem besonderen System so gewinnbringend tätig werden, dass die englische Ltd. für eine Mindestrendite von 20 % des Kommanditkapitals eine Ausfallbürgschaft in Aussicht stellte. D zeichnete einen Kommanditanteil an der U-KG in Höhe von insgesamt 100 000 DM. Bis einschließlich Mai 1997 erhielt D die versprochenen Zinszahlungen. Die englische Ltd. ging in Konkurs und die versprochenen Zinsen fielen aus. Auch die deutsche U-KG wurde vermögenslos.

Der Anleger D verklagte den Finanzdienstleister F auf Schadenersatz, weil er meinte, dass er nicht ausreichend über das Risiko der Beteiligung aufgeklärt worden war.

(nach BGH, Urteil v. 25.11.1981 = BGH, NJW 1982, 1095)

***

Aufklärungspflichten des Anlagevermittlers

Dem Finanzdienstleister F ist in der dem Fall 27 zu Grunde liegenden Entscheidung der Vorwurf gemacht worden, dass er den stillschweigend geschlossenen Anlagevermittlungsvertrag schlecht erfüllt habe. Die Pflichtverletzung des Finanzdienstleisters sah das Gericht insbesondere darin, dass die von ihm erteilten Informationen hinsichtlich der wirtschaftlichen Situation der englischen Ltd. als Ausfallbürgin unvollständig waren. Weil von der Leistungsfähigkeit und Finanzkraft des englischen Unternehmens nicht nur die Verzinsung, sondern letztlich auch die Sicherheit für die Rückzahlung des eingezahlten Kapitals abhängig war, habe die Gefahr bestanden, dass das in Deutschland angeworbene Geld auch bei konsequenter Durchführung des propagierten besonderen Geschäftssystems zur Abdeckung der erheblichen Verbindlichkeiten verbraucht worden wäre.

Dem Finanzdienstleister wurde vorgeworfen, dass er die rückläufige Nettogewinn-Entwicklung und die unzureichende Haftungsgrundlage der englischen Gesellschaft nicht in Erfahrung gebracht hat, obwohl er die Möglichkeit hatte. Der Finanzdienstleister hätte nach Ansicht des Gerichts dem Anleger gegenüber offen legen müssen, dass in diesen wesentlichen Punkten Informationslücken bestehen.

Der Bundesgerichtshof bestätigte den Umfang der dem Anleger gegenüber bestehenden Aufklärungspflicht und entschied, dass nicht nur unrichtige Unterrichtung, sondern auch das Unterlassen gebotener Information Schlechterfüllung darstellt.

Je nachdem, wie weit im Einzelfall das schutzwürdige Vertrauen des Anlegers auf die Richtigkeit der Angaben reicht, sind auch Nachforschungen zu fordern (BGHZ 74, 103 (111) = NJW 1979, 1449; BGH, LM § 676 BGB Nr. 14 (Bl. 2)). Dabei stellte das Gericht darauf ab, dass die wirtschaftliche Bedeutung und das Verlustrisiko eines Beitrittsentschlusses sowie die Tatsache, dass der Anleger im Gegensatz zum Anlageberater zumeist selbst keine oder nur geringe Überprüfungsmöglichkeiten hat, das Ausmaß der Aufklärungspflicht rechtfertigen.

Vom Anlagevermittler – in dieser Eigenschaft war F tätig – wird verlangt, dass er die wirtschaftlichen und personellen Verflechtungen offenbart und die wesentlichen, für den Zeitpunkt des Beitritts geltenden wirtschaftlichen Daten der englischen Ltd. offen legt. Wenn der Anlagevermittler dazu nicht in der Lage ist, muss er dem Anlageinteressenten von sich aus ungefragt mitteilen, dass insoweit eigene Informationslücken bestehen.

Bei der Vermittlung von unternehmerischen Beteiligungen bestehen für den Anlagevermittler weit reichende Aufklärungspflichten.

Prüfkriterien bei der Vermittlung unternehmerischer Beteiligungen

In der überwiegenden Zahl der Fälle werden unternehmerische Beteiligungen durch Emissionsprospekte angeboten. Mangels gesetzlicher Regelungen hat die Rechtsprechung die Aufgabe übernommen, den zwingend notwendigen Prospektinhalt näher zu konkretisieren. Da die Urteile der Gerichte aber jeweils konkrete Einzelfälle zum Gegenstand haben, gibt es keinen abschließenden Prüfungskatalog für den notwendigen Inhalt von Emissionsprospekten für unternehmerische Beteiligungen. Der Finanzdienstleister ist gut beraten, wenn er folgende Prüfkriterien beim Vertrieb unternehmerischer Beteiligungen beachtet:

- Wird der Erfolg des Unternehmens durch ein schriftliches Konzept nachvollziehbar und schlüssig dargestellt?
- Liegt eine positive Bonitätsauskunft über das Unternehmen vor?
- Gab es Unternehmenskrisen: Vergleichsverfahren, Konkursverfahren?
- Sind Zahlungsausfälle oder Zahlungsschwierigkeiten bekannt geworden?
- Hat sich der Vermittler einen persönlichen Eindruck über das Unternehmen und die Verantwortlichen des Unternehmens verschafft?
- Ist die Haftung des Anlegers vertraglich wirksam auf die Höhe der übernommenen Einlage beschränkt?
- Steht die Unternehmensbeteiligung in einem wirtschaftlich vernünftigen Verhältnis zu den Unternehmensrisiken und den Ertragschancen?
- Bei einer GmbH- oder AG-Beteiligung: Ist das Unternehmen im Handelsregister eingetragen?
- Nach Einsichtnahme in das Handelsregister: Wer hält die Geschäftsanteile? Liegen Verfügungsbeschränkungen vor?
- Bei etablierten Unternehmen: Lagen Ihnen die Bilanzen der letzten drei Geschäftsjahre vor?
- Konnte Einsicht in die betriebswirtschaftliche Auswertung nebst Kostennachweis genommen werden?

- Hat der Anleger das Recht auf Einsicht in die Geschäftsbücher?
- Besitzt der Anleger bei wichtigen Geschäftsvorfällen ein Mitspracherecht?
- Enthält die Satzung oder der Gesellschaftsvertrag einen Katalog zustimmungspflichtiger Geschäftsvorfälle, z. B. bei Firmenzukäufen, Fremdmittelaufnahme, Aufgabe des Geschäftsbetriebs usw?
- Bei atypisch stillen Beteiligungen zusätzlich: Ist der Anleger am Firmenwert bzw. den stillen Reserven beteiligt?
- Sind vertragliche Regelungen zur Ermittlung des Firmenwertes vorgesehen?
- Ist gewährleistet, dass kein einseitiges Kündigungsrecht zu Gunsten des Geschäftsinhabers besteht?
- Ist gewährleistet, dass der Anleger sein Kapital zurückerhält, wenn das prospektierte Beteiligungskapital nicht aufgebracht werden kann?
- Wird das Geld der Anleger auf ein Treuhandkonto gezahlt?
- Existiert ein verbindlicher Treuhandauftrag?
- Ist der Treuhänder geeignet?
- Ist die Mittelverwendungskontrolle ausreichend gesichert?

Fazit
- Anlagevermittler von unternehmerischen Beteiligungen haben ihre Kunden unaufgefordert und korrekt über wirtschaftliche und personelle Verflechtungen zu informieren.

- Der Kunde ist außerdem z. B. über die unzureichende Haftungsgrundlage verbundener ausländischer Gesellschaften aufzuklären. Bei unternehmerischen Beteiligungen ist ganz besonders auf Widersprüchlichkeiten betreffend das im Prospekt dargestellte Geschäftssystem zu achten.

- Verfügt der Anlagevermittler nicht über die insoweit relevanten Informationen, dann hat er den Kunden ungefragt über das Informationsdefizit zu informieren. Nicht nur die unrichtige, sondern auch das Unterlassen gebotener Information stellt Schlechterfüllung dar und kann Schadenersatzansprüche auslösen.

3.2   Finanzierung des Beitritts zu einer Abschreibungsgesellschaft

Fall 28: Die Abschreibungsgesellschaft

Vom Anlagevermittler D wurde der Anleger C dafür geworben, sich – um Steuern zu sparen – mit einer Einlage von 60 000 DM über einen Treuhandkommanditisten an der W-KG, einer Abschreibungsgesellschaft, zu beteiligen. Da der überwiegende Teil der Einlage finanziert werden sollte, unterschrieb der Anleger zugleich mit der Beitrittserklärung auch einen Kredit- und Kontoeröffnungsantrag an eine – namentlich noch nicht genannte – Bank und wies diese darin unwiderruflich an, den Kredit auf Anforderung des Treuhandkommanditisten an diesen auszuzahlen. Später wurden dem Anleger die Kreditkonditionen und das finanzierende Bankhaus, die D-Bank, mitgeteilt. Nach Auszahlung des Kredits erwarb die W-KG das für das Bauvorhaben vorgesehene Grundstück. Sie wurde aber wenig später vermögenslos. Unmittelbare Kontakte zwischen dem Anleger C und der D-Bank gab es nicht. Weil die W-KG Kunde der D-Bank war, wusste die Bank, dass die W-KG zum Zeitpunkt des Beitritts von C kurz vor der Zahlungsunfähigkeit stand. Der D-Bank war auch bekannt, dass die Einlagen der neuen Zeichner überwiegend dazu verwendet wurden, die Ansprüche der Altgläubiger abzufinden.

Der Anleger C wollte von der D-Bank Schadenersatz. Er war der Auffassung, dass die Bank ihn ungefragt über die bekannten konkreten Risiken der Beteiligung hätte aufklären müssen.

(nach BGH, Urteil v. 20.02.1986 – III ZR 223/84 (Frankfurt) = NJW-RR 1986, 1167)

***

Der Bundesgerichtshof hat bereits mehrfach entschieden, dass es nicht Aufgabe eines Kreditinstituts ist, den Darlehensnehmer über die Gefahren des zu finanzierenden Geschäfts aufzuklären. Vor allem bei einer Darlehensgewährung im Rahmen eines steuersparenden Bauherrenmodells fehlt in der Regel ein Aufklärungs- und Schutzbedürfnis, das die Pflicht der Bank begründen könnte, ihren Kunden vor den allgemeinen zivil- und steuerrechtlichen Risiken einer solchen Geldanlage zu warnen (Senat, NJW 1985, 1020; WM 1986, 6).

In besonders gelagerten Einzelfällen kann sich allerdings aus dem *Grundsatz von Treu und Glauben* eine Aufklärungspflicht für die Bank ergeben. Ein solcher Fall ist zum Beispiel dann gegeben, wenn die Bank – für sie selbst erkennbar – einen konkreten Wissensvorsprung über die speziellen Risiken eines bestimmten Projekts hat oder sogar einen besonderen Gefährdungstatbestand für den Anleger selbst schafft oder die Entstehung eines solchen begünstigt (vgl. Senat, ZIP 1985, 667; WM 1986, 6).

Wenn die Bank, wie im Fall 28 beschrieben, gewusst hat, dass der Initiator der Kapitalanlage persönlich und die anderen Gesellschafter vor der Zahlungsunfähigkeit standen und die Kreditgewährung an die Zeichner des neuen Fonds nur zur Abdeckung älterer Verbindlichkeiten anderer Gesellschafter dienen sollten, dann hat die Bank einen konkreten Wissensvorsprung und muss den Kunden über die besonderen Risiken des Geschäfts aufklären. Unterlässt sie die gebotene Aufklärung, macht sie sich ihrem Kunden gegenüber schadenersatzpflichtig. Besonders zu beachten ist, dass die Aufklärungspflicht auch dann besteht, wenn zwischen der Bank und ihrem Kunden zu keinem Zeitpunkt unmittelbare persönliche Beziehungen bestanden haben.

Fazit
- Kreditinstitute sind grundsätzlich nicht verpflichtet, Darlehensnehmer über Risiken hinsichtlich der zu finanzierenden Geschäfte aufzuklären.

- Sie haften jedoch nach Treu und Glauben, wenn sie bei Vergabe eines Darlehens einen konkreten Wissensvorsprung über einen besonderen Gefährdungstatbestand haben.

3.3 Darlehensvermittlung im Reisegewerbe – Besonderheiten bei Beteiligungen an Abschreibungsgesellschaften

Fall 29: Fremdfinanzierte Beteiligung an einer Abschreibungsgesellschaft

Der Kunde K wurde von dem Anlagevermittler S in seiner Wohnung dafür geworben, sich mit einer durch Kredit finanzierten Einlage an der Abschreibungsgesellschaft W-KG zu beteiligen. Neben der Beteiligungserklärung unterschrieb der Kunde einen Kredit- und Kontoeröffnungsantrag. In den Kreditunterlagen wurde darauf hingewiesen, dass der Darlehensvertrag unabhängig von dem Rechtsverhältnis zur Beteiligungsgesellschaft besteht. Die Bank zahlte die Kreditsumme vertragsgemäß an die Beteiligungsgesellschaft aus. Diese erwarb gemäß Prospekt das beabsichtigte Baugrundstück, geriet dann aber in Vermögensverfall.

Das Bankhaus verlangte von K die Rückzahlung des Darlehens. K machte gegenüber der Bank geltend, dass der Darlehensvertrag wegen Verstoß gegen die §§ 55, 65 Abs. 1 GewO gemäß § 134 BGB nichtig sei und eine Rückzahlungsverpflichtung deshalb nicht bestehe.

(nach BGH, Urteil v. 20.02.1986 – III ZR 111/84 (Köln) = NJW-RR 1986, 1168)

***

Werden Darlehensverträge im Reisegewerbe unter Verstoß gegen §§ 55, 56 Abs. 1 Nr. 6 GewO abgeschlossen oder vermittelt, sind sie grundsätzlich gemäß § 134 BGB nichtig (vgl. Senat, NJW 1983, 868 ff. m.w.Nachw.).

Dieser Grundsatz gilt allerdings dann nicht, wenn das Darlehen der Finanzierung des Beitritts zu einer Abschreibungsgesellschaft dient und der Darlehensnehmer damit in erster Linie steuerliche Vergünstigungen anstrebt. Der Bundesgerichtshof ist der Auffassung, dass es mit dem Schutzzweck des § 56 Abs. 1 Nr. 6 GewO vereinbar ist, diese Darlehensverträge als wirksam zu behandeln (BGHZ 93, 264 = NJW 1985, 1020; Urt. v. 17.1.1985 – II ZR 167/83; ZIP 1985, 667; WM 1986, 6). In diesen Fällen ist der Personenkreis typischerweise weniger schutzbedürftig, weil er entweder selbst über hinreichende wirtschaftliche Erfahrung verfügt oder die finanzielle Möglichkeit hat, sich zu seinem Schutz der Hilfe von Fachberatern zu bedienen.

Nach Meinung des Gerichts ist die Gefahr wucherischer Darlehenskonditionen bei der Finanzierung des Beitritts zu Abschreibungsgesellschaften nicht kennzeichnend. Die Gefährdung liegt nicht im Bereich der Darlehensverhandlungen, sondern dem zeitlich und sachlich vorrangigen Angebot der Beteiligung an einer Abschreibungsgesellschaft. Auf diesem Sektor der Finanzdienstleistungen greift der Schutz von § 56 Abs. 1 Nr. 6 GewO nicht, weil das Gesetz nicht die Aufgabe hat, die Betroffenen vor den steuer- und zivilrechtlichen Risiken eines solchen Geschäfts zu schützen.

Diese Rechtsprechung hat vor allem zur Folge, dass der Anleger die Einwendungen, die er gegenüber der Abschreibungsgesellschaft hat, dem finanzierenden Kreditinstitut nicht entgegenhalten kann. Die Bank kann sich auf die rechtliche Selbständigkeit des Kreditvertrages berufen. Für den Anleger führt das häufig zu dem negativen Ergebnis, dass die Investition wertlos geworden ist, der Kreditvertrag aber noch über Jahre zu bedienen ist.

Ausnahmen können dann gelten, wenn die Bank selbst vertragliche oder vorvertragliche Pflichtverletzungen zu vertreten hat. Das gilt etwa dann, wenn die Bank nach Treu und Glauben verpflichtet ist, auf konkrete Bedenken hinzuweisen, etwa weil sie Kenntnisse über die desolate wirtschaftliche Situation des Unternehmens hat (Senat, ZIP 1985, 667 (zu III.) m.w.Nachw.)

Allgemein gilt aber, dass es nicht die Aufgabe eines Kreditinstituts ist, den Darlehensnehmer vor Geschäften, die mit einem Risiko verbunden sind, zu warnen. Regelmäßig fehlt bei einer Darlehensgewährung im Rahmen von steuersparenden Beteiligungen an Abschreibungsgesellschaften ein besonderes Aufklärungs- und Schutzbedürfnis des Darlehensnehmers (Senat, NJW 1985, 1020).

Fazit
Darlehensverträge die im Reisegewerbe abgeschlossen oder vermittelt werden, sind grundsätzlich nichtig. Als Ausnahme gilt, wenn das Darlehen zur Finanzierung von steuerlichen Vergünstigungen dient.

3.4   Immobilienfonds

Fall 30: Der Vertriebsbeauftragte

Die Kläger machten Schadenersatzansprüche aus einer Beteiligung an einer Bauherrengemeinschaft geltend, für welche sie von dem Anlagevermittler A mit einem Prospekt, in dem A als „Vertriebsbeauftragter" und „verantwortlich für Beratung und Vertrieb" bezeichnet war, geworben worden waren. Als Herausgeber des Prospekts und zuständig für die „wirtschaftliche und technische Baubetreuung" war die B-GmbH in den Prospektunterlagen bezeichnet.

Die Kläger verlangten vom Finanzdienstleister A Schadenersatz für entgangene Vorsteuererstattung und Schadenersatz, weil sie nicht eine monatliche Miete von 1 150 DM erhielten, wie sie im Mietvertrag mit dem Generalmieter vor Gebrauchsabnahme vereinbart worden war. Dieser Generalmieter war zahlungsunfähig geworden und der neue Generalmieter zahlte nur noch 810 DM.

(nach BGH, Urteil v. 27.09.1988 – XI ZR 4/88 (Köln) = NJW-RR 1989, 150)

***

Auf Grund der Tatsache, dass der beklagte Finanzdienstleister als Vertriebsbeauftragter in besonderer Weise in die Durchführung des Projektes eingebunden war und im Prospekt seine Verantwortlichkeit für „Beratung und Vertrieb" hervorgehoben hat, nahm der Beklagte für sich in Anspruch, erheblich eingehendere Informationen über das Projekt zu besitzen als üblicherweise ein Anlagevermittler. Bei der Beurteilung der Frage, welche vertraglichen Sorgfaltspflichten der Finanzdienstleister zu erfüllen hatte, musste die so zum Ausdruck gebrachte Inanspruchnahme besonderen Vertrauens berücksichtigt werden. Aus diesem Grund durfte sich der Finanzdienstleister nicht darauf verlassen, dass die mit der Erarbeitung des Projekts befassten Fachleute ihre Aufgaben ordnungsgemäß erfüllt haben.

Die Kläger konnten nach den Umständen des Vertragsschlusses vom Finanzdienstleister erwarten, dass dieser die steuerrechtliche Konzeption auf ihre Richtigkeit hin überprüft hat. Zum Gegenstand dieser Prüfung gehörte auch die Frage, ob die Einschaltung eines Mietgarantiegebers nicht ein Missbrauch rechtlicher Gestaltungsmöglichkeiten zur Erreichung der Vorsteuererstattung war und daher umsatzsteuerrechtlich nicht anerkannt werden konnte (§ 42 AO, Abgabenordnung). War für den Finanzdienstleister zum Zeitpunkt der Verhandlungen mit den Klägern erkennbar, dass die Erreichung des Vorsteuerabzuges steuerrechtlich fraglich sein konnte, dann war er zumindest verpflichtet, die Kläger auf diesen Umstand und die Möglichkeit, den Rat eines Steuerrechtsfachmannes einzuholen, hinzuweisen.

Hat es der Finanzdienstleister grob fahrlässig unterlassen, Erkundigungen über die Qualifikation und die Bonität des Mietgarantiegebers einzuholen, dann haftet er auch für diesen Schaden, wenn er infolge zumutbarer Nachforschungen ausreichende Kenntnisse von den Zahlungsschwierigkeiten der Mietgarantiegeberin erhalten hätte.

3.5   Das Effektengeschäft

3.5.1   Allgemeine Verhaltenspflichten

Das Wertpapierhandelsgesetz vom 26. Juli 1994 hat zum Schutz des Vertrauens der Effektenkunden Verhaltensregeln (§§ 31 ff. WpHG) für Wertpapierdienstleistungsunternehmen geschaffen. Zweck der gesetzlichen Regelung ist die Verbesserung des Verbraucherschutzes in der Anlageberatung. Wertpapierdienstleistungsunternehmen im Sinne des § 2 Abs. 4 WpHG sind Kreditinstitute mit Sitz im Inland sowie Zweigstellen von Unternehmen im Sinne des § 53 Abs. 1 Satz 1 und des § 53 b Abs. 1 Satz 1 KWG oder von Unternehmen, die auf Grund einer Rechtsverordnung gemäß § 53 c KWG gleichgestellt oder freigestellt sind sowie andere Unternehmen mit Sitz im Inland, die an einer inländischen Börse zur Teilnahme am Handel zugelassen sind und die Wertpapierdienstleistungen erbringen. *Wertpapierdienstleistungen* sind gemäß § 2 Abs. 3 WpHG

- die Anschaffung und die Veräußerung von Wertpapieren oder Derivaten für andere,
- die Anschaffung und die Veräußerung von Wertpapieren oder Derivaten im Wege des Eigenhandels für andere,
- die Vermittlung von Geschäften über die Anschaffung und die Veräußerung von Wertpapieren oder Derivaten,

wenn der Umfang der Dienstleistungen einen in kaufmännischer Weise eingerichteten Geschäftsbetrieb erfordert.

Wertpapiere im Sinne des Wertpapierhandelsgesetzes (§ 2 Abs. 1 WpHG) sind, auch wenn für sie keine Urkunden ausgestellt sind,

- Aktien, Zertifikate, die Aktien vertreten, Schuldverschreibungen, Optionsscheine,
- andere Wertpapiere, die mit Aktien oder Schuldverschreibungen vergleichbar sind,

wenn sie auf einem Markt gehandelt werden können, der von staatlich anerkannten Stellen geregelt und überwacht wird, regelmäßig stattfindet und für das Publikum unmittelbar oder mittelbar zugänglich ist. *Derivate* sind die an einem inländischen oder ausländischen Markt gehandelten Rechte, deren Börsen- oder Marktpreis unmittelbar oder mittelbar von der Entwicklung des Börsen- oder Marktpreises von Wertpapieren oder ausländischen Zahlungsmitteln oder der Veränderung von Zinssätzen abhängt (§ 2 Abs. 2 WpHG).

Nach § 31 Wertpapierhandelsgesetz (WpHG) sind Wertpapierdienstleistungsunternehmen verpflichtet,

- Wertpapierdienstleistungen mit der erforderlichen Sachkenntnis, Sorgfalt und Gewissenhaftigkeit im Interesse ihrer Kunden zu erbringen,

- sich um die Vermeidung von Interessenkonflikten zu bemühen und dafür zu sorgen, dass bei unvermeidbaren Interessenkonflikten der Kundenauftrag unter der gebotenen Wahrung des Kundeninteresses ausgeführt wird.

Außerdem sind Wertpapierdienstleistungsunternehmen verpflichtet,

- von ihren Kunden Angaben über ihre Erfahrungen und Kenntnisse in Geschäften, die Gegenstand von Wertpapierdienstleistungen sein sollen, über ihre mit den Geschäften verfolgten Ziele und ihre finanziellen Verhältnisse zu verlangen,

- ihren Kunden alle zweckdienlichen Informationen mitzuteilen, soweit dies zur Wahrung der Interessen des Kunden und im Hinblick auf Art und Umfang der beabsichtigten Geschäfte erforderlich ist.

3.5.2 Besondere Verhaltenspflichten

Neben den allgemeinen Verhaltenspflichten kennt das Wertpapierhandelsgesetz noch besondere Verhaltenspflichten, deren Nichtbeachtung Schadenersatzansprüche auslösen können. Wertpapierdienstleistungsunternehmen und den mit ihnen verbundenen Unternehmen, den Geschäftsinhabern eines in der Rechtsform des Einzelkaufmanns betriebenen Wertpapierdienstleistungsunternehmens – bei anderen Wertpapierdienstleistungsunternehmen den Personen, die nach Gesetz oder Gesellschaftsvertrag mit der Führung der Geschäfte des Unternehmens betraut und zu seiner Vertretung ermächtigt sind – sowie den Angestellten eines Wertpapierdienstleistungsunternehmens, die mit der Durchführung von Geschäften in Wertpapieren oder Derivaten, der Wertpapieranalyse oder der Anlageberatung betraut sind, ist es verboten

- ihren Kunden den Ankauf oder den Verkauf von Wertpapieren zu empfehlen, wenn und soweit die Empfehlung nicht mit den Interessen der Kunden übereinstimmt,

- ihren Kunden den Ankauf oder den Verkauf von Wertpapieren oder Derivaten zu empfehlen, um für Eigengeschäfte des Wertpapierdienstleistungsunternehmens oder eines mit ihm verbundenen Unternehmens Preise in eine bestimmte Richtung zu lenken,

- Eigengeschäfte auf Grund der Kenntnis von einem Auftrag eines Kunden zum Ankauf oder Verkauf von Wertpapieren oder Derivaten abzuschließen, die Nachteile für den Auftraggeber zu Folge haben können.

Das Wertpapierhandelsgesetz verlangt die weitest mögliche Vermeidung von Interessenkonflikten. Bei unvermeidbaren Konflikten ist dafür zu sorgen, dass die Effektenorder unter der gebotenen Wahrung des Kundeninteresses ausgeführt wird (§ 31 Abs. 1 Nr. 2 WpHG). Alle Verhaltenspflichten und ihre staatliche Überwachung dienen dem Anlegerschutz. Weil der Kunde aus markttechnischen Gründen selbst keinen unmittelbaren Zugang zu den Kapitalmärkten hat, soll durch die Festlegung von Verhaltenspflichten weitest möglicher Kundenschutz gewährleistet werden.

3.5.3 Überwachung und Auswirkungen der Verhaltenspflichten

Im Zuge der gesetzlichen Änderungen ist das Bundesaufsichtsamt für den Wertpapierhandel berechtigt, zum Zweck der *Überwachung* der Einhaltung der allgemeinen und besonderen Verhaltensregeln von den Dienstleistungsunternehmen die erforderlichen Auskünfte und die Vorlage von Unterlagen zu verlangen (§ 35 WpHG). Außerdem sind die Kreditinstitute verpflichtet, dem Bundesaufsichtsamt für den Wertpapierhandel jedes Geschäft in Wertpapieren oder Derivaten, die zum Handel zugelassen sind, zu melden, wenn sie das Geschäft im Zusammenhang mit einer Wertpapierdienstleistung oder als Eigengeschäft abschließen (§ 9 WpHG). Zu beachten ist, dass die Einhaltung der Meldepflicht einmal jährlich vom Bundesaufsichtsamt für den Wertpapierhandel geprüft wird (§ 36 WpHG).

Welche konkreten *Auswirkungen* haben die gesetzlichen Regelungen für Finanzdienstleister, die im Bereich Wertpapiere und Derivate tätig sind? Klar ist, dass Finanzdienstleister die Verhaltenspflichten nur dann erfüllen können, wenn sie von ihren Kunden entsprechende Angaben erhalten und diese Angaben entsprechend dokumentieren. Dabei ist zu berücksichtigen, dass der Kunde nicht verpflichtet ist, dem Finanzdienstleister die gewünschten Informationen zu erteilen. Im eigenen Interesse sollte der Finanzdienstleister allerdings auf den verlangten Angaben bestehen, weil ohne diese Informationen eine kundengerechte Beratung nicht zu gewährleisten ist und haftungsrechtliche Folgen drohen. Unter dem Stichwort der „anlegergerechten Beratung" muss der Finanzdienstleister den Kunden über die individuelle Vertretbarkeit der beabsichtigten Anlage beraten.

3.6 Börsentermingeschäfte

Fall 31: Der „zweistufige Anlegerschutz"

Die Kläger, türkische Arbeitnehmer, verlangten vom Beklagten, einem türkischen Kaufmann, den Ersatz ihrer Einlagen, die sie bei Spekulationen mit Aktienoptionsscheinen verloren hatten. Den Beklagten bevollmächtigten die Kläger, in ihrem Namen und für ihre Rechnung „Wertpapierkauf- und Wertpapierverkaufsaufträge" zu erteilen und zu diesem Zweck über ihre Kontoguthaben zu verfügen. Dem Beklagten gegenüber unterzeichneten die Kläger ein per Post übersandtes Informationsblatt „Verlustrisiken bei Börsentermingeschäften". Der Beklagte investierte nahezu das gesamte Vermögen der Kläger in einen bestimmten japanischen Optionsschein. Nach anfänglichen Gewinnen war den Klägern ein Schaden von insgesamt 140 000 DM entstanden.

(nach BGH, Urteil v. 11.03.1997 – XI ZR 92/96 (KG) = BGH, NJW 1997, 2171)

***

Die Zweistufigkeit des Anlegerschutzes

Der Schutz privater Anleger ist nach der Konzeption des Gesetzgebers der Börsengesetznovelle 1989 zweistufig ausgestaltet:

§ 53 Abs. 2 BörsG regelt die *erste Stufe:* Die Termingeschäftsfähigkeit privater Anleger kraft Information und die Unverbindlichkeit ohne Unterzeichnung einer ausreichenden Informationsschrift geschlossener Börsentermingeschäfte. Das von den Kreditinstituten verwendete Informationsblatt „Verlustrisiken bei Börsentermingeschäften" genügt den Anforderungen des § 53 Abs. 2 Satz 1 BörsG zur Herstellung der Termingeschäftsfähigkeit kraft Information (Senat, NJW 1995, 1554 = LM H. 7/1995 BörsG Nr. 39 = WM 1995, 658; BGHZ 133, 82 = NJW 1996, 2511 = LM H. 11/1996 BörsG Nr. 41 = WM 1996, 1260 (1261)). Allerdings leistet es nur die erforderliche Grundaufklärung über Funktionsweise und Risiken der verschiedenen Arten von Börsentermingeschäften, was bei einem erfahrenen Anleger nach Lage der Dinge ausreichen mag (vgl. Senat, NJW 1994, 1861 = LM H. 8/1994 BörsG Nr. 35/36 = WM, 834 (835)). Häufig ist aber eine weitere Aufklärung des Kunden erforderlich.

Auf einer *zweiten Stufe* ist ein über § 53 Abs. 2 BörsG hinausgehender, durch individuelle Verhältnisse des Anlegers oder Besonderheiten der konkreten Geschäfte bedingter zusätzlicher Informationsbedarf durch eine anleger- und objektgerechte individuelle Aufklärung zu erfüllen (Senat, BGHZ 133,82 = NJW 1996, 2511 = LM H. 11/1996 BörsG Nr. 41 = WM 1996, 1260 (1261)). Ohne diese zweite Stufe stünden die Personen, die die Börsentermingeschäftsfähigkeit kraft Information erlangt haben, bei den zumeist besonders risikoreichen Börsentermingeschäften oftmals schlechter da als bei anderen Anlagegeschäften.

Anleger- und objektgerechte Aufklärung

Den zusätzlichen Informationsbedarf der Anleger durch eine anleger- und objektgerechte individuelle Aufklärung übernimmt vor allem der Anlageberater, der den privaten Anleger vertritt. Dieser verletzt seine Aufklärungs- und Informationspflichten, wenn er

- den nicht in Börsentermingeschäften erfahrenen Kunden nicht anleger- und objektgerecht berät,
- den Kunden nicht über den Inhalt, die Bedeutung, die Zusammenhänge und die Risiken der Geschäfte informiert,
- dem Kunden gegenüber die Risiken verharmlost und z. B. erklärt, die Gelder würden nur bei sehr sicheren Firmen angelegt werden.

Derjenige, der eine vorvertragliche Aufklärungspflicht verletzt hat, ist beweispflichtig dafür, dass der Schaden auch bei gehöriger Aufklärung eingetreten wäre (BGHZ 124, 151 (160 f.) = NJW 1994, 512 = LM H. 5/1994 § 176 (Fb) BGB Nr. 71; Senat, NJW 1993, 2434 = LM H. 11/1993 § 276 (E) BGB Nr. 7 = WM 1993, 1457 (1458); NJW-RR 1996, 947 = NJW 1996, 2932 L = LM H. 10/1996 § 276 (Fb) BGB Nr. 77 = WM 1996, 1214 (1216)).

Von diesem Grundsatz gilt eine *Ausnahme* nur dann, wenn eine gehörige Aufklärung beim Vertragspartner einen Entscheidungskonflikt auslöst, weil es vernünftigerweise nicht nur eine, sondern mehrere Möglichkeiten aufklärungsrichtigen Verhaltens gibt (vgl. Senat, NJW 1994, 2541 = LM H. 2/1995 § 276 (Cc) BGB Nr. 35 = WM 1994, 1466 (1467)).

Auf diese einzige anerkannte Ausnahme wird sich der Finanzdienstleister in der überwiegenden Zahl der Fälle allerdings nicht berufen können: Bei unmissverständlicher schonungsloser Offenlegung und Erläuterung des durch die Anlageart und die Anlagestrategie bedingten besonders hohen Totalverlustrisikos ist es für den durchschnittlichen Anleger das einzige Vernünftige, seine Ersparnisse nicht diesem hohen Risiko auszusetzen. Praktisch sieht sich der Finanzdienstleister im Haftungsprozess dem Einwand ausgesetzt, dass nichts dafür spricht, dass der Anleger das hohe Risiko, seinen gesamten Einsatz zu verlieren, bei gehöriger Aufklärung in Kauf genommen hätte.

Fazit
Bei Börsentermingeschäften hilft dem Vermittler nur der Nachweis unmissverständlicher schriftlicher Offenlegung des außerordentlich hohen Risikopotenzials vor Haftungsschäden.

3.7   Warentermindirektgeschäfte

Fall 32: Warentermindirektgeschäfte

Der in Börsentermingeschäften unerfahrene Anleger G wurde von einem Telefonverkäufer der Anlageberatungs-GmbH U unaufgefordert angerufen und zum Abschluss von Warentermindirektgeschäften gebracht. Die gesamte Einlage in Höhe von 25 000 DM ging infolge von Spekulationen verloren. Dem Anleger wurde die Kundenbroschüre des einge-schalteten amerikanischen Brokers in deutscher Sprache ausgehändigt. Er unterzeichnete eine formularmäßige „Kundenerklärung" und ein englischsprachiges „Risk Disclosure Statement" (Risikoerklärung) sowie zwei Vollmachten. Einen Hinweis darauf, dass höhe-re als die üblichen Gebühren anfallen, enthielt die Kundenbroschüre nicht. Hinweise auf die besonderen Risiken des Geschäfts waren im hinteren Teil der Kundenbroschüre ver-merkt.

Mit der Begründung, dass er über die Risiken von Warentermingeschäften nicht hinrei-chend aufgeklärt worden sei, verlangte der Anleger Ersatz des ihm entstandenen Scha-dens.

(nach BGH, Urteil v. 17.03.1992 = NJW 1992, 1879)

***

Erfordernis der schriftlichen Aufklärung

Gewerbliche Vermittler von Warentermindirektgeschäften und Warenterminoptionen schulden auf Grund des vorvertraglichen Vertrauensverhältnisses umfassende schriftliche Informationen, damit der Anleger eine sachgerechte Entscheidung über seine Beteiligung treffen kann (für Warenterminoptionen vgl. BGHZ 80, 80 (81) = NJW 1981, 1266 = LM BörsG Nr. 5 L; BGHZ 105, 108 (110 f.) = NJW 1988, 2882 = LM § 276 BGB Nr. 97; BGH, NJW-RR 1988, 544 = LM § 276 (Fa) BGB Nr. 94 = WM 1988, 291 (292 f.); BGH NJW-RR 1991, 1243 = WM 1991, 1410, für Aktien- und Aktienindex-Optionen: Senat, NJW 1991, 1106 = LM § 276 (Fa) BGB Nr. 115 = WM 1991, 127 (128), für Warentermin-direktgeschäfte: OLG Düsseldorf, WM 1988, 566 (570); WM 1989, 175 (177); WM 1990, 176 (177) = WM 1990, 846; DB 1990, 475; BGH NJW 1992, 1879 (1880)).

An die Aufklärung sind hohe Anforderungen zu stellen. Sie kann grundsätzlich nur schriftlich und nicht telefonisch erfolgen. Da der von Warenterminvermittlungsfirmen an-gesprochene Personenkreis typischerweise im Warenterminhandel unerfahren ist, kann nur durch eine schriftliche Belehrung erreicht werden, dass Kaufinteressenten in die La-ge versetzt werden, ein zutreffendes Bild von solchen Geschäften zu gewinnen (BGHZ 105, 108 (110 f.) = NJW 1988, 2882 = LM § 276 (Fa) BGB Nr. 97 für Warenterminoptio-nen).

Inhalt der Aufklärung

Die schriftliche Information hat die wesentlichen Grundlagen von Termindirektgeschäf-ten, die wirtschaftlichen Zusammenhänge, die damit verbundenen Risiken und die Ver-minderung der Gewinnchancen durch höhere als die üblichen Provisionen zu enthalten (Senat, WM 1990, 61; OLG Düsseldorf, WM 1989, 175 (177); WM 1990, 176 (177); für Warenterminoptionen: vgl. BGH, NJW-RR 1988, 544 = LM § 276 (Fa) BGB Nr. 94 = WM 1988, 291 (292); BGH, NJW-RR 1991, 1243 = WM 1991, 1410 f. jeweils m. w. Nachw.).

Die Darstellung muss zutreffend, vollständig, gedanklich geordnet (vgl. BGH, NJW-RR 1980, 544 = LM § 276 (Fa) BGB Nr. 94 = WM 1988, 291 (293, 294)) und auch von der

Gestaltung her geeignet sein, einem unbefangenen, mit Warentermindirektgeschäften nicht vertrauten Leser einen realistischen Eindruck von den Eigenarten und Risiken solcher Geschäfte zu vermitteln (vgl. BGH, NJW-RR 1991, 1243 = WM 1991, 1410 (1411)). Wichtige Informationen, wie etwa Hinweise auf die geschäftsspezifischen Risiken oder auf die Verschlechterung der Gewinnaussichten durch höhere als die üblichen Gebühren, dürfen drucktechnisch oder durch ihre Platzierung nicht in den Hintergrund treten (BGHZ 105, 108 (114) = NJW 1988, 2882 = LM § 276 (Fa) BGB Nr. 97).

Der unkundige Leser darf nicht irregeführt werden und die Darstellung über die wesentlichen Geschäftsgrundlagen muss zutreffend sein. In der Kundenbroschüre darf nicht unkritisch auf Gewinne und Gewinnchancen bei Geschäften dieser Art eingestimmt werden. Risikohinweise dürfen nicht bereits auf Grund ihrer Aufmachung und drucktechnischen Gestaltung im hinteren Teil der Broschüre angebracht werden. Denn nach der Lebenserfahrung bringt der Verwender der Broschüre durch eine solche Gestaltung und Anordnung der Risikohinweise zum Ausdruck, dass es sich um unwichtige Mitteilungen handelt, die nicht gelesen zu werden brauchen (vgl. BGHZ 105, 108 (114) = NJW 1988, 2882 = LM § 276 (Fa) BGB Nr. 97).

Wegen unzureichender schriftlicher Aufklärung haftet die Vermittlungsgesellschaft ihrem Kunden gegenüber auf Schadenersatz.

Fazit
Die vollständige Risikoaufklärung über Termindirektgeschäfte hat schriftlich zu erfolgen. Die Risikohinweise müssen deutlich erkennbar sein und dürfen nicht im „Kleingedruckten" oder im hinteren Teil einer Broschüre versteckt werden.

3.8 Terminoptionen

Fall 33: Haftung des Geschäftsführers

F war Geschäftsführer der F-Optionsvermittlungs-GmbH. Die Firma beschäftigte drei freiberufliche Telefonverkäufer, die Kunden unaufgefordert anriefen und zum Abschluss von Terminoptionsgeschäften veranlassten. Vor dem Abschluss eines Vertrages wurden dem Kunden umfangreiche Informationsbroschüren zugesandt, die über die Risiken des Terminoptionshandels aufklären sollten. Der Kunde bestätigte jeweils schriftlich, dass er die „Risikobelehrung" verstanden hat. Für ihre Tätigkeit berechnete die F-Optionsvermittlungs-GmbH eine Vergütung in Höhe von 40 % des von ihren Kunden gezahlten Gesamtbetrages. Für den Kunden D endeten drei Optionsgeschäfte mit einem Verlust von insgesamt 47 000 DM. In den von der F-Optionsvermittlungs-GmbH verwendeten Informationsbroschüren wurde nicht darüber aufgeklärt, dass Aufschläge auf die Börsenoptionsprämie das Chancen-Risiko-Verhältnis aus dem Gleichgewicht bringt und dazu führen kann, dass auf Grund der höheren Aufschläge die Chance, insgesamt einen Gewinn zu erzielen, mit jedem Optionsgeschäft abnimmt.

Nachdem die F-Optionsvermittlungs-GmbH vermögenslos geworden war, nahm der Kunde D deren Geschäftsführer F persönlich in die Haftung, weil er meinte, dass F für die unzureichende Aufklärung verantwortlich war.

(nach BGH, Urteil v. 01.02.1994 = BGH, NJW 1994, 997 f.)

***

Persönliche Haftung

Der Bundesgerichtshof hat in zahlreichen Urteilen entschieden, dass der Geschäftsführer einer Optionsvermittlungs-GmbH, welche hohe Provisionen verlangt, für deren Geschäftsgebaren persönlich verantwortlich ist und dafür Sorge zu tragen hat, dass die GmbH ihre in die Einzelheiten der Geschäftsabwicklung nicht eingeweihten Kunden über die wirtschaftlichen Zusammenhänge und die Risiken der vermittelten Optionsgeschäfte schriftlich aufgeklärt werden.

Ein Geschäftsführer, der diese Verpflichtungen verletzt – also Optionsgeschäfte ohne gehörige Aufklärung der Kunden abschließt, den Abschluss veranlasst oder bewusst nicht verhindert –, missbraucht seine geschäftliche Überlegenheit in sittenwidriger Weise und haftet dem Kunden deshalb gemäß § 826 BGB persönlich auf Schadenersatz (BGHZ 105, 108 (109 f.) = NJW 1988, 2882 = LM § 276 (Fa) BGB Nr. 97; BGH, NJW-RR 1988, 544 = LM § 276 (Fa) BGB Nr. 94 = WM 1988, 291 (292); Senat, NJW 1993, 257 = LM H. 2/1993 § 276 (Fa) BGB Nr. 129 = WM 1992, 1935 f.; NJW 1994, 512 = WM 1994, 149 (152))). Der Geschäftsführer kann sich in diesen Fällen nicht darauf berufen, dass die Optionsvermittlungs-GmbH Vertragspartner des Kunden ist. Es findet ein Zugriff auf die Person des Geschäftsführers statt, der dem Kunden mit seinem gesamten privaten Vermögen haftet.

Nach ständiger Rechtsprechung des Bundesgerichtshofs sind Geschäftsführer von Optionsvermittlungsgesellschaften verpflichtet, dafür zu sorgen, dass der Kunde vor Vertragsabschluss ungefragt über die wesentlichen Grundlagen, die wirtschaftlichen Zusammenhänge und die Risiken von Optionsgeschäften schriftlich aufgeklärt wird. Dem Kunden müssen die Kenntnisse vermittelt werden, die ihn in die Lage versetzen, den Umfang des ihm aufgebürdeten Verlustrisikos und die durch die Höhe der Vermittlungsprämie eingetretene Verringerung seiner Gewinnchancen zutreffend einzuschätzen.

Inhalt der Aufklärung

Erforderlich ist vor allem ein Hinweis darauf, dass jeder Aufschlag auf die Börsenoptionsprämie die Gewinnerwartung verschlechtert, weil ein höherer Kursausschlag als der vom Börsenfachhandel als realistisch angesehene notwendig ist, um in die Gewinnzone zu kommen. Deshalb muss der Kaufinteressent darüber aufgeklärt werden, dass ein Aufschlag nicht nur zu einem höheren Preis für dasselbe Objekt führt, sondern das Verhältnis von Chance und Risiko aus dem Gleichgewicht bringt (vgl. BGHZ 105, 108 (110) = NJW 1988, 2882 = LM § 276 (Fa) NGN Nr. 97; BGH, NJW-RR 1988, 544 = LM § 276 (Fa) BGB Nr. 94 = WM 1988, 291 (293); NJW-RR 1991, 1243 = LM H. 1/1992 § 276 (Fb) BGB Nr. 58 = WM 1991, 1410 (1411); Senat, NJW 1993, 257 = LM H. 2/1993 § 276 (Fa) BGB Nr. 129 = WM 1992, 1935 (1936)).

Außerdem verlangt die Rechtsprechung, dass vor Vertragsabschluss schriftlich darüber aufgeklärt werden muss, dass höhere Vermittlungsprovisionen zu einer weitgehenden Ausgrenzung der Gewinnchance des Anlegers führen und die geringere Wahrscheinlichkeit, insgesamt einen Gewinn zu erzielen, mit jedem Optionsgeschäft abnimmt.

Nicht wie im Fall 33 beschrieben darf die Aussagekraft dieser Hinweise durch Beschönigungen, Werbeaussagen oder in anderer Weise beeinträchtigt werden (Senat, NJW 1994, 512 = WM 1994, 149 (150)). Heißt es z. B. an anderer Stelle der schriftlichen Aufklärung, dass es der Kunde mit einem „seriösen Handelshaus" zu tun hat, das „modernste Kommunikationsmittel" nutzt und „perfekt organisiert" ist, werden dadurch sämtliche Risikohinweise wertlos, weil der Anlageinteressent den Eindruck gewinnt, dass er es mit einem vertrauenswürdigen Partner zu tun hat, dessen Dienste auch unter Berücksichtigung der verlangten Vergütung so wertvoll sind, dass sie die Erzielung von Spekulationsgewinnen begünstigen.

Fazit
Bei Optionsgeschäften haftet der Geschäftsführer einer Kapitalgesellschaft persönlich, wenn die Gesellschaft ihre Aufklärungspflichten gegenüber dem Kunden verletzt.

3.9   Penny Stocks

Fall 34: Amerikanische Billigaktien

Als Anlagevermittler mit besonderen Erfahrungen auf dem amerikanischen Aktienmarkt war A an einen Kunden herangetreten und hatte ihn zum Erwerb amerikanischer Billigaktien (Penny Stocks) veranlasst. Der Ankauf der Aktien erfolgte vereinbarungsgemäß. Auf Grund allgemeiner wirtschaftlicher Gründe wurden die Aktien völlig wertlos. Dem Anleger war ein Schaden in einer Größenordnung von ca. 100 000 DM entstanden.

Der Kunde klagte auf Schadenersatz, weil er meinte, der Anlagevermittler hätte ihn schriftlich über die Risiken der Aktienkäufe aufklären müssen.

(nach BGH, Urteil v. 05.03.1991 = NJW 1991, 1947).

***

Auch bei der Vermittlung ausländischer Billigaktien, den sogenannten *Penny Stocks* stellt die Rechtsprechung hohe Anforderungen an die Aufklärung des Kunden. Selbst eine umfassende mündliche Aufklärung des Anlegers reicht nicht aus. Wegen der schwierigen wirtschaftlichen Zusammenhänge kann die Aufklärung – wie bei der Vermittlung von Warenterminoptionen und Warentermindirektgeschäften – ihren Zweck nur erfüllen, wenn sie *schriftlich* erfolgt (vgl. BGHZ 105, 108 (110 f.) = NJW 1988, 2882 = LM § 276 (Fa) BGB Nr. 97; BGH, NJW 1991, 1947 (1948)).

Fazit

Für die Vermittlung ausländischer Billigaktien gelten die gleichen Aufklärungsanforderungen wie z. B. für Terminoptionsgeschäfte.

3.10 Aktienspekulation auf Kredit

Fall 35: Risikoerhöhung durch Verleiten

In der Absicht, eine „vernünftige" Anlageform für einen Betrag in Höhe von 80 000 DM empfohlen zu bekommen, wandte sich der Feinkosthändler K an seinen Anlageberater, den Bankangestellten C. Dieser empfahl den Erwerb von Standardaktien. Nach der Durchführung einer Reihe von Aktiengeschäften, die im Wesentlichen auf Initiative des Bankangestellten zustande kamen, bot C dem K einen bereits vor Jahren angebotenen Kredit über 1 Mio. DM bei variablem Zins zum Kauf von festverzinslichen Wertpapieren und deutschen Standardaktien an. Zur Sicherheit für diesen Kredit räumte K der Bank eine Buchgrundschuld über 300 000 DM an seinem Wohnhaus ein, außerdem verpfändete er die anzuschaffenden Wertpapiere. Die bis zu 13 % gestiegenen Kreditzinsen führten nach und nach – insbesondere wegen eingetretener Kursverluste – zu einer Unterdeckung des Kredits. Die eingekauften Aktien verloren beträchtlich an Wert. Hierauf kündigte die Bank das Kreditkonto und vollstreckte in das Wohnhaus von K. K fühlte sich falsch beraten und wollte Schadenersatz.

(nach BGH, Urteil v. 28.01.1997 = BGH, NJW 1361)

***

Auf Grund der Umstände im Fall 35 hat der Bundesgerichtshof entschieden, dass der Bankangestellte den in Aktiengeschäften unerfahrenen K nicht zur Aktienspekulation auf Kredit raten durfte und das Bankhaus dem Anleger gegenüber schadenersatzpflichtig ist. Der Schadenersatzanspruch beruht auf einer Verletzung von Aufklärungs- und Beratungspflichten. Als pflichtwidrig hat der Bundesgerichtshof insbesondere angesehen, dass das Bankhaus die Risiken eines kreditfinanzierten Aktienerwerbs als „nur theoretisch" heruntergespielt hatte, anstatt darüber realistisch aufzuklären.

Zwar ist eine kreditgewährende Bank im allgemeinen nicht verpflichtet, ihren Kunden über die Risiken der Verwendung eines Kredits aufzuklären. Das wird von der Bank auch dann nicht verlangt, wenn der Kunde den Kredit zur Wertpapierspekulation nutzen will (vgl. BGHZ 114, 177 (182 ff.) = NJW 1991, 1956 = LM H. 1/1992 BörsG Nr. 29). Allerdings gilt ausnahmsweise etwas anderes, wenn im Einzelfall ein besonderes Aufklärungs- und Schutzbedürfnis des Darlehensnehmers besteht und *nach Treu und Glauben* ein Hinweis der Bank geboten ist. Zum Beispiel dann, wenn die Bank selbst einen zusätzlichen Gefährdungstatbestand gesetzt hat oder über einen relevanten Wissensvorsprung verfügt (vgl. BGH, WM 1987, 1546; Senat, NJW-RR 1990, 876 = LM § 276 (Cc) BGB Nr. 26 = WM 1990, 920 (922), jew. m.w.Nachw.).

In der dem Fall 35 zu Grunde liegenden Entscheidung hatte der Anlageberater der Bank den Kunden, dem es darum ging, seine Ersparnisse „vernünftig" anzulegen, zu einer Spekulation auf Kredit verleitet. Hinzu kam, dass dabei die die Leistungsfähigkeit des Kunden übersteigenden Verluste absehbar waren und Gewinne nur unter besonders günstigen, aber unwahrscheinlichen Umständen anfallen konnten. Um die variablen Kreditzinsen des Millionenkredits finanzieren zu können, war es erforderlich, eine Rendite zu erzielen, die die Kreditzinsen und die angefallenen Spesen abdeckte. Die Spekulation konnte also nur bei steigenden Kursen und stabilen oder fallenden Kreditzinsen erfolgreich sein. Klar war, dass bei steigenden Kreditzinsen und stagnierenden oder fallenden Kursen erhebliche Verluste wegen der Unterdeckung drohten. Nach Ansicht des Bundesgerichtshofs war die Gefahr in diesem Fall besonders groß, weil einerseits der variabel zu verzinsende Kredit in einer Phase niedrigen Zinses gewährt wurde und mittelfristig eine Zinssteigerung in Rechnung gestellt werden musste, und andererseits die Rendite im Wesentlichen durch Aktiengeschäfte erzielt werden sollte, die schon in der Phase niedriger Zinsen und leicht steigender Aktienkurse einen solchen Gewinn kaum abwerfen.

Der Bank ist das schuldhafte und pflichtwidrige Verhalten ihres Bankangestellten gemäß § 278 BGB zuzurechnen und sie hat sich dem Kunden K gegenüber wegen Verletzung der Aufklärungs- und Beratungspflichten schadenersatzpflichtig gemacht.

3.11   Investmentfondsanteile

Auf Grund der Neufassung von § 19 Abs. 1 Satz 3 KAGG infolge des Dritten Finanzmarktförderungsgesetzes ist der Finanzdienstleister, der sich mit der Vermittlung von Investmentanteilscheinen an Anleger betätigt, verpflichtet, dem Erwerber eine Durchschrift des Antrags auf Vertragsabschluss auszuhändigen oder eine Kaufabrechnung zu übersenden, die einen Hinweis auf die Höhe des jährlichen Ausgabeaufschlags und die jährlich zu zahlende Vergütung enthalten muss. Durch diese Unterlagen soll der Erwerber in die Lage versetzt werden, sich selbst über alle für die Anlageentscheidung relevanten Umstände zu unterrichten.

Die gesetzlichen Anforderungen, die an den Verkaufsprospekt von Anteilscheinen gestellt werden, sind sehr detailliert, wobei der Katalog der notwendigen Prospektangaben durch das Dritte Finanzmarktförderungsgesetz erweitert worden ist.[7]

---

7   vgl. Plück/Schmutzler/Kühn, a.a.O., S. 242 f.

3.12 Medienfondsbeteiligungen

Fall 36: Der Flop

Über Anlagevermittler und unter Verwendung eines Emissionsprospektes ließ die Film-
verwertungsgesellschaft D Anleger als atypisch stille Gesellschafter anwerben. Den Anlegern wurden im Prospekt steuerliche Vorteile und beträchtliche Gewinne bei einer Beteiligung am Unternehmen versprochen. Nach den Angaben im Prospekt sollte sich der einmal
gezahlte Betrag innerhalb weniger Jahre verdoppeln, wobei den Anlegern empfohlen wurde, Gewinne jeweils zu thesaurieren, damit die Beteiligung im Wesentlichen durch erspar-
te Steuern finanziert wird. Zahlreiche Anleger beteiligten sich an dem Unternehmen. Die
versprochenen Ausschüttungen und die zugesagten Steuervorteile wurden zunächst gewährt. Die überwiegende Zahl der Anleger ließ die ihnen vom Unternehmen zugewiesenen Gewinne gemäß der Empfehlung im Prospekt stehen, was zu einer Erhöhung ihrer Beteiligung führte. Nachdem die Fondsgesellschaft keine neuen Beteiligungsobjekte mehr
anbot und zahlreiche Anleger daraufhin die Beteiligung kündigten, stellte sich heraus,
dass das Unternehmen von Anfang an keinen Gewinn erzielt hatte und die zugewiesenen
Gewinne nur auf dem Papier existierten. Aus der Sicht eines ordentlichen Kaufmanns war
die Wahrscheinlichkeit der Erzielung eines Totalgewinns bereits bei Gründung des Unternehmens nicht gegeben.

***

Medienfonds

Medienfonds sind Beteiligungsunternehmen im Medienbereich, deren Geschäftszweck
entweder

- der Erwerb sowie die Aufbereitung und Auswertung von Filmrechten oder sonstigen
  Medienrechten (Lizenzen) – in der Regel für ein bestimmtes Gebiet und einen bestimmten Zeitraum – ist oder

- die Produktion und die Vermarktung von Filmen oder sonstigen Medienprogrammen
  aller Art.

Medienfondsbeteiligungen werden in der Regel – wie die unternehmerischen Beteiligungen – von Publikumsgesellschaften angeboten. Das heißt, der Anleger beteiligt sich entweder als Kommanditist oder als atypisch stiller Gesellschafter an einem Unternehmen. Beim
Vertrieb der Beteiligungen ist sorgfältig darauf zu achten, ob konzeptionell die Voraussetzungen für die Ausübung von Mitwirkungs-, Einflussnahme- und Kontrollrechten geschaffen wurden. Wie bei allen „steuerbegünstigten" Kapitalanlagen hat der Finanzdienstleister
besonderen Wert darauf zu legen, dass die anbietende Gesellschaft bereits bei ihrer Gründung nachweisen kann, dass eine Gewinnerzielungsabsicht besteht und aus der Sicht eines
ordentlichen Kaufmanns die Wahrscheinlichkeit eines Totalgewinns gegeben ist. Andernfalls besteht die konkrete Gefahr des Verlustes der eingeräumten Steuervorteile.

Zu beachten ist, dass der Emissionsprospekt den strengen Anforderungen gerecht wird,
die von der Rechtsprechung verlangt werden. Was die Vollständigkeit der Prospektunter-

lagen angeht, wird auf den Abschnitt 2.5.6 verwiesen. Kriterien für die Beurteilung von Medienfondskonzeptionen sind:

- Ist der Anleger an allen Auswertungsrechten anteilig unbegrenzt beteiligt?
- Bestehen schon im Voraus Absicherungen oder vertragliche Erlösvereinbarungen?
- Werden Erlöse vertragsgemäß zeitnah ausgeschüttet oder automatisch wieder reinvestiert?
- Wie erfolgt die Ergebnisdarstellung (bezogen auf die jeweilige Kapitaleinlage oder unter Einrechnung einer fiktiven Steuerersparnis)?
- Kann der Anleger seine Mitwirkungs- und Kontrollrechte gemäß Gesellschaftsvertrag wirksam wahrnehmen?
- Hat der Unternehmer eine (unangemessen) hohe Stimmzahl bei Gesellschafterbeschlüssen?
- Ist der Anleger unnötig lange gebunden oder kann er die Fondsgesellschaft nach einer aus steuerrechtlichen Erwägungen erforderlichen Mindestlaufzeit kündigen und ausscheiden?
- Ist sichergestellt, dass der Initiator nicht kurzfristig kündigen kann?
- Trägt der Anleger die Kosten seines Ausscheidens allein?
- Trägt der Anleger das Platzierungsrisiko oder ist ggf. eine Rückabwicklungsmöglichkeit vorgesehen, wenn das erforderliche Mindestkapital nicht erreicht wird?
- Welcher Teil des Gesamtkapitals fließt direkt in das Investitionsvorhaben – sind die „Weichkosten" angemessen?
- Besteht eine wirksame Mittelverwendungskontrolle?
- Besteht eine Einnahmenverteilungskontrolle?
- Wird zusätzliches Fremdkapital aufgenommen oder eine Anteilsfinanzierung angeboten?
- Ist das Fondsprojekt nach Art und Umfang definiert oder handelt es sich um einen „Blindpool"?
- Besteht eine Risikostreuung durch Beteiligung an mehreren unterschiedlichen Projekten?
- Sind die mitinvolvierten Geschäftspartner bekannt und werden diese als seriös und erfahren angesehen?
- Ist der Angebotsprospekt übersichtlich und allgemein verständlich?
- Enthält der Angebotsprospekt eine ausführliche Risikobeschreibung?
- Ist die Haftung des Anlegers strikt auf die von ihm übernommene Einlage beschränkt?

3.13 Mobilienfondsanteile

Zunehmend werden neben den klassischen Schiffsbeteiligungen neue Mobilienfonds entwickelt und angeboten. Dabei handelt es sich vor allem um Leasingfonds, die besonders hochwertige Investitionsgüter wie Flugzeuge, Kraftwerke, Hochgeschwindigkeitszüge und Container (siehe Fall 19, S. 47) mit langer Lebensdauer anbieten. In der überwiegenden Zahl der Fälle werden als Beteiligungsformen die GmbH & Co. KG, die GmbH & Still und die klassische Partenreederei gewählt. Bei diesen Kapitalanlagen handelt es sich jeweils um mitunternehmerische Beteiligungen. Die Partenreederei entspricht ihrer Rechtsform nach im Wesentlichen der OHG mit der Folge, dass alle Teilhaber unbeschränkt haften. Die Stellung des Kommanditisten entspricht eher einem „kapitalistischen" Engagement. Der Anleger muss darauf achten, dass der Fonds die unverzügliche Eintragung in das Handelsregister garantiert und auch vornimmt, damit der Anleger nicht der Haftung nach § 176 HGB unterliegt mit der Folge, dass er für die bis zur Eintragung begründeten Verbindlichkeiten gleich einem persönlich haftenden Gesellschafter in die Verantwortung genommen werden kann.

Auf die besonderen Aufklärungspflichten beim Vertrieb von mitunternehmerischen Beteiligungen wird auf den Abschnitt 3.1 verwiesen. Die Anforderungen, die die Rechtsprechung an den Prospektinhalt (siehe Abschnitt 2.5.6) sowie an steuerbegünstigte Kapitalanlagen im Allgemeinen stellt, sind ebenfalls zu beachten. Besonderheiten bestehen keine.

3.14 Fremdfinanzierte Lebensversicherungen

Fall 37: Fremdfinanzierte Lebensversicherung

Der Finanzdienstleister D wurde wegen unterlassener Aufklärung über das Risiko einer Kapitalanlage in Form einer fremdfinanzierten Lebensversicherung in Anspruch genommen. Der Finanzdienstleister schlug seinem Kunden vor, bei einer Schweizer Bank einen Kredit aufzunehmen und damit eine Kapitallebensversicherung zu finanzieren; die Differenz zwischen den vergleichsweise niedrigen Kreditzinsen in der Schweiz und der höheren Rendite der Lebensversicherung verspreche einen hohen Gewinn. Bei dem Vermittlungsgespräch verwendete der Finanzdienstleister D einen Werbeprospekt, in dem von einem auf 8 Jahre festgeschriebenen Kreditzins von 5,5 % ausgegangen und nach 12 Jahren Versicherungslaufzeit ein steuerfreier Gewinn von rd. 300 000 DM ausgewiesen wurde. Dieses Modell war bis zu einem Kreditzinssatz von 5,75 % gewinnträchtig und ab 6 % verlustbringend.

Außerdem vermittelte D seinem Kunden bei einer anderen Bank einen jederzeit kündbaren Basiskredit in Höhe von 870 000 sFr zu einem Anfangszinssatz von 6,5 %, für den der Kunde eine Sicherheitszahlung von 200 000 DM leisten musste. Diesen Betrag besorgte sich der Kunde bei der Stadtsparkasse gegen Bestellung einer Grundschuld auf sein Hausgrundstück. Durch weitere Vermittlung des Finanzdienstleisters schloss der Kunde bei der Versicherungsgesellschaft eine Lebensversicherung mit einer Versicherungssumme von 1 426 754 DM ab. Die für den Zeitraum von 1987 bis 1994 zu zahlenden jährlichen Beiträge von 156 714,66 DM leistete er in Form einer Einmalprämie von 1 Mio. DM, indem die Schweizer Bank die Nettokreditsumme direkt an die Versicherungsgesellschaft überwies. Das Beitragsdepot sollte von der Versicherungsgesellschaft verzinst werden. Der Zinssatz war dem Kunden nicht bekannt; er betrug 6 %.

Kurz darauf verlangte die Schweizer Bank zusätzliche Eigenmittel in Höhe von 100 000 DM. Diesen Betrag konnte der Kunde nicht aufbringen, was zur Kündigung des Kreditvertrages führte, worauf sich die Schweizer Bank aus der eingezahlten Sicherheitssumme und der ihr zur Sicherheit abgetretenen Lebensversicherung befriedigte.

Weil der Rückkaufswert beträchtlich niedriger war als die von der Versicherungsgesellschaft geleistete Einmalprämie, blieben dem Kunden Schulden bei der Stadtsparkasse in Höhe von über 270 000 DM, die er mit 10,5 % verzinsen musste.

Der Kunde erklärte, dass er die Kapitaleinlage nicht gezeichnet hätte, wenn er von dem Finanzdienstleister D hinreichend über die Risiken der Anlage aufgeklärt worden wäre.

(nach BGH, Urteil v. 09.07.1998 – III ZR 158/97 = DB 1998, 1857)

***

Vermittler von fremdfinanzierten Lebensversicherungen als Kapitalanlagen sind zu richtiger und vollständiger Information über diejenigen Umstände verpflichtet, die für den Anlageentschluss des Kunden von besonderer Bedeutung sind (vgl. Senatsurteil vom 13.05.1993 – III ZR 25/92, DB 1993 1.966 = BGH R BGB § 676 Anlagevermittler 4 m.w. Nachw.; BGH, DB 1998, 1857). Im Fall 37 gehörte dazu die Aufklärung darüber, dass der für das Darlehen der Bank zu entrichtende Anfangszinssatz von 6,5 % unweigerlich zu einem Verlust führen musste. Ein solcher war schon bei einem Zinssatz von 6 % unvermeidbar. Die Lebensversicherung konnte nur unter der Bedingung einen Gewinn bringen, dass das Schweizer Zinsniveau künftig fallen und die Bank sich zur Senkung des Kreditzinses bereit finden würde.

Es wird also eine umfangreiche Aufklärung über die *wirtschaftlichen Zusammenhänge*, die wirtschaftliche *Entwicklung*, das *Zinsniveau* und darüber verlangt, unter welchen grundsätzlichen Bedingungen der Abschluss der fremdfinanzierten Lebensversicherung als Kapitalanlage für den Kunden sinnvoll ist.

In der dem Fall 37 zugrunde liegenden Entscheidung war der Finanzdienstleister aus dem Gesichtspunkt des Verschuldens bei Vertragsschluss (Verletzung der Aufklärungspflicht) zum Schadenersatz verurteilt worden, weil er pflichtwidrig die umfangreiche Aufklärung des Kunden über die besonderen Risiken der Anlage unterlassen hatte.

Fazit
Fremdfinanzierte Kapitalanlagen sind stets besonders risikobehaftet, wenn sich die Bedingungen im Lauf der Vertragszeit ändern können. Auf dieses Risikopotenzial ist der Kunde in allen Einzelheiten hinzuweisen.

3.15 Zinsarbitragegeschäfte

Fall 38: Zinsarbitragegeschäft
Im gerichtlichen Verfahren machte der Kläger gegen den beklagten Finanzdienstleister Schadenersatzansprüche aus Zinsarbitragegeschäften geltend, bei denen die hohen Ha-

ben-Zinsen für Dollareinlagen gegenüber den niedrigen Soll-Zinsen bei der Aufnahme von Schweizer Franken ausgenutzt wurden. Schriftlich trafen die Parteien die Vereinbarung, dass der Finanzdienstleister im Namen und im Auftrag des Kunden Gelder platziert. Anfallende Kosten sollten zulasten des Kunden gehen. Schriftlich verpflichtete sich der Finanzdienstleister dem Kunden gegenüber zu einer sorgfältigen Geschäftsbesorgung. Eine Haftung für Verluste war ebenfalls ausgeschlossen. Ab August 1991 verringerte sich die Zinsmarge und zusätzlich ging der Kurswert des Dollars erheblich zurück. Der Kläger verlor seine zu Anfang erzielten Gewinne und schloss die Geschäfte mit einem Verlust von 50 000 DM ab.

Der Kläger war der Auffassung, dass der beklagte Finanzdienstleister grobfahrlässig gegen die ihm obliegenden Sorgfaltspflichten aus dem Geschäftsbesorgungsvertrag verstoßen habe, weil er es unterließ, ihn rechtzeitig auf die veränderten Marktverhältnisse hinzuweisen. Spätestens Mitte August 1991 sei die Zinsmarge so niedrig gewesen, dass das Geschäft wirtschaftlich nicht mehr interessant und wegen des Hinzukommens starker Kursschwankungen außerordentlich risikoreich geworden und für konservative Anleger nicht mehr geeignet gewesen sei.

(nach BGH, Urteil v. 04.02.1987 – IV a ZR 134/85 (Karlsruhe) = NJW-RR 1987, 936)

***

Das Gericht hat dem Kläger Recht gegeben mit der Begründung, dass der Finanzdienstleister die ihm aus dem *Geschäftsbesorgungsvertrag* übernommenen Verpflichtungen gegenüber dem Kläger verletzt hat. Nach Ansicht des Gerichts war der Finanzdienstleister nach dem Gegenstand des zwischen den Parteien geschlossenen Vertrages – neben der technischen Abwicklung des Vertrages – zu einer umfassenden Information verpflichtet. Da es sich um die Anlage von Termingeldern handelte und der Vertrag nicht befristet war, bestand die Informationspflicht fortlaufend.

Die Informationspflicht gegenüber dem Kunden hat zum Inhalt, dass dem Kunden alle diejenigen Informationen geliefert werden müssen, die für die jeweilige Anlageentscheidung wesentliche Bedeutung haben oder haben können. Diese Informationen müssen wahrheitsgemäß und sorgfältig, insbesondere vollständig erteilt werden. Dabei kann im Einzelfall die Informationspflicht auch dahin gehen, dem Kunden, der das nicht übersieht, die Bedeutung einzelner Fakten zu erläutern, damit der Kunde in die Lage versetzt wird, seine Anlageentscheidung zu treffen.

4. Kausalität, Verschulden und Schaden

4.1 Ursächlichkeit des Schadeneintritts

Fall 39: Strafbares Verhalten eines Treuhänders

Ein als Versicherungsvertreter und Anlagevermittler tätiger Finanzdienstleister vermittelte einem Anleger unter Erläuterung des Emissionsprospekts eine Kapitalanlage, die steuerfreie Erträge von 15 bis 20 % jährlich als durchaus erzielbar in Aussicht stellte. Gegenstand des Pools war der Handel mit Devisen- und Edelmetallterminkontrakten sowie darauf lautende Optionen. Eine Kapitalgarantie sollte die Rückzahlung der Einlage nach Ablauf von sechs Jahren sicherstellen. Der Anleger zahlte die Einlage und das Agio an einen mit der Abwicklung beauftragten Treuhänder, ohne dass die Rückzahlung der Einlage durch Kapitalsicherheiten gewährleistet war. Durch Spekulationen mit Terminkontrakten ging die gesamte Einlage verloren. Der Treuhänder und der Initiator wurden wegen Betrugs und Untreue rechtskräftig zu längeren Freiheitsstrafen verurteilt. In den Prospektunterlagen war nicht ausreichend über die Risiken der Kapitalanlage und über die Umstände, die zu einer Gewinnminimierung oder zu einem Ausschluss des Gewinns führen können, unterrichtet worden.

Der auf Schadenersatz in Anspruch genommene Finanzdienstleister meinte, dass er für den Eintritt des Schadens nicht verantwortlich sei, weil nachgewiesen wurde, dass die Gelder der Anleger auf Grund strafbarer Handlungen des Treuhänders und des Initiators verloren gegangen seien. Mit dem Verhalten dieser Personen habe er als Anlagevermittler aber nichts zu tun gehabt.

(nach BGH, Urteil v. 9. Juni. 1998, Aktenzeichen XI ZR 220/97)

***

Der Kausalzusammenhang

Wenn – wie im Fall 39 – der Anleger durch strafbares Verhalten des Treuhänders und Initiators seine Einlage verliert, ändert das nichts daran, dass der fehlerhaft beratende Finanzdienstleister letztlich für den eingetretenen Schaden vom Anleger in Anspruch genommen werden kann. Ganz allgemein stellen die Gerichte bei der Frage nach dem ursächlichen Zusammenhang zwischen Schlechterfüllung des Anlageberatungs- oder Anlagevermittlungsvertrages und dem Schadeneintritt nicht auf das letzte mögliche Glied der Kausalkette – hier die Veruntreuung der Anlegergelder durch den Treuhänder – ab. Angeknüpft wird vielmehr an den davor liegenden Umstand, der zur Anlageentscheidung führte. Das ist die fehlerhafte Beratung des Anlegers, weil die Anlageentscheidung schließlich auf eine Falschberatung zurückzuführen ist. Das bedeutet, dass sich der Finanzdienstleister nicht durch die strafbare Handlung des Treuhänders entlasten kann. Er hat für den eingetretenen Schaden einzustehen, selbst dann, wenn wie im Fall 39 völlig unvorhersehbare strafbare Handlungen Dritter geschehen (BGHZ 79, 337 (346) = NJW 1981, 1449; BGH, NJW 1982, 1095). Eine Haftungsbegrenzung, weil der Anleger seine Einlage durch strafbares Verhalten des Treuhänders und oder des Initiators verloren hat, über das der Anlagevermittler nicht aufzuklären hatte, kommt regelmäßig nicht in Betracht.

Durchbrechung des Kausalzusammenhangs

Nur in den Fällen, in denen der Anlageinteressent Aufklärung nur hinsichtlich eines bestimmten, für das Vorhaben bedeutsamen Einzelpunktes geschuldet hat, beschränkt sich die Pflicht darauf, Schäden zu verhindern, die in diesem Punkt eintreten können (BGHZ 116, 209 (213f.)). Diese Haftungsbegrenzung hat der Bundesgerichtshof im Hinblick auf Auskünfte betreffend die besonderen Eigenschaften der Kapitalanlage bejaht und insoweit den Grundsatz, dass der Haftungsumfang durch den Schutzzweck der verletzten Pflicht begrenzt wird, bestätigt. Klargestellt hat der Bundesgerichtshof in diesem Zusammenhang, dass das auch für Beratungs- und Auskunftspflichten im Rahmen vorvertraglicher Schuldverhältnisse zutrifft. (BGH, Urteil v. 03.12.1991 – XI ZR 300/90 (Hamm) = BGH, NJW 1992, 555 f.). Dass derjenige, der pflichtwidrig ein schädigendes Ereignis verursacht, dem Geschädigten für alle dadurch ausgelösten Schadenfolgen haftet, gilt nicht ohne Einschränkungen. Es ist z. B. anerkannt, dass der Verstoß gegen eine Rechtspflicht zum Ersatz des Schadens verpflichtet, dessen Eintritt die Einhaltung der Pflicht verhindern sollte. Das gilt nicht nur für den Bereich der unerlaubten Handlungen, sondern auch im Vertragsrecht. In diesen Fällen muss der Schaden nach Art und Entstehungsweise aus dem Bereich dieser Gefahren stammen, zu deren Abwendung die verletzte Pflicht bestimmt war (vgl. BGHZ 95, 199 (209) = NJW 1985, 2752 = LM § 823 (Aa) BGB Nr. 80; BGH NJW 1985, 2749 (2751) = LM § 823 (Aa) BGB Nr. 81; BGH, NJW-RR 1991, 627 = WM 1991, 246 (248); Senat, NJW 1990, 2057 = LM § 249 (A) BGB Nr. 89 = WM 1990, 808 (809); Senat, WM 1991, 1629).

Demgegenüber hat der Bundesgerichtshof aber gleichzeitig und wiederholt betont, dass Initiatoren, Anlageberater und Treuhänder bei Bauherrenmodellen, aber auch Vermittler von Warentermingeschäften wegen fehlerhafter Beratung oder Aufklärung zum vollen Ersatz aller Schäden des Anlegers aus dem Anlagegeschäft verpflichtet sind und sich nicht darauf berufen können, der Beratungs- oder Aufklärungsfehler habe nur einen Punkt betroffen, der für das Scheitern des Vorhabens nicht ausschlaggebend war (vgl. BGH, Urteile v. 31. Mai 1990 – VII ZR 340/88 = WM 1990, 1276, 1279 f. und 16. Januar 1990 – VII ZR 14/90 = WM 1991, 695, 698; Senatsurteil v. 6. Februar 1990 – XI ZR 184/88 = WM 1990, 462, 464).

Für den Finanzdienstleister verschärft sich die Situation dadurch, dass ihm, wenn er sich diese zu Eigen macht, unrichtige oder unvollständige Prospektaussagen wie eigene Aussagen zugerechnet werden. Mit anderen Worten, bereits durch die Verwendung unrichtiger oder unvollständiger Prospekte verletzt er seine Aufklärungspflichten und setzt damit eine Kausalkette in Gang, die für ihn wirtschaftlich verhängnisvoll werden kann.

Vermutungsregel zum Nachteil des Finanzdienstleisters

Zum Nachteil des Finanzdienstleisters wirken sich deshalb unvollständige Prospektaussagen, vor allem unzureichende Informationen über das Anlagerisiko und die Umstände, die zu einer Gewinnminimierung führen können, aus.

Nach der Rechtsprechung spricht die Lebenserfahrung dafür, dass ein in wesentlichen Punkten unrichtiger Prospekt für den auf seiner Grundlage erklärten Beitritt des Anlegers ursächlich gewesen ist (BGHZ 79, 337 (346) = NJW 1981, 1449 = LM § 276 (Fa) BGB Nr. 69 L; BGHZ 84, 141 (148) = NJW 1982, 2493 = LM § 276 (Fa) BGB Nr. 77). Das bedeutet, dass sich der Anleger gerade wegen dieser falschen Prospektaussagen zum Beitritt zur Gesellschaft entschlossen hat. Dabei ist allerdings zu beachten, dass der Richter nach § 286 ZPO (Zivilprozessordnung) eine Gesamtwürdigung aller Umstände vorzunehmen hat. Es ist Sache des Richters, anhand der Beweise zu entscheiden, ob er von der Ursächlichkeit des Aufklärungsmangels überzeugt ist oder nicht. Es geht dabei um die Frage, ob einerseits die Gründe ausreichen, die der geschädigte Anleger dafür vorgetragen hat, warum er sich bei Kenntnis aller ihm zu offenbarenden Umstände gegen den Vertragsschluss entschieden hätte. Zum anderen ist aber auch die objektive Bedeutung zu berücksichtigen, die die dem Anleger verschwiegenen Tatsachen für die Werthaltigkeit des Anlageobjekts hatten (Senat, NJW-RR 1991, 1246 = WM 1991, 1543 (1545)).

Verschuldensvermutung

Wird bei der Anwerbung von Anlegern ein Prospekt mit unrichtigen Angaben verwendet, so ergibt sich daraus im Regelfall nicht nur die Verletzung von Aufklärungspflichten, sondern auch das Verschulden der handelnden Personen (Leitsatz, BGH, NJW 1992, 3296, vgl. BGHZ 84 , 141 (148) = NJW 1982, 2493 = LM § 276 (Fa) BGB Nr. 77).

Nur in ganz besonders gelagerten Fällen kann diese allgemeine Vermutung widerlegt werden. Nämlich dann, wenn der Finanzdienstleister irrigerweise davon ausgeht, dass ein klarstellender Hinweis an den Anleger nicht erforderlich ist. Diese Fallgruppe wirkt sich aber nur in den seltensten Fällen zu Gunsten des Finanzdienstleisters aus, weil die Rechtsprechung strenge Voraussetzungen an den sogenannten Rechtsirrtum stellt (vgl. BGHZ 74, 281 (284 f.) = NJW 1979, 1882 = LM § 278 BGB Nr. 82; BGHZ 89, 296 (303) = NJW 1984, 1028 = LM § 254 (Da) BGB Nr. 50; BGH, NJW 1972, 1045 f. = LM § 812 BGB Nr. 99 m.w.Nachw.; BGH, NJW 1974, 1903 (1904 f.) = LM Vorb. Z. § 145 BGB Nr. 14).

Damit sich der Finanzdienstleister auf einen solchen Rechtsirrtum berufen kann, ist nachzuweisen, dass er sich mit Sorgfalt um die Klärung der zweifelhaften Fragen bemüht und nicht das Risiko, dass seine eigene Beurteilung unzutreffend ist, dem Kapitalanleger „zugeschoben" hat.

Fazit

Dieses auf den ersten Blick unverständliche Urteil des Bundesgerichtshofs – schließlich konnte der Anlagevermittler ja nichts dafür, dass die Rückzahlungsgarantie durch treuwidriges Verhalten des Treuhänders außer Kraft gesetzt wurde – entbehrt nicht der juristischen Systematik und Logik: Die Rechtsprechung geht grundsätzlich davon aus, dass ursächlich für den eingetretenen Schaden der Beitritt des Anlegers auf Grund des Vermittlungsgespräches ist. Wenn der Anlagevermittler nicht nachweisen kann, dass er dabei den Anlageinteressenten fehlerfrei beraten und über alle Risiken aufgeklärt hat, haftet er für den Schaden. Das gilt unabhängig davon, ob nachträglich noch weitere Fehler oder unzulässige Handlungen durch Dritte begangen wurden.

4.2 Verschulden

Fall 40: Haftung für Vorsatz und Fahrlässigkeit

Der Kläger wurde durch die Vermittlungstätigkeit des Anlagevermittlers zum Beitritt zur K-GmbH Verwaltungskommanditgesellschaft geworben. Unternehmensgegenstand der Gesellschaft war – neben dem An- und Verkauf von Grundstücken und der Übernahme von Hausverwaltungen – die Veräußerung eines Grundstückes in München mit 32 Wohnungseinheiten. Entgegen den Angaben im Emissionsprospekt stand dieses Grundstück nicht im Eigentum der K-GmbH Verwaltungskommanditgesellschaft, sondern war persönliches Eigentum der Initiatoren. Dem Kläger war infolge des Konkurses über das Vermögen der Verwaltungskommanditgesellschaft ein Schaden in Höhe seiner Kommanditeinlage entstanden. Im Prozess gegen den Anlagevermittler machte der Kläger geltend, dass er zum Beitritt durch die unrichtige Angabe im Prospekt veranlasst worden war. Hätte er gewusst, dass das Grundstück nicht im Eigentum der Verwaltungskommanditgesellschaft gestanden hat, hätte er sich an der ihm angebotenen Kapitalanlage nicht beteiligt.

Der Kläger wollte vom Anlagevermittler Schadenersatz, weil er meinte, dieser hätte seine ihm gegenüber bestehenden Vertragspflichten verletzt. Er war der Auffassung, der Anlagevermittler sei verpflichtet gewesen, Nachforschungen über die wahren Eigentumsverhältnisse an dem Wohngrundstück anzustellen.

Der Finanzdienstleister war sich keiner Schuld bewusst. Er war der Auffassung, dass er auf die Prospektangaben vertrauen durfte und ihm schuldhaftes Verhalten nicht vorgeworfen werden kann.

(nach BGH, Urteil v. 28.09.1992 – II ZR 224/91 (KG) = BGH, NJW 1992, 3296)

***

Allgemeiner Sorgfaltsmaßstab

Alle Fälle der Haftung von Finanzdienstleistern setzen Verschulden voraus. Die Anforderungen an die Sorgfaltspflichten sind weitgehend vom Einzelfall abhängig. In der Regel genügt aber einfache Fahrlässigkeit. Grundsätzlich wird bei Kenntnis falscher Angaben oder Nichtmitteilung angabepflichtiger Tatsachen Fahrlässigkeit angenommen (BGHZ 71, 284).

Strengere Sorgfaltspflichten werden an die Personen gestellt, die größere Kenntnisse und Erfahrungen besitzen. Das gilt vor allem für Anlageberater, Vermögensberater, Banken, Rechtsanwälte, Steuerberater und Wirtschaftsprüfer (BGH WM 1987, 1546). Eine erhöhte Sorgfaltspflicht trifft auch die Finanzdienstleister, die in besonderem Maße persönliches Vertrauen für sich in Anspruch nehmen.

Verschuldensvorwurf: Vorsatz und Fahrlässigkeit

Finanzdienstleister haften für Fahrlässigkeit und Vorsatz. Fahrlässig handelt, wer die im Verkehr erforderliche Sorgfalt außer acht lässt (§ 276 Abs. 1 Satz 2 BGB). Vorsatz sind

Wissen und Wollen des rechtswidrigen Erfolges. Das gilt sowohl für das Vertragsrecht als auch für das Recht der unerlaubten Handlungen und für die gesetzlichen Schuldverhältnisse. Grundsätzlich haften Finanzdienstleister nur für das eigene Verschulden. Im Rahmen bestehender Schuldverhältnisse muss sich der Finanzdienstleister aber das Verschulden seines gesetzlichen Vertreters oder des von ihm beauftragten Erfüllungsgehilfen zurechnen lassen (§ 278 Satz 1 BGB, siehe Fall 20, S. 49).

Kommt es zur zivilrechtlichen Inanspruchnahme eines Finanzdienstleisters, so kann er sich nicht darauf berufen, dass er selbst auf die Richtigkeit der im Prospekt gemachten Angaben vertraut hat. Nach allgemeiner Auffassung der Zivilgerichte trifft den Finanzdienstleister in jedem Fall die Pflicht zur eigenen Nachforschung. Wer entsprechende Nachforschungen unterlässt, handelt schuldhaft (siehe Fall 15, S. 36).

4.3   Schaden

Fall 41: Umfang des Schadenersatzes

Durch die Vermittlungstätigkeit der B-Kapitalvertriebs-GmbH hatte sich der Anleger K als Kommanditist an der Firma Windkraftwerke GmbH & Co. KG mit einer Einlage in Höhe von 200 000 DM beteiligt. In den Prospektunterlagen, die von der B-Kapitalvertriebs-GmbH erstellt waren, wurden der Wahrheit zuwider die Ergebnisse in den vorangegangenen Wirtschaftsjahren des Unternehmens geschönt. In den Prospektunterlagen wurde ein jährlicher „Zins" in Höhe von 14 % bezogen auf den übernommenen Kommanditanteil garantiert. Ein Jahr nach Beitritt zur Gesellschaft wurde der Konkursantrag mangels Masse abgelehnt.

K fragt seinen Rechtsanwalt, welchen Schaden er gegenüber der Vertriebsgesellschaft geltend machen kann.

***

Alternativen des Schadenausgleichs

Ist ein Anleger durch unrichtige Prospekte oder Verletzung von Aufklärungspflichten veranlasst worden, einer Anlagegesellschaft als Gesellschafter oder über eine Treuhandkommanditistin mittelbar beizutreten, so kann er zwischen zwei Möglichkeiten des Schadenausgleichs wählen:

Er kann an seiner Beteiligung festhalten und den Ersatz der durch das Verschulden des anderen Teils veranlassten Mehraufwendungen fordern (vgl. BGH, NJW 1989, 1793 = LM § 631 BGB Nr. 65 = WM 1989, 416 (417 f.) m. w. Nachw.)

Er kann aber auch verlangen, so gestellt zu werden, wie er gestanden hätte, wenn er der Gesellschaft nicht beigetreten wäre. In diesem Fall sind dem Geschädigten seine Einlage und die Vorteile zu ersetzen, die er durch deren anderweitige Anlage hätte erzielen können. Der Geschädigte ist andererseits verpflichtet, Zug um Zug gegen Ausgleich seines Schadens dem Schädiger die Rechte zu überlassen, die er aus dem Beitritt erlangt hat (vgl.

BGHZ 69, 53 (57) = NJW 1977, 1536 = LM § 276 (Fc) BGB Nr. 5; BGHZ 79, 337 (346) = NJW 1981, 1449 = LM § 276 (Fa) BGB Nr. 69). Dabei handelt es sich entweder um den Geschäftsanteil oder – in Fällen einer mittelbaren Beteiligung – um den künftigen Anspruch auf den Liquidationserlös, wenn er durch Abtretung vom Treuhandkommanditisten auf ihn übergegangen ist.

Regelmäßig wird ein Zinsschaden von über 4 % zu ersetzen sein, weil Eigenkapital ab einer bestimmten Größenordnung erfahrungsgemäß nicht ungenutzt bleibt, sondern zu einem allgemein üblichen Zinssatz angelegt wird (vgl. BGH, WM 1974, 128 (129); 1980, 85; BGH, NJW 1992, 1223 (1224)).

Anwendungsbereiche

Die zur Prospekthaftung bei der Publikum-KG entwickelten Grundsätze sind auch bei Anlagemodellen anwendbar, die – wie z. B. das sogenannte Hamburger Modell – Elemente der reinen Kapitalbeteiligung und des konventionellen Bauherrenmodells vereinigen (BGH, NJW 1992, 228 im Anschluss an BGHZ 111, 314 = NJW 1990, 2461 = LM § 276 (Fa) BGB Nr. 111). Er kann auch dann die Befreiung von dem angeschlossenen Vertrag und den Ersatz seiner Aufwendungen verlangen, wenn das Anlagemodell werthaltig ist. Dem Umstand, dass die Beteiligung werthaltig ist, wird dadurch Rechnung getragen, dass die Schadenersatzleistung Zug um Zug gegen Abtretung der Beteiligung bzw. Übertragung des Wohneigentums erfolgt.

Weiterer Schadenersatz

Fall 42: Fiktiver Gewinn aus Aktienspekulation

Der Anlagevermittler B schuldete seinem Kunden aus der Rückabwicklung eines von ihm vermittelten Anlagegeschäfts 230 000 DM. Der schriftlichen Zahlungsaufforderung des Kunden war B nicht nachgekommen. Anfang 1997 teilte der Kunde B mit, dass er wegen niedriger Aktienkurse nach Stückzahl und Art konkret bezeichnete Aktien im Kurswert von zusammen 230 000 DM kaufen würde, wenn B ihm den geschuldeten Geldbetrag zur Verfügung stellt. Im Juni 1998 wies der Kunde den Anlagevermittler darauf hin, dass er die Aktien, wenn er sie gekauft hätte, am 5. Juni 1998 mit einem Gewinn von 34 500 DM verkauft hätte. Der Kunde wollte von B den Ersatz des fiktiven Gewinns von 34 500 DM.

(nach BGH, Urteil v. 29.11.1982 – II ZR 80/82 (Düsseldorf) = NJW 1983, 758)

***

Nach § 252 BGB ist auch der entgangene Gewinn aus solchen Geschäften zu ersetzen, zu denen sich der Gläubiger erst während des Verzuges des Schuldners entschlossen hat, und die er durchgeführt hätte, wenn er über den geschuldeten Geldbetrag hätte verfügen können. Wenn der Gläubiger nicht beweisen kann, dass er entsprechende Vorkehrungen für den Kauf der Wertpapiere schon getroffen hat, dann kommt es darauf an, ob die „besonderen Umstände des Falles" die Wahrscheinlichkeit des Gewinns, wie ihn der Kunde behauptet, ergeben. Zu diesem Zweck hat derjenige, der den Ersatz des fiktiven Gewinns verlangt, über die genauen Angaben der Kauf- und Verkaufsdaten und der einzelnen Wertpapiere und unter Mitteilung von Einzelheiten vorzutragen, dass er nach seinen wirtschaftlichen Verhältnissen in der Lage gewesen wäre, einen Geldbetrag in der behaupteten Größenordnung in Aktien anzulegen. Darüber hinaus verlangt der Bundesgerichtshof den Nachweis darüber, dass der Kunde nachweist, dass er auch in der Vergangenheit ständig einen Betrag in dieser Größenordnung in wechselnden Wertpapieren und in Festgeldern angelegt hat. Geprüft werden muss außerdem, wie sich der Kunde bei Kursverlauf verhalten hätte, wenn auf eigenes Risiko spekuliert hätte. Das heißt, der Richter muss feststellen, ob der Kunde die Aktien etwa wegen starker Kursverluste mit Wahrscheinlichkeit schon vor dem behaupteten Verkaufszeitpunkt verkauft hätte oder nicht. Es kommt also auf das konkrete Anlageverhalten des Kunden an. In Zeiten des „Aktienbooms" kann sich der Umfang des ersatzpflichtigen Schadens somit beträchtlich vergrößern.

4.4   Vorteilsausgleichung

Fall 43: Die steuerbegünstigte Kapitalanlage

A befasste sich überwiegend mit der Vermittlung steuerbegünstigter Kapitalanlagen. Im Jahre 1971 übernahm er den Alleinvertrieb der S-KG. Mit Schreiben vom 06.12.1971, dem ein „Kurzexposé" beigefügt war, wandte sich A an den Kunden K, mit dem er bisher nicht in Geschäftsverbindung stand. In diesem Kurzexposé hob A als besonderen Vorteil hervor, dass das Unternehmen die Produktion in Kürze aufnimmt. In dem Anschreiben zum Kurzexposé hieß es: „In der Anlage übersenden wir Ihnen das Exposé der Firma S-KG nebst den dazugehörigen Unterlagen, die wir Ihrem eingehenden Studium empfehlen." K beteiligte sich mit einer Kommanditeinlage von 200 000 DM. Das Unternehmen nahm im Februar 1972 die Produktion auf. Die Geschäfte entwickelten sich aber schlecht. Ende 1973 wurde die Eröffnung des Konkursverfahrens über das Unternehmen mangels Masse nicht eröffnet.

Im Rahmen eines gerichtlichen Verfahrens verlangte der Kunde von A seine Beteiligungssumme in Höhe von 200 000 DM zurück. Der Finanzdienstleister war der Ansicht, der Verlust der Einlage des Anlegers durch die Ablehnung der Eröffnung des Konkursverfahrens wirke sich als Minderung seines Einkommens aus. Da er die Spitze seines Einkommens mit 56 % versteuern müsse, habe der Anleger somit 112 000 DM Steuern erspart, die auf den erlittenen Schaden anzurechnen seien.

(nach BGH, Urteil v. 22.3.1979 – VII ZR 259/77 (KG) = BGH NJW 1979, 1449)

***

Anrechnung steuerlicher Vorteile auf den Schaden

Grundsätzlich lässt der Bundesgerichtshof mögliche Steuervorteile des geschädigten Kapitalanlegers bei der Schadenbemessung *außer Ansatz* (BGHZ 74, 103 (113 ff.) = NJW 1979, 1449). Das hat seinen Grund darin, dass der ermäßigte Steuersatz bei einer späteren

Versteuerung des Schadenersatzbetrages nicht dem Schädiger zugute kommen soll (BGH, NJW 1984, 2524 = VersR 1984, 891 = WM 1984, 1075 (unter V)). Außerdem soll der unverhältnismäßige Aufwand, der mit der exakten Errechnung der Steuervorteile und unter anderem durch eine Gegenüberstellung der tatsächlichen mit einer hypothetischen Vermögenslage des Geschädigten verbunden ist, vermieden werden.

Die *Anrechnung* erzielter Steuervorteile auf den Schadenersatzanspruch kommt nur dann in Betracht, wenn verbindlich feststeht, dass dem Kunden nach Rückabwicklung der Anlage außergewöhnlich hohe Steuervorteile verbleiben und es unbillig wäre, wenn eine Anrechnung auf den Schaden unterbliebe (BGH, NJW-RR 1990, 229 (230); BGH, NJW-RR 1986, 1102 = WM 1986, 517 (520) m.w.N)).

Nachweis durch den Finanzdienstleister

Im gerichtlichen Verfahren hat der Finanzdienstleister darzulegen, dass beim Anleger außergewöhnliche Steuervorteile eingetreten sind (BGH, NJW, 229 (230); BGH, NJW-RR 1986, 1102 = WM 1986, 517 (520); BGHZ 84, 141 (149) = NJW 1982, 2493 = LM § 276 (Fa) BGB Nr. 77). Ist er zu einem substantiierten Vortrag zu diesem Thema nicht in der Lage, findet eine Anrechnung eventueller Steuervorteile nicht statt.

Steuervorteile können bei der Ermittlung der Schadenhöhe Berücksichtigung finden, wenn besondere Ausnahmegründe vorliegen. Das ist zum Beispiel der Fall, wenn der Schädiger behauptet, der Anleger habe eine Verlustzuweisung von über 100 % seiner Zeichnungssumme erhalten, obwohl er diese zu weniger als 2/3 eingezahlt habe. Außerdem dann, wenn es sich um eine Auslandsinvestition gehandelt hat, deren endgültiger Verlust bereits feststeht (Senat, NJW 1984, 2524 = VersR 1984, 891 = WM 1984, 1075).

In der dem Fall 43 zu Grunde liegenden Entscheidung sind die ersparten Steuern nicht auf den Schadenersatzanspruch angerechnet worden. Nach Ansicht des Bundesgerichtshofes wäre es unbillig, wenn eine Steuervergünstigung, die der Staat dem Geschädigten aus einem besonderen Anlass gewährt, ihm letztlich gar nicht zugute käme, sondern nur dazu dienen würde, den Schädiger zu entlasten. Nach Ansicht des Gerichts wäre das „mit dem Grundgedanken der schadenersatzlichen Vorteilsausgleichung unvereinbar".

Fazit
Ein solcher Nachweis ist dem Finanzdienstleister in der Regel nur dann möglich, wenn er die steuerliche Situation seines Kunden genau kennt und nachweisen kann.

4.5   Haftungsbegrenzung

Fall 44: Reduzierung der Haftung

B beschäftigt sich seit Jahren mit dem Vertrieb von Kapitalanlagen auf dem sogenannten „grauen Kapitalmarkt". Schon mehrfach hat er schlechte Erfahrungen gemacht, weil die von den Initiatoren versprochenen „Garantien" nicht eingehalten wurden und sich Anleger nach dem Scheitern einer Kapitalanlage bei ihm schadlos gehalten haben. Um ein für allemal die eigenen Haftungsrisiken zu reduzieren, entschließt sich B „Allgemeine Geschäftsbedingungen" anzuwenden, die er auf der Rückseite seines Briefbogens abdrucken lässt. In den Allgemeinen Geschäftsbedingungen von B heißt es auszugsweise:

- „Der Anlagevermittler haftet nicht für grob fahrlässige Vertragsverletzungen."
- „Eine Haftung für zugesicherte Eigenschaften der Kapitalanlage wird ausgeschlossen."
- „Ansprüche gegenüber dem Finanzdienstleister, egal aus welchem Rechtsgrund, unterliegen einer Verjährungsfrist von drei Jahren."

Es kommt zwischen B und einem Kunden zum Streit über die Wirksamkeit der von B verwendeten Allgemeinen Geschäftsbedingungen.

***

Für Finanzdienstleister besteht nur in sehr beschränktem Umfang die Möglichkeit, die Haftung für Auskünfte und Beratung zu begrenzen. Häufig verwendete *Haftungsfreizeichnungen* in Allgemeinen Geschäftsbedingungen sind von vornherein unzulässig, da sie gegen das Gesetz zur Regelung des Rechts der Allgemeinen Geschäftsbedingungen (AGB-Gesetz) verstoßen. Das gilt z. B. für die formularmäßige Freizeichnung für grob fahrlässige Vertragsverletzungen (*Löwe/Graf von Westphalen/Trinkner*, AGB-Gesetz, § 11 Nr. 7, Rdnr. 5 ff.). Ebenso ist die formularmäßige Freizeichnung von wesentlichen Vertragspflichten gemäß § 9 Abs. 2 Nr. 2 AGB-Gesetz unwirksam. Im übrigen dürfen Freizeichnungsklauseln die Pflichten aus einem Vertrag nicht in der Weise einschränken, dass dadurch der Vertragszweck von vornherein gefährdet wird oder nicht erreicht werden kann (BGH BB 1980, 129). Unzulässig ist ein Haftungsausschluss für zugesicherte Eigenschaften wie z. B. Steuervorteile, Wirtschaftlichkeit der Kapitalanlage usw.. In jedem Fall gestattet ist die auch formularmäßige Haftungsfreizeichnung für fahrlässiges Verhalten.

Sinnvollerweise sollten Finanzdienstleister die Möglichkeit nutzen, die lange Verjährungsfrist von 30 Jahren zu verkürzen. Das ist zulässig und kann entweder durch Vertrag oder anhand Allgemeiner Geschäftsbedingungen geschehen (§ 225 Satz 2 BGH, vgl. BGH NJW 1984, 2524). Allerdings dürfen die Mindestfristen, die für andere Berufsgruppen gelten, etwa die dreijährige Verjährungsfrist für Steuerberater, nicht unterschritten werden.

4.6 Mitverschulden des Anlegers

Fall 45: 40 % Rendite ... und mehr pro anno

Mit einer Zeitungsannonce, die Renditen zwischen 20 %, 30 %, 40 % und mehr verspricht, wirbt ein Anlagevermittler für Beteiligungn an einer in England ansässigen Gesellschaft. Das Inserat enthält nur unzureichende Angaben zum Gegenstand der Unternehmung und zu den für das Unternehmen handelnden Personen. Der Finanzdienstleister stellt seinem Bekannten A das Beteiligungsangebot vor, erklärt aber, dass er das Angebot noch nicht abschließend geprüft habe und weist auf einzelne Risiken hin, meint aber, dass es sich wohl um eine lukrative Angelegenheit handelt. A schiebt die Bedenken beiseite und investiert einen Betrag in Höhe von 50 000 DM. Das Geld ist unwiederbringlich verloren.

$$***$$

Die Frage, ob der Einwand des Mitverschuldens bei der Anlagevermittlung und Anlageberatung von vornherein ausscheidet, weil sich der Berater nach Treu und Glauben grundsätzlich nicht darauf berufen kann, dass der Beratene seinem Rat ohne eigene Nachprüfung folgt, ist in der Rechtsprechung zur Anlagevermittlung und Anlageempfehlung bisher offen geblieben (BGH, NJW 1982, 1095 (1096)). Dass ein solcher Grundsatz (dazu BGH, WM 1965, 287 (288); NJW 1971, 187 L = WM 1971, 74 (77)) ohnehin nicht ausnahmslos gilt und gelten kann, wird in anderen Entscheidungen des Bundesgerichtshofs zu Recht hervorgehoben (vgl. BGH, WM 1977, 334 (337); BGH, NJW 1982, 1095 (1096 f.)).

Anerkannt ist, dass der Finanzdienstleister seinem Kunden unter besonderen Umständen den Einwand des Mitverschuldens entgegenhalten kann. Das gilt zum Beispiel dann, wenn der Kunde Warnungen von dritter Seite oder differenzierende Hinweise des Beraters nicht genügend beachtet (NJW 1979, 1595 = LM § 676 BGB Nr. 19). Ein Fall des Mitverschuldens ist aber auch dann gegeben, wenn es für den Anleger auf der Hand liegt – jedenfalls aber ohne weiteres erkennbar ist –, dass der Vermittler für die andere Seite, nämlich für die kapitalsuchende Gesellschaft, handelt und sein eigenes wirtschaftliches Interesse im Auge hat und quasi wie ein Vertreter auftritt (BGH, NJW 1982, 1095 (1097)).

Besondere Bedeutung hat die Art und Weise, in welcher der Anlagevermittler werbend auftritt. Es handelt sich dabei um Umstände, die besondere Vorsicht nahe legen. Wer sich – wie im Fall 45 – auf ein Zeitungsinserat meldet, in dem Renditen zwischen „..... 20, 30, 40 % und mehr p.a" versprochen werden, der weiß von vornherein, dass er es nicht mit seinem individuellen Vermögens- und Anlageberater zu tun hat. In diesen Fällen rechnet der Anleger damit, zumindest muss er aber davon ausgehen, dass der Vermittler besonders negative Umstände über das Anlageobjekt nicht in auffälliger Weise mitteilt, sondern diese erst durch Überprüfung des Informationsmaterials erkennbar werden. Dasselbe gilt, wenn das Anlageobjekt offensichtlich allein auf Grund subjektiver Bewertungen, Prognosen und reklamehafter Übertreibungen angepriesen wird. Nicht selten werden Kapitalanlagen von unseriösen Vermittlern als „die Nummer 1", „Der Branchenführer", „Renditesieger" usw. lautstark angeboten. Wer als Anleger auf diese Angebote eingeht in der Hoffnung, eine „schnelle Mark" zu machen, muss sich im gerichtlichen Verfahren den Vorwurf des Mitverschuldens im Falle des Verlustes gefallen lassen.

4.7   Verjährung der Ansprüche

Anlagevermittlung und Anlageberatung

Schadenersatzansprüche gegen Anlageberater oder Anlagevermittler wegen Inanspruchnahme von persönlichem Vertrauen verjähren in 30 Jahren. Der Bundesgerichtshof hat sich ausdrücklich gegen die Anwendung der kurzen Verjährungsfrist, die bei der Prospekthaftung im engeren Sinne gilt, ausgesprochen (grundlegend BGHZ 83, 222 = NJW 1982, 1514; BGH, NJW 1984, 2523).

Allerdings können Finanzdienstleister durch Vertrag, auch in Allgemeinen Geschäftsbedingungen, die lange Verjährungsfrist abkürzen (§ 225 Satz 2 BGB). Eine angemessene Verkürzung der Verjährungsfrist auf drei Jahre, entsprechend der gesetzlichen Regelung bei Rechtsanwälten und Steuerberatern, ist Finanzdienstleistern nicht verwehrt (BGH, NJW 1984, 2524).

Wertpapierbereich

Gemäß § 37 a WpHG verjähren Ansprüche gegenüber Wertpapierdienstleistungsunternehmen für Tätigkeiten im Wertpapierbereich innerhalb von sechs Monaten ab dem Zeitpunkt, zu dem der Anleger von der Verletzung der vertraglichen Pflicht Kenntnis erlangt hat, spätestens jedoch innerhalb von drei Jahren seit der Entstehung des Anspruchs.

Prospekthaftung

Ein Anspruch aus der von der Rechtsprechung entwickelten Prospekthaftung verjährt in entsprechender Anwendung von § 20 Abs. 5 KAGG und § 12 Abs. 5 AuslInvestmG in sechs Monaten seit der Kenntnis des Prospektfehlers, spätestens aber in drei Jahren seit dem Beitritt zur Gesellschaft (BGHZ 83, 222 = NJW 1982, 1514 = LM § 195 BGB Nr. 24), Gestützt wird die kurze Verjährungsfrist insbesondere darauf, dass der Anleger, der Kenntnis von den ihm im Prospekt verschwiegenen Umstände erlangt, die er bei seiner Anlageentscheidung noch nicht berücksichtigen konnte, sich kurzfristig entscheiden muss, ob sie ihm Grund zur Rückgängigmachung seiner Beteiligung geben oder ob er trotz dieser Kenntnis spekulativ zuwarten will, ob die Beteiligung trotz dessen ein Erfolg wird.

Sonderfall: Verjährung von Prospekthaftungsansprüchen beim Bauherrenmodell. Die für die Prospekthaftung bei der Publikums-KG entwickelte kurze Verjährungsfrist gilt bei Bauherrenmodellen nicht (Senatsurteile BGHZ 111, 314 = NJW 1990, 2461 = LM § 276 (Fa) BGB Nr. 111; NJW-RR 1991, 217 = LM § 276 (Fa) BGB Nr. 113 = WM 1991, 13 = ZfBR 1991, 24 = BauR 1991, 91).

Verschulden vor Vertragsschluss

Ansprüche aus Verschulden vor Vertragsschluss bzw. culpa in contrahendo verjähren nach der Rechtsprechung in 30 Jahren (BGHZ 49, 77).

Fall 46: Verjährung bei Rechtsanwälten, Steuerberatern und Wirtschaftsprüfern

Rechtsanwalt P empfahl seiner langjährigen Mandantin, die eine „renditeträchtige Kapitalanlage" suchte, eine Investition an dem Unternehmen J, wofür der Anlegerin eine Gewinnbeteiligung, mindestens aber Jahreszinsen von 10,4 % bis 13,1 % versprochen wurden. Am 10.06.1983 schloss die Anlegerin unter Mitwirkung von Rechtsanwalt P einen Investitionsvertrag ab und gewährte dem Unternehmen J ein Darlehen von 200 000 DM. Zur Sicherheit des Rückzahlungsanspruches ließ sich Rechtsanwalt P treuhänderisch eine

Eigentümer-Briefgrundschuld vom Inhaber des Unternehmens abtreten. Dieser Grundschuld ging eine andere Grundschuld in Höhe von 1,4 Mio. DM zuzüglich Zinsen im Range vor. Das Unternehmen J geriet in Vermögensverfall. Bei der Versteigerung des Grundstücks im Sommer 1986 fiel die Anlegerin mit ihrer Grundschuld völlig aus.

Im Herbst 1987 verlangte die Anlegerin, die seit Anfang 1986 durch andere Rechtsanwälte vertreten wurde, von Rechtsanwalt P Schadenersatz mit der Begründung, er habe in Kenntnis der wirtschaftlichen Verhältnisse des Unternehmens nicht zur Investition zuraten dürfen, ohne mit der gebotenen Intensität für eine erforderliche und zugesagte Sicherheit zu sorgen. Sie war der Meinung, dass Schadenersatzansprüche gegenüber Rechtsanwalt P erst in 30 Jahren verjähren. Rechtsanwalt P berief sich demgegenüber auf den Eintritt der Verjährung.

(nach BGH, Urteil v. 27.01.1994 – IX ZR 195/93 (Koblenz) = BGH NJW 1994, 1405 ff.).

***

Zur Frage der Verjährung bei der Anlageempfehlung durch einen Rechtsanwalt hat der Bundesgerichtshof entschieden: „Empfiehlt ein Rechtsanwalt in engem inneren Zusammenhang mit einer von ihm ausgeübten rechtlichen Beratung pflichtwidrig eine Vermögensanlage, so verjährt ein vertraglicher Schadenersatzanspruch des Mandanten nach § 51 Bundesrechtsanwaltsordnung in drei Jahren."

Für die Frage der Verjährung kommt es darauf an, dass der Rechtsanwalt gemäß § 3 Abs. 1 BRAO (Bundesrechtsanwaltsordnung) als Berater und Vertreter in Rechtsangelegenheiten tätig wird (BGHZ 46, 268 (270 ff.) = NJW 1967, 876 = LM § 1 BRAGebO Nr. 1; BGHZ 53, 394 (396) = NJW 1970, 1189 = LM § 1 BRAGebO Nr. 2; BGH LM § 51 BRAO Nr. 1 = VersR 1972, 1052 (1053) unter II 1). Bei der Anlageberatung stehen normalerweise nicht Rechtsfragen, sondern wirtschaftliche Zweckmäßigkeiten im Vordergrund. Ein Vertragsverhältnis im Sinne von § 51 BRAO setzt aber nicht voraus, dass die Rechtsberatung in jedem Einzelfall den überwiegenden Umfang der gesamten Anwaltstätigkeit ausmachen müsste. Maßgeblich ist vielmehr, wo nach dem Willen der Beteiligten der Schwerpunkt der vertraglichen Verpflichtungen liegen soll. Die gleiche Abgrenzung ist entscheidend dafür, welchen Verjährungsvorschriften die Tätigkeit eines Mehrfachberuflers unterstellt wird (vgl. BGHZ 83, 328 (332) = NJW 1982, 1866 = LM § 421 BGB Nr. 11; BGHZ 102, 220 (223) = NJW 1988, 1663 = LM § 675 BGB Nr. 134; NJW 1987, 3136 = WM 1987, 928 (929)). Ein Anwaltsvertrag kann deshalb zugleich andersartige Maßnahmen umfassen, wenn sie in einem engen inneren Zusammenhang mit einer rechtsberatenden Tätigkeit stehen und allgemein auch Rechtsfragen aufwerfen können (vgl. BGHZ 18, 340 (346) = NJW 1955, 1921 = LM § 1 RAGebO Nr. 1; BGHZ 57, 53 (55 f.) = NJW 1971, 2227 = LM § 3 BRAGebO Nr. 6 b; BGH, NJW 1962, 1621 = LM § 23 BRAGebO Nr. 1 = VersR 1962, 801 (802); WM 1977, 551 (552) unter I). In diesem Sinne umfasst die Anlageberatung auch Rechtsfragen wie z. B.

- ist das Anlagemodell rechtswirksam?
- ist das Anlagemodell anlegergünstig?
- wie kann die Kapitalhingabe vertraglich abgesichert werden?
- welche Sicherheiten können das Anlagerisiko minimieren?
- wie kann der ungehinderte Zugriff auf die Sicherheiten gewährleistet werden?

Die Verjährung nach § 51 BRAO beginnt zu dem Zeitpunkt, in dem der Schaden entstanden ist. Im Fall 46 war das in der ersten Junihälfte 1983, als die Anlegerin ihr Geld weggegeben hatte und an die Kapitalanlage unwiderruflich gebunden war mit der Folge, dass eine Vermögenseinbuße auch tatsächlich nicht mehr vermieden werden konnte (vgl. Senat, NJW-RR 1991, 1125 = LM § 675 BGB Nr. 168 = WM 1991, 1303 (1305)).

Für den Beginn der Verjährungsfrist gilt dann etwas anderes, wenn das Unternehmen, in das der Beratene investiert, zunächst noch wirtschaftlich gesund ist und der Anleger vor der Vermögensverschlechterung „rechtlich und tatsächlich noch die Möglichkeit hat, seine Einlagen abzuziehen". In diesen Fällen wird der Anleger erst dann geschädigt und es entsteht die Verjährungsfrist, „wenn der zu befürchtende Vermögensverlust oder dessen konkrete Gefahr tatsächlich eintritt" (BGHZ 83, 328 (333 f.) = NJW 1982, 1866 = LM § 421 BGB Nr. 11). Solange sich das empfohlene Unternehmen zwar in gewissen wirtschaftlichen Schwierigkeiten befindet, aber die ihm obliegenden Zahlungen wenigstens im Wesentlichen noch leistet, ist die Vermögensanlageentscheidung objektiv nicht ohne weiteres nachteilig (BGH, NJW 1994, 1405 (1407)).

Im Fall 46 war im Zeitpunkt der Übergabe des Geldes das Vermögen der Anlegerin gemindert. Die abgetretene Sicherheit war wirtschaftlich wertlos, der angestrebte Sanierungserfolg des Unternehmens konnte objektiv nicht erreicht werden. Rechtsanwalt P konnte sich daher zu Recht auf die dreijährige Verjährungsfrist berufen.

Schadenersatzansprüche gegen Steuerberater verjähren nach § 68 StBerG in drei Jahren, wenn ein ausreichender Zusammenhang mit einer steuerberatenden Tätigkeit besteht. Ein solcher Zusammenhang liegt nicht nur vor, wenn der Steuerberater wegen der steuerlichen Beratung in einem Anlagemodell in Anspruch genommen wird. Er besteht auch dann, wenn der Steuerberater als Treuhänder (BGHZ 97, 21 (25) = NJW 1986, 1171 = LM § 9 (Cj) AGBG Nr. 4; BGH, WM 1986, 940 (941); NJW 1990, 2464 = LM § 276 (Hb) BGB Nr. 58 = WM 1990, 1623 (1624) = ZfBR 1990, 238 = BauR 1990, 794; NJW-RR 1991, 599 = LM § 675 BGB Nr. 160 = WM 1991, 695 (697) = ZfBR 1991, 106 = BauR 1991, 384) oder als Anlageberater anlässlich der eigentlichen Steuerberatung tätig geworden ist (BGH, NJW 1982, 1866 = LM § 421 BGB Nr. 11 = WM 1982, 743 (745)). Der Fragenkreis ist allerdings noch nicht abschließend geklärt. Die kurze Verjährung kommt jedenfalls dann nicht in Betracht, wenn, anders als im Fall 46, zwischen dem Anleger und dem Steuerberater kein Vertragsverhältnis zu Stande gekommen ist und die Aufklärungspflichtverletzung auch nicht im Zusammenhang mit der Anbahnung eines zu schließenden Vertages erfolgt.

Schadenersatzansprüche gegenüber Wirtschaftsprüfern verjähren in fünf Jahren, §§ 51 a, 56 WPO.

Fazit
Die jeweils zur Anwendung kommenden Verjährungsvorschriften sind höchst verschieden. Zu einer Anpassung der Verjährungsfristen konnte sich der Gesetzgeber aus Gründen des Anlegerschutzes bis heute nicht entschließen. Eine Verkürzung der Verjährungsfrist ist im Zuge des Dritten Finanzmarktförderungsgesetzes lediglich für den Bereich der Wertpapierdienstleistungen eingetreten. Die Rechtsprechung hat die Anwendung der kurzen

Verjährungsfristen, wie sie etwa für die Prospekthaftung im engeren Sinne gilt, auf alle Fälle der Anlageberatung und Anlagevermittlung in verschiedenen Entscheidungen ausdrücklich abgelehnt (vgl. BGH 1984, 2524).

Finanzdienstleister sind gut beraten, wenn sie eine Verkürzung der Verjährung entweder vertraglich vereinbaren oder im Rahmen ihrer Allgemeinen Geschäftsbedingungen vorsehen (siehe Abschnitt 4.5).

Literaturhinweise

ALLMENDINGER/TILP: Börsentermin- und Differenzgeschäfte, 1998.

AHRENDTS: Die Haftung für fehlerhafte Anlageberatung, 1998.

– Die Haftung für fehlerhafte Anlageberatung – BGH, NJW 1993, 2433; JuS 1994, 915 ff.

– Die Nachforschungspflichten des Anlageberaters über das von ihm empfohlene Anlageobjekt, DStR 1997, 1649 ff.

ASSMANN, Informationspflicht des Anlagevermittlers und Mitverschulden des Anlegers, NJW 1982, 1083 ff.

ASSMANN/SCHNEIDER (Hrsg.): Wertpapierhandelsgesetz, 1995.

ASSMANN/SCHÜTZE (Hrsg.): Handbuch des Kapitalanlagerechts, 2. Aufl. 1997.

BALZER: Die Verhaltensregeln für Wertpapierdienstleistungsunternehmen nach dem Wertpapierhandelsgesetz, NWB Fach 21, 1245 ff.

– Anlegerschutz bei Verstößen gegen die Verhaltenspflichten nach §§ 31 ff. Wertpapierhandelsgesetz (WpHG), ZBB 1997, 260 ff.

BAUMBACH/HOPT: Handelsgesetzbuch, 29. Aufl. 1995.

BIRNBAUM: Stichwort „Churning", wistra 1991, 253 ff.

BRÖKER: Strafrechtliche Probleme bei Warentermin- und Optionsgeschäften, 1989.

BUNDSCHUH: Die Haftung für die Verletzung der Aufklärungspflicht beim Vertrieb von Warenterminoptionen – Eine Übersicht über die Rechtsprechung des Bundesgerichtshofes, WM 1985, 249 ff.

– Die Rechtsprechung des Bundesgerichtshofs zum Börsenterminhandel, WM 1986, 725 ff.

CAHN: Grenzen des Anlegerschutzes durch das WpHG, ZHR 162 (1998) 2 ff.

CANARIS: Bankvertragsrecht, 3. Aufl. 1988.

DRYGALA: Gesetzliches Schriftformerfordernis bei der Anlegeraufklärung? WM 1992, 1213.

EBENROTH/KRÄUTTER: Die Eigenhaftung des GmbH-Geschäftsführers bei der Anlagevermittlung, BB 1990, 569 ff.

FANDRICH: Aktuelle Rechtsprechung zur Anlageberatung, Die Bank 1996, 626 ff.

GALLANDI: Schadensberechnung beim Immobilienbetrug, wistra 1994, 243 ff.

GAßNER/ESCHER: Bankpflichten bei der Vermögensverwaltung nach Wertpapierhandelsgesetz und BGH-Rechtsprechung, WM 1997, 93 f.

GRUNEWALD: Die Beweislastverteilung bei der Verletzung von Aufklärungspflichten, ZIP 1994, 1162 ff.

HEINSIUS: Anlageberatung durch Kreditinstitute, ZHR 1981, 177 ff.

– Pflichten und Haftung der Kreditinstitute bei der Anlageberatung, ZBB 1994, 47 ff.

v. HEYMANN: Die neuere Rechtsprechung zur Bankenhaftung bei Kapitalanlagen, NJW 1990, 1137 ff.

– Zur Haftung bei Anlageberatung und Anlagevermittlung, DStR 1993, 1147 ff.

HOEGEN: Einzelfragen zur Haftung bei Anlagevermittlung unter besonderer Berücksichtigung der Rechtsprechung des Bundesgerichtshofes, in: Festschrift Stimpel, 1985, S. 248 ff.

HOPT: Aktuelle Rechtsfragen der Haftung für Anlage- und Vermögensberatung einschließlich Prospekthaftung, 2. Aufl. 1985.

HORN: Die Aufklärungs- und Beratungspflichten der Banken, ZBB 1997, 139 ff.

HORST: Kapitalanlegerschutz – Haftung bei Emissionen und Vertrieb von Kapitalanlagen, 1987.

IMMENGA: Bankenhaftung bei der Finanzierung steuerbegünstigter Anlagen, ZHR 151 (1987), 148 ff.

JOSWIG: Aufklärungspflichten bei der Vermittlung amerikanischer Billigaktien (Penny Stocks), DB 1995, 2253 ff.

JOUSSEN: Der Erwerb von selbständigen Optionsscheinen als Börsentermingeschäft, BB 1997, 2117 ff.

JÜTTEN: Anlegerschutz im Wertpapiergeschäft, Die Bank 1995, 153 ff.

KIETHE/HEKTOR: Haftung für Anlageberatung und Vermögensverwaltung, DStR 1996, 547 ff.

KÖNDGEN: Die Haftung von Börseninformationsdiensten: Lücke im Anlegerschutz?, JZ 1978, 389 ff.

– Wieviel Aufklärung braucht ein Wertpapierkunde?, ZBB 1996, 361 ff.

KÜBLER: Anlageberatung durch Kreditinstitute, ZHR 145 (1981), 204 ff.

KÜMPEL: Die allgemeinen Verhaltensregeln des Wertpapierhandelsgesetzes, WM 1995, 689 ff.

LAMPERT: Die Aufklärungs- und Beratungspflichten bei der Vermögensanlage und deren Anwendung auf neue Entwicklungen im Anlagegeschäft, WiB 1995, 501 ff.

LANG: Aufklärungspflichten bei der Anlageberatung, 1995.

PLÜCK/SCHMUTZLER/KÜHN: Kapitalmarktrecht – Gesetzliche Regelungen und Haftungsrisiken für Finanzdienstleister, 1999.

POTTHOFF: Aufklärungs- und Beratungspflichten bei Optionsscheingeschäften – Anmerkungen zu OLG Frankfurt a.M., WM 1993, 684.

RAESCHLE-KESSLER: Bankenhaftung bei der Anlageberatung über neue Finanzprodukte, WM 1993, 1830 ff.

REUL: Informationspflicht und Informationsrisiko der Banken im Kapitalanlagegeschäft, Anlagepraxis 1983, 315 ff.

ROTH: Beweismaß und Beweislast bei der Verletzung von bankvertraglichen Aufklärungs- und Beratungspflichten, ZHR 154 (1990) 513 ff.

SCHARRENBERG: Zur Haftung der Kreditinstitute für die Verletzung von Aufklärungs-, Warn- und Beratungspflichten, Sparkasse 1993, 490 ff.

– Die Dokumentation in der Anlageberatung nach den §§ 31, 34 Wertpapierhandelsgesetz, Sparkasse 1995, 108 ff.

SCHLUND: Schadensersatzansprüche von Kapitalanlegern in „steuerbegünstigten" Anlagen und deren Verjährung, BB 1984, 1437 ff.

SCHWENNICKE: Die neuere Rechtsprechung zur Börsentermingeschäftsfähigkeit und zu den Aufklärungs- und Beratungspflichten bei Börsentermingeschäften, WM 1997, 1265 ff.

V. STEBUT: Aufklärungspflichten und Haftungsrisiken von Finanzdienstleistern, ZIP 1992, 1698 ff.

STODOLKOWITZ: Beweislast und Beweiserleichterung bei der Schadenursächlichkeit von Aufklärungspflichtverletzungen, VersR 1994, 11 ff.

TILP: Aufklärungspflicht einer Bank bei Abschluss von Devisentermingeschäften?, DB 1992, 203 ff.

TRÜTER: Anrechnung von Steuervorteilen im Wege der Vorteilsausgleichung – Schadenberechnung bei gescheiterten steuerbegünstigten Kapitalanlagen, BB 1986, 269 ff.

VORTMANN: Die neuere Rechtsprechung zu den Aufklärungs- und Beratungspflichten der Banken, WM 1989, 1557 ff.

WEBER: Deutsches Kapitalmarktrecht im Umbruch, NJW 1994, 2849 ff.

WERNER/MACHUNSKY: Bankenhaftung für Börsenverluste, 1989.

– Rechte und Ansprüche geschädigter Kapitalanleger, 3. Aufl. 1991.

WOLF: Prospekthaftung und Verschulden bei Vertragsschluss, NJW 1994, 24 ff.

WUNDERLICH: Zivilprozessuale Möglichkeiten für ein gemeinschaftliches Vorgehen geschädigter Kapitalanleger, DB 1993, 2269 ff.

Glossar

Abmahnung
Eine von einem Wettbewerber, Verband etc. an einen Störer gerichtete außergerichtliche Aufforderung, sich für die Zukunft zu verpflichten, einen bereits begangenen oder bevorstehenden Wettbewerbsverstoß zu unterlassen, verbunden mit der Androhung gerichtlicher Maßnahmen für den Fall, dass die verlangte Erklärung nicht fristgerecht abgegeben wird.

Abschlussvermittlung
Finanzdienstleistung in Form der offenen Stellvertretung (§ 1 Abs. 1 a Satz 2 Nr. 2 KWG). Sie deckt sich mit der Tätigkeit des Abschlussmaklers im Sinne des § 34 c GewO, sofern er eine Partei bei Abschluss des Geschäftes vertritt; andernfalls fällt die Tätigkeit unter Anlagevermittlung.

Aktien
Sind in diesem Zusammenhang die die Mitgliedschaft bei einer Aktiengesellschaft verbriefenden Urkunden. Sie können gemäß § 10 AktG auf den Inhaber (Inhaberaktie) oder auf den Namen (Namensaktie) lauten. Daneben kennt das Aktienrecht noch die vinkulierte Aktie, die nur mit Zustimmung der Gesellschaft verkauft werden darf.

Allgemeine Geschäftsbedingungen
Alle für eine Vielzahl von Verträgen vorformulierten Vertragsbedingungen, die der Verwender der anderen Vertragspartei bei Abschluss eines Vertrages einseitig auferlegt. Auf den Umfang und die Form kommt es nicht an. AGB liegen dann nicht vor, wenn die Vertragsbedingungen zwischen den Parteien im Einzelnen ausgehandelt worden sind.

Anfangskapital
Gesetzliche Vorgaben nach dem Kreditwesengesetz für die zukünftige Eigenmittelausstattung von Finanzdienstleistungsinstituten und Kreditinstituten. Hiernach benötigen z.B. Anlagevermittler, Abschlussvermittler und Finanzportfolioverwalter ein A. im Gegenwert von 50 000 ECU. Andere Finanzdienstleistungsinstitute, die ebenfalls nicht auf eigene Rechnung mit Finanzinstrumenten handeln, sowie Wertpapierhandelsbanken einen Betrag im Gegenwert von mindestens 125 000 ECU.

Anlageberatung
Eine allgemeingültige Definition fehlt. Die Abgrenzung zur Anlagevermittlung ist in der Praxis schwierig. Gegenstand der Anlageberatung ist neben der Information über Tatsachen die fachkundige Bewertung und Beurteilung der Kapitalanlage unter Beachtung der besonderen persönlichen und wirtschaftlichen Verhältnisse des Kunden. Vom Anlageberater wird eine persönliche und fachkundige Beratung verlangt. Er handelt überwiegend im Auftrag des Kunden und nimmt hierbei besonderes persönliches Vertrauen des Anlegers in Anspruch.

Anlagevermittlung
Finanzdienstleistung nach § 1 Abs. 1 a Satz 2 Nr. 1 KWG. Gegenstand der A. ist die Vermittlung von Geschäften über die Anschaffung und die Veräußerung von Finanzinstrumenten oder deren Nachweis.

Anlegerprofil
Kurze, grob überschlägige Analyse der Situation und der Ziele des Anlegers in Aufzeichnung als Beratungs- und Vermittlungsgrundlage.

Anlegerschutzgesetze
Zivil- und strafrechtliche Normen, die neben anderen Rechtsgütern auch dem Schutz der Anleger dienen, z.B. Kapitalanlagebetrug § 264 a StGB, Börsenstrafrecht, Haustürwiderrufsgesetz.

Anteilscheine der Kapitalanlagegesellschaft
Urkunden, die den Anteil des Einlegers am Sondervermögen der Kapitalanlagegesellschaft verkörpern, §§ 1 Abs. 1, 6, 11 KAGG. Der A. ist ein Wertpapier eigener Art. Er verbrieft nicht nur die Ansprüche der Anteilinhaber gegenüber der Kapitalanlagegesellschaft aus dem Investmentvertrag auf Anlage und Verwaltung der Wertpapiere, Ausschüttung der Erträgnisse und auf Rücknahme des Anteilscheins, sondern auch die Teilhaberschaft am Sondervermögen.

Auskunft
Der Auskunfts- und Ratserteilung liegt regelmäßig eine bloße Gefälligkeit zugrunde. A. ist aber häufig Bestandteil oder Nebenpflicht eines besonderen, auf Beratung gerichteten Vertrages.

Bankgeschäfte
In § 1 Abs. 1 Satz 2 Nrn. 1 bis 12 KWG definiert; es handelt sich dabei um: Einlagengeschäft, Kreditgeschäft, Diskontgeschäft, Finanzkommissionsgeschäft, Depotgeschäft, Investmentgeschäft, Eingehung der Verpflichtung, Darlehensforderungen vor Fälligkeit zu erwerben, Garantiegeschäft, Girogeschäft, Emissionsgeschäft, Geldkartengeschäft und Netzgeldgeschäft.

Besondere Sachkenntnis
Haftungskriterium bei der gesetzlich nicht geregelten Prospekthaftung.

Besonderes Vertrauen
Haftungskriterium bei der gesetzlich nicht geregelten Prospekthaftung.

Beteiligungsgesellschaft
Unternehmen, an dem sich Gesellschafter beteiligen. Beteiligungen an Handelsgesellschaften ist in folgenden Formen möglich: Eintritt als Gesellschafter in eine offene Handelsgesellschaft, Kommanditgesellschaft, Gesellschaft mit beschränkter Haftung, durch Gründung einer stillen Gesellschaft, durch Erwerb von Aktien an einer Aktiengesellschaft

oder Kommanditgesellschaft auf Aktien, Eintritt als Mitglied (Genosse) in eine Genossenschaft. Im Rahmen von Kapitalanlagen regelmäßig unter dem Stichwort Publikumsgesellschaften relevant.

Börsentermingeschäft
Kaufvertrag über Waren (Warentermingeschäft) oder Wertpapiere, die einen Börsenpreis haben. Beim Vertragsschluss wird ein späterer Zeitpunkt als Erfüllungstermin festgelegt, aber der Kaufpreis sofort vereinbart; er wird durch den später sich ergebenden Markt- oder Börsenpreis nicht beeinflusst.

Börsentermingeschäftsfähigkeit
Ein Börsentermingeschäft, das mit einem Nichtkaufmann abgeschlossen wird, ist unverbindlich, wenn dieser vor Abschluss des Geschäfts nicht in ausreichender – schriftlicher – Form über die Risiken von Börsentermingeschäften aufgeklärt worden ist.

Culpa in contrahendo
siehe Verschulden bei Vertragsschluss

Deliktsrecht
siehe unerlaubte Handlung

Depotgeschäft
Bankgeschäft gemäß § 1 Abs. 1 Satz 2 Nr. 5 KWG. Gegenstand des D. ist die gewerbsmäßige Verwaltung und die Verwahrung von Wertpapieren für andere.

Derivate
Finanzinstrumente nach § 1 Abs. 11 KWG. D. sind als Festgeschäfte oder Optionsgeschäfte ausgestaltete Termingeschäfte, deren Preis unmittelbar oder mittelbar abhängt von dem Börsen- oder Marktpreis von Wertpapieren, dem Börsen- oder Marktpreis von Geldmarktinstrumenten, dem Kurs von Devisen- oder Rechnungseinheiten, Zinssätzen oder anderen Erträgen oder dem Börsen- oder Marktpreis von Waren oder Edelmetallen. Der Begriff der D. erfasst beide Grundformen des Termingeschäfts: Das Festgeschäft, vor allem in Form des Terminkaufs, und das Optionsgeschäft, auch in der Form der Übernahme von Stillhalteverpflichtungen.

Diskontgeschäft
Bankgeschäft nach § 1 Abs. 1 Satz 2 Nr. 3 KWG. Gegenstand des D. ist der Ankauf von Wechseln und Schecks.

Drittstaateneinlagenvermittlung
Geschäftsgegenstand der Finanzdienstleistungsinstitute nach § 1 Abs. 1 a Satz 2 Nr. 5 KWG. Gegenstand der D. ist die Vermittlung von Einlagengeschäften mit Unternehmen mit Sitz außerhalb des Europäischen Wirtschaftsraums.

Effekten
Begriff für Wertpapiere, insbesondere Aktien, Zins-, Gewinnanteil- und Erneuerungsscheine, ferner andere Wertpapiere, soweit sie vertretbar sind, d.h. durch ein anderes Wertpapier mit gleichlautendem Inhalt beliebig ersetzt werden können. Keine Wertpapiere sind
z.B. Wechsel, Schecks.

Eigenhandel
Finanzdienstleistung nach § 1 Abs. 1 a Satz 2 Nr. 4 KWG. Gegenstand des E. ist die Anschaffung und die Veräußerung von Finanzinstrumenten im Wege des Eigenhandels für
andere.

Eigenmittel
§ 10 KWG enthält detaillierte Vorschriften für die Eigenmittel und Liquidität der Kredit-
und Finanzdienstleistungsinstitute. Die E. setzen sich zusammen aus dem Kernkapital,
dem Ergänzungskapital und den Drittrangmitteln.

Einlagengeschäft
Bankgeschäft nach § 1 Abs. 1 Satz 2 Nr. 1 KWG. Gegenstand des E. ist die Annahme
fremder Gelder als Einlagen oder anderer rückzahlbarer Gelder des Publikums, sofern der
Rückzahlungsanspruch nicht in Inhaber- oder Orderschuldverschreibungen verbrieft wird
– ohne Rücksicht darauf, ob Zinsen vergütet werden.

Einlagenkreditinstitut
Kreditinstitut, das Einlagen oder andere rückzahlbare Gelder des Publikums entgegennimmt und das Kreditgeschäfte betreibt.

Emission
Ausgabe neuer Wertpapiere oder Geschäftsanteile.

Emissionsgeschäft
Gemäß § 1 Abs. 1 Nr. 10 KWG Bankgeschäft und hat die Übernahme von Finanzinstrumenten für eigenes Risiko zur Platzierung oder die Übernahme gleichwertiger Garantien
zum Gegenstand.

Erfüllungsgehilfe
Wer mit Willen des Schuldners bei der Erfüllung von dessen Verbindlichkeit tätig wird.
Der Schuldner hat Verschulden des E. im gleichen Umfang zu vertreten wie eigenes. Ein
Entlastungsbeweis (Exkulpation) wie beim Verrichtungsgehilfen ist nicht möglich.

Erneuerungsscheine
Papiere, die zum Empfang neuer Zins- oder Gewinnanteilscheine berechtigen (Talons).
Sie sind nicht dazu bestimmt, selbständig in Umlauf gebracht zu werden.

Europäischer Pass
Gestattet die Errichtung von Zweigniederlassungen und Erbringung von grenzüberschreitenden Dienstleistungen in anderen Staaten des Europäischen Wirtschaftsraums.

Festgeschäft
Im Unterschied zum Optionsgeschäft ist das F. zwischen Abschluss und Fälligkeit ein beiderseits noch nicht erfülltes schwebendes Geschäft. Beide Parteien haben aus ihm Rechte und Pflichten. Der Terminkauf ist z.B. dadurch gekennzeichnet, dass der Kaufgegenstand zu einem hinausgeschobenen, fest definierten Zeitpunkt zu liefern und zu bezahlen ist.

Finanzdienstleistungsinstitut
Gesetzliche Definition gem. § 1 Abs. 1a KWG für alle inländischen Unternehmen, die Finanzdienstleistungen für andere oder in einem Umfang erbringen, der einen in kaufmännischer Weise eingerichteten Geschäftsbetrieb erfordert. Diese bedürfen der Erlaubnis des Bundesaufsichtsamts für das Kreditwesen und unterliegen dessen Aufsicht.

Finanzdienstleistungsvermittler
Bezeichnung aus dem Gesetzentwurf zur Ausübung der Tätigkeit als F. und Versicherungsvermittler. F. ist, wer gewerbsmäßig den Abschluss von Verträgen über Darlehen mit Ausnahme von Geldmaklergeschäften nach § 1 Abs. 3 Satz 1 Nr. 8 KWG, Bausparfinanzierungen (Bausparverträge), den Erwerb von Anteilen, die eine Beteiligung am Ergebnis eines Unternehmens gewähren, den Erwerb von Anteilen an einem Vermögen, das ein Unternehmen im eigenen Namen, jedoch für fremde Rechnung verwaltet (Treuhandvermögen), Schuldverschreibungen oder sonstige Finanzanlagen vermittelt. Für F. ist eine Registrierung vorgesehen.

Finanzinstrumente
§ 1 Abs. 11 KWG definiert F. als Oberbegriff für bestimmte Finanzdienstleistungen sowie das Finanzkommissions- und das Emissionsgeschäft. Hierunter werden vier Gattungen von Finanzprodukten zusammengefasst:
- Handelbare Wertpapiere,
- Geldmarktinstrumente,
- Devisen- oder Rechnungseinheiten,
- Derivate.

Finanzkommissionsgeschäft
Bankgeschäft nach § 1 Abs. 1 Satz 2 Nr. 4 KWG. Gegenstand des F. ist die Anschaffung und Veräußerung von Finanzinstrumenten im eigenen Namen für fremde Rechnung.

Finanzportfolioverwaltung
Im Rahmen von § 1 Abs. 1 a Satz 3 KWG erfasst die F. die Verwaltung von Finanzinstrumenten, die dem Verwalter einen Entscheidungsspielraum bei Anlageentscheidungen einräumt. In den Portfolios können auch Vermögen verschiedener Kunden zusammengefasst werden. Soweit es um Wertpapiere geht, hat der Portfolioverwalter die Papiere auf einem Depotkonto des Kunden bei einem Unternehmen, das zum Betreiben des Depotgeschäfts befugt ist, verwahren zu lassen, andernfalls bedarf er einer Erlaubnis zum Betreiben des Depotgeschäfts und ist als Kreditinstitut zu qualifizieren.

Finanztransfergeschäft
Finanzdienstleistung nach § 1 Abs. 1 a Satz 2 Nr. 6 KWG; hierunter fällt der gewerbsmäßige, insbesondere nicht kontengebundene Transfer von Geld als Dienstleistung für andere.

Finanzunternehmen
Unternehmen, die keine Institute im Sinne des KWG sind und deren Haupttätigkeit darin besteht, Beteiligungen zu erwerben, Geldforderungen entgeltlich zu erwerben, Leasingverträge abzuschließen, Kreditkarten oder Reiseschecks auszugeben oder zu verwalten, mit Finanzinstrumenten für eigene Rechnung zu handeln, andere bei der Anlage in Finanzinstrumenten zu beraten (Anlageberatung), Unternehmen über die Kapitalstruktur, die industrielle Strategie und die damit verbundenen Fragen zu beraten sowie bei Zusammenschlüssen und Übernahmen von Unternehmen diese zu beraten und ihnen Dienstleistungen anzubieten oder Darlehen zwischen Kreditinstituten zu vermitteln (§ 1 Abs. 3 KWG).

Freizeichnung
Vertragliche Haftungsbeschränkung, überwiegend in Allgemeinen Geschäftsbedingungen. F. in Allgemeinen Geschäftsbedingungen für Fahrlässigkeit – nicht für Vorsatz – ist nur in bestimmten Grenzen möglich (§ 11 Nr. 7 AGB-Gesetz).

Geldkartengeschäft
Bankgeschäft nach § 1 Abs. 1 Satz 2 Nr. 11 KWG. Gegenstand des G. ist die Ausgabe vorausbezahlter Karten zu Zahlungszwecken, es sei denn, der Kartenemittent ist auch der Leistungserbringer, der die Zahlung aus der Karte erhält.

Geldmarktinstrumente
Finanzinstrumente nach § 1 Abs. 11 KWG. Der Begriff der G. ist als Auffangtatbestand gedacht. Zu den G. gehören insbesondere nicht wertpapiermäßig verbriefte oder als Wertrechte ausgestaltete Forderungsrechte, die auf dem Geldmarkt gehandelt werden. Es handelt sich im Wesentlichen um kürzerfristige Schuldscheindarlehen, bestimmte Unternehmensgeldmarktpapiere, Deposit Notes, Finanzierungs-Fazilitäten und Finanz-Swaps. Nicht zu den G. gehören z.B. Termingelder und Sparbriefe.

Gemischtes Wertpapier- und Grundstücks-Sondervermögen
Mit dem Dritten Finanzmarktförderungsgesetz neu zugelassener Investmentfondstyp.

Genussschein
Wertpapier (i.d.R. eine Inhaberschuldverschreibung), in dem ein Genussrecht verbrieft wird, d.h. ein Recht, das eine Aktiengesellschaft einer Person einräumt, ohne dass dieses Recht mit der durch die Aktie verbrieften Mitgliedschaft verbunden ist. Meistens besteht das Genussrecht in einem Anteil am Reingewinn.

Geschäftsbetrieb, kaufmännischer
Unter k.G. versteht das HGB einen in kaufmännischer Weise eingerichteten Gewerbebetrieb. Er wird unter einer Handelsfirma betrieben und erfordert eine kaufmännische Buchhaltung.

Gewerbe, gewerbsmäßig
Jede erlaubte, auf Gewinn gerichtete und auf gewisse Dauer angelegte Tätigkeit, ausgenommen die Urproduktion und die freien Berufe.

Gewinnanteilscheine
Auch Dividendenscheine genannt. Sie sind den Zinsscheinen entsprechende Nebenpapiere zu Aktien. Im Unterschied zu den Zinsscheinen geben sie keinen Anspruch auf einen bestimmten Zins, sondern auf einen Teil des von der Aktiengesellschaft erzielten Gewinns.

Gewinnerzielung
Damit eine unternehmerische Beteiligung die gewünschten steuerlichen Effekte bringt, muss die Tätigkeit des Anlegers mit der Absicht der G. betrieben werden (§ 15 Abs. 2 und 3 EStG); Gegenteil: Liebhaberei. Es kommt darauf an, dass ein Totalüberschuss unter Einbeziehung eines etwaigen Veräußerungs- bzw. Aufgabegewinns erzielt wird. G. bedeutet das Streben nach einem über die gesamte Zeit der unternehmerischen Beteiligung per Saldo verbleibenden Gewinn. D.h. dass die Summe aller steuerlichen Jahresgewinne während der voraussichtlichen Dauer der wirtschaftlichen Beteiligung positiv sein muss.

Girogeschäft
Gemäß § 1 Abs. 1 Nr. 9 KWG Bankgeschäft und hat die Durchführung des bargeldlosen Zahlungsverkehrs und des Abrechnungsverkehrs zum Gegenstand.

Grauer Kapitalmarkt (auch „freier Kapitalmarkt")
Kritische Bezeichnung für alle durch freie Finanzdienstleister außerhalb der Kreditinstitute angebotenen Kapitalanlagen.

Handelsbuch
Beim H. handelt es sich im Wesentlichen um den Bestand an Finanzinstrumenten, die ein Institut für Zwecke des Eigenhandels hält und die ein Marktpreisrisiko in sich bergen. Hierzu gehören insbesondere Wertpapiere, Geldmarktinstrumente sowie Finanzderivate wie Zinsterminkontrakte, Optionen, Zins- und Währungsswaps.

Handelsmakler
Makler, der gewerbsmäßig Geschäfte vermittelt, die Gegenstand des Handelsverkehrs sind, insbesondere Waren, Wertpapiere, Versicherungen. Der H. ist Kaufmann. Die Tätigkeit des H. ist von der Tätigkeit des Handelsvertreters abzugrenzen.

Handelsvertreter
Selbständiger Gewerbetreibender, der damit betraut ist, für einen anderen Unternehmer Geschäfte zu vermitteln oder in dessen Namen abzuschließen.

Investmentgeschäft
Nach § 1 Abs. 1 Satz 2 Nr. 6 KWG Bankgeschäft und hat die in § 1 des Gesetzes über Kapitalanlagegesellschaften (KAGG) bezeichneten Geschäfte zum Gegenstand.

Kapitalanlagegesellschaft

Gemäß § 1 Abs. 1 KAGG Kreditinstitute, deren Geschäftsbereich darauf gerichtet ist, bei ihnen eingelegte Gelder im eigenen Namen für gemeinschaftliche Rechnung der Einleger (Anteilinhaber) nach dem Grundsatz der Risikomischung in den nach dem Gesetz über Kapitalanlagegesellschaften zugelassenen Vermögensgegenständen, gesondert vom eigenen Vermögen, in Form von Geldmarkt-, Wertpapier-, Beteiligungs-, Investmentfondsanteil-, Grundstücks-, Gemischten Wertpapier- und Grundstücks- oder Altersvorsorge-Sondervermögen anzulegen und über die hieraus sich ergebenen Rechte der Anteilinhaber Urkunden (Anteilscheine) auszustellen.

Kapitalgesellschaft

K. besitzen als juristische Personen Rechtsfähigkeit. Besondere Merkmale der K.: Die Anteile können grundsätzlich frei veräußert und vererbt werden, die Gesellschafter haften nicht persönlich und die persönliche Mitarbeit der Gesellschafter ist nicht notwendig. K. sind insbesondere die AG, die Kommanditgesellschaft auf Aktien und die GmbH. Den Gegensatz zur K. bilden die Personengesellschaften.

Kreditgeschäft

Bankgeschäft nach § 1 Abs. 1 Satz 2 Nr. 2 KWG. Gegenstand des K. ist die Gewährung von Gelddarlehen und Akzeptkrediten.

Kreditinstitut

Nach § 1 Abs. 1 KWG Unternehmen, die Bankgeschäfte gewerbsmäßig oder in einem Umfang betreiben, der einen in kaufmännischer Weise eingerichteten Geschäftsbetrieb erfordert.

Kuxe

Urkunden, die die Mitgliedschaft in einer bergrechtlichen Gewerkschaft verbriefen. Kuxe lauten – im Gegensatz zur Aktie – niemals auf einen festen Nennbetrag. Sie werden in Stücken gehandelt.

Mitunternehmerschaft

M. setzt Mitunternehmerinitiative und Mitunternehmerrisiko voraus. Für die Annahme der Mitunternehmerinitiative ist es erforderlich, dass die nach den gesetzlichen Bestimmungen, etwa § 166 HGB oder § 716 BGB, vorgesehenen Kontroll- und Mitwirkungsrechte ungeschmälert vorhanden sind. Mitunternehmerrisiko liegt nach allgemeiner Auffassung für jeden Gesellschafter vor, der am Erfolg und am Misserfolg des Unternehmens teilhat. Neben einer Beteiligung am laufenden Gewinn oder Verlust ist auch eine Beteiligung an den stillen Reserven im Falle einer Liquidation oder des Ausscheidens erforderlich.

Mitverschulden

Hat bei der Entstehung des Schadens ein Verschulden des Geschädigten mitgewirkt, so hängt der Umfang der Verpflichtung zum Schadenersatz von den Umständen des Einzelfalles ab, insbesondere davon, inwieweit der Schaden vorwiegend von dem einen oder dem anderen Teil verursacht und verschuldet ist.

Netzgeldgeschäft
Bankgeschäft nach § 1 Abs. 1 Satz 2 Nr. 12 KWG. Gegenstand des N. ist die Schaffung und die Verwaltung von Zahlungseinheiten in Rechnernetzen.

Optionsgeschäft
Ein O. in seiner typischen Form ist ein Vertrag, durch den einer Partei, dem Optionskäufer, das Recht (Option) eingeräumt wird, zu oder bis zu einem künftigen Zeitpunkt durch eine einseitige Willenserklärung ein Geschäft, z.B. den Kauf oder den Verkauf eines Wertpapiers, zu vorab festgelegten Konditionen abzuschließen. Die Gegenleistung des Optionskäufers besteht in der Zahlung einer Prämie, die er in der Regel bei Abschluss des O. zahlt. Der Optionskäufer hat bis zur Ausübung des Optionsrechts nur ein Recht, keine Pflichten (siehe auch Festgeschäft).

Personengesellschaft
Zusammenschluss mehrerer Personen zu einer Gesellschaft zur Verfolgung eines gemeinsamen Zwecks. Besondere Merkmale sind: zum Teil persönliche Haftung der Gesellschafter für Schulden, Übertragbarkeit und Vererblichkeit der Mitgliedschaft nur mit Zustimmung der anderen Gesellschafter und die fehlende Rechtsfähigkeit der Personengesellschaft.

Plausibilitätsprüfung
Prüfung auf Schlüssigkeit und Verständlichkeit (hier der Prospektangaben).

Positive Forderungsverletzung
Unter P. F. oder Positiver Vertragsverletzung werden alle schuldhaften Leistungsstörungen verstanden, die nicht zur Unmöglichkeit der Leistung oder zum Verzug führen; z.B. Verletzungen von Nebenpflichten, vertragswidriges Verhalten, aber auch Unterlassungen wie mangelhafte Unterrichtung und Aufklärung. Die F. macht schadenersatzpflichtig.

Prospekt
Jedes Schriftstück, das für die Beurteilung der Kapitalanlage erhebliche Angaben enthält oder den Eindruck eines solchen Inhaltes erwecken soll.

Prospekthaftung
Neben den spezialgesetzlich geregelten Prospekthaftungsansprüchen im Börsengesetz, Verkaufsprospektgesetz, Gesetz über Kapitalanlagegesellschaften usw. besteht das Rechtsinstitut der Prospekthaftung im engeren und im weiteren Sinne. Die Grundlagen dieser Prospekthaftung ergeben sich zum Teil aus den gesetzlichen Bestimmungen, die von der Rechtsprechung im Interesse des Anlegerschutzes fortentwickelt wurden. Den Umfang der Informationspflichten beim Vertrieb von Kapitalanlagen bestimmt die Rechtsprechung unter Bezugnahme auf die P., die wiederum auf das Rechtsinstitut des Verschuldens bei Vertragsschluss gestützt wird. Man unterscheidet die P. im engeren Sinne – die auch als typisierte Vertrauenshaftung bezeichnet wird – und die P. im weiteren Sinne. P. im engeren Sinne trifft vor allem die Initiatoren und Gründer, die das Management der Beteiligungsgesellschaft bilden und die Personen, die besonderen Einfluss auf die Gesellschaft ausüben und Mitverantwortung tragen. Weiterhin die Personen, die mit Rücksicht auf ihre besondere berufliche Stellung oder aufgrund ihrer Eigenschaft als berufsmäßige Sachkenner eine Ga-

rantenstellung einnehmen, soweit sie durch ihr nach außen in Erscheinung tretendes Mitwirken am Prospekt einen Vertrauenstatbestand geschaffen haben. Wegen P. im weiteren Sinne haftet, wer aufgrund persönlich in Anspruch genommenen Vertrauens einer selbständigen Aufklärungspflicht nachzukommen hat, bei deren Erfüllung er sich inhaltlich zu beanstandender Prospekte bedient. Weiterhin der, der einen zusätzlichen Vertrauenstatbestand dadurch geschaffen hat, dass er dem Anleger gegenüber als Garant für die Richtigkeit der Prospektangaben erscheint.

Prospekthaftungsansprüche
Ansprüche auf Schadenersatz, die sich auf Grund der gesetzlich geregelten und der von der Rechtsprechung entwickelten Prospekthaftung im engeren und weiteren Sinne ergeben.

Publikumsgesellschaft
Bezeichnung für eine auf Beitritt zahlreicher Kapitalanleger angelegte Gesellschaft. Dieser gesellschaftsrechtliche Sondertypus verbindet die steuerlichen Vorzüge der Personengesellschaft mit den organisatorischen und haftungsrechtlichen Vorzügen einer Kapitalgesellschaft (z.B. AG, GmbH). Die möglichen Gestaltungsformen sind vielfältig. Sie wurden insbesondere durch die sogenannte Abschreibungsbranche geprägt. Am bekanntesten sind die Kommanditgesellschaft in der Form der GmbH & Co. KG sowie die (atypische) stille Gesellschaftsbeteiligung an einer Kapitalgesellschaft.

Schuldverschreibungen
Man unterscheidet auf den Inhaber lautende S., sog. Inhaberschuldverschreibungen, § 793 BGB (z.B. Pfandbriefe, Kommunalobligationen, Anleihen der öffentlichen Hand, Schatzanweisungen) und durch Indossament übertragbare S., sog. Orderschuldverschreibungen, § 363 HGB (z.B. Industrieobligationen).

Sortengeschäft
Der Handel mit Sorten ist Tätigkeit der Finanzdienstleistungsinstitute nach § 1 Abs. 1 a Satz 2 Nr. 7 KWG.

Stille Beteiligung
Eine Beteiligung, bei der sich jemand als stiller Teilhaber an dem Handelsgewerbe eines Kaufmanns mit einer Einlage beteiligt, die in das Vermögen des tätigen Teilhabers übergeht. Erscheinungsformen typisch und atypisch still. Von einer typisch stillen Beteiligung spricht man, wenn der Beteiligte nur am laufenden Gewinn und Verlust beteiligt ist. Der typisch stille Beteiligte wird steuerlich nicht als Mitunternehmer qualifiziert. Eine atypisch stille Beteiligung liegt regelmäßig dann vor, wenn der Beteiligte am laufenden Betriebsvermögen und schuldrechtlich am Gesellschaftsvermögen einschließlich der Rücklagen, den offenen und stillen Reserven, dem Geschäfts- und Firmenwert einschließlich der eintretenden Wertsteigerung partizipiert und bestimmte Kontroll- und Mitwirkungsrechte hat. Der atypisch still Beteiligte ist steuerlich Mitunternehmer.

Typisierte Vertrauenshaftung
Andere Bezeichnung für Ansprüche nach dem Rechtsinstitut der Prospekthaftung im engeren Sinne.

Unerlaubte Handlung

U. H. (Delikt) ist der widerrechtliche Eingriff in ein vom Gesetz geschütztes Rechtsgut, durch den ein Schaden eintritt (§§ 823 ff. BGB).

Verschulden bei Vertragsschluss

Bereits bei Eintritt in Vertragsverhandlungen entsteht zwischen den Beteiligten ein vertragsähnliches Vertrauensverhältnis, bei dessen schuldhafter Verletzung der Betreffende auf Schadenersatz haftet (auch culpa in contrahendo oder c.i.c.).

Versicherungsvermittler

Bezeichnung im Gesetzentwurf zur Ausübung der Tätigkeit als Finanzdienstleistungs- und Versicherungsvermittler. V. im Sinne des Gesetzentwurfes ist, wer gewerbsmäßig den Abschluss von Verträgen über Versicherungen vermittelt oder solche Verträge im Namen eines Versicherungsunternehmens abschließt. Nach dem Gesetzentwurf ist für V. eine Registrierung vorgesehen.

Wertpapierdienstleistungen

In § 2 Abs. 3 WpHG aufgeführt; es handelt sich dabei um die Anschaffung und die Veräußerung von Wertpapieren, Geldmarktinstrumenten oder Derivaten im eigenen Namen für fremde Rechnung, die Anschaffung und die Veräußerung von Wertpapieren, Geldmarktinstrumenten oder Derivaten im Wege des Eigenhandels für andere, die Anschaffung und die Veräußerung von Wertpapieren, Geldmarktinstrumenten oder Derivaten im fremden Namen für fremde Rechnung, die Vermittlung oder den Nachweis von Geschäften über die Anschaffung und die Veräußerung von Wertpapieren, Geldmarktinstrumenten oder Derivaten, die Übernahme von Wertpapieren, Geldmarktinstrumenten oder Derivaten für eigenes Risiko zur Platzierung oder die Übernahme gleichwertiger Garantien und die Verwaltung einzelner in Wertpapieren, Geldmarktinstrumenten oder Derivaten angelegter Vermögen für andere mit Entscheidungsspielraum.

Zinsscheine

Nebenpapiere von Wertpapieren mit festverzinslichen Forderungen. Sie müssen zur Geltendmachung von Zinsen vorgelegt werden (Kupons). Sie können von dem Hauptpapier losgelöst in Umlauf gebracht werden.

Anhang:
Auszüge aus Gesetzestexten

Anhang 1: Kreditwesengesetz (KWG)

§ 1 Begriffsbestimmungen

(1) Kreditinstitute sind Unternehmen, die Bankgeschäfte gewerbsmäßig oder in einem Umfang betreiben, der einen in kaufmännischer Weise eingerichteten Geschäftsbetrieb erfordert. Bankgeschäfte sind

1. die Annahme fremder Gelder als Einlagen oder anderer rückzahlbarer Gelder des Publikums, sofern der Rückzahlungsanspruch nicht in Inhaber- oder Orderschuldverschreibungen verbrieft wird, ohne Rücksicht darauf, ob Zinsen vergütet werden (Einlagengeschäft),
2. die Gewährung von Gelddarlehen und Akzeptkrediten (Kreditgeschäft),
3. der Ankauf von Wechseln und Schecks (Diskontgeschäft),
4. die Anschaffung und die Veräußerung von Finanzinstrumenten im eigenen Namen für fremde Rechnung (Finanzkommissionsgeschäft),
5. die Verwahrung und die Verwaltung von Wertpapieren für andere (Depotgeschäft),
6. die in § 1 des Gesetzes über Kapitalanlagegesellschaften bezeichneten Geschäfte (Investmentgeschäft),
7. die Eingehung der Verpflichtung, Darlehensforderungen vor Fälligkeit zu erwerben,
8. die Übernahme von Bürgschaften, Garantien und sonstigen Gewährleistungen für andere (Garantiegeschäft),
9. die Durchführung des bargeldlosen Zahlungsverkehrs und des Abrechnungsverkehrs (Girogeschäft),
10. die Übernahme von Finanzinstrumenten für eigenes Risiko zur Platzierung oder die Übernahme gleichwertiger Garantien (Emissionsgeschäft),
11. die Ausgabe vorausbezahlter Karten zu Zahlungszwecken, es sei denn, der Kartenemittent ist auch der Leistungserbringer, der die Zahlung aus der Karte erhält (Geldkartengeschäft), und
12. die Schaffung und die Verwaltung von Zahlungseinheiten in Rechnernetzen (Netzgeldgeschäft).

(1a) Finanzdienstleistungsinstitute sind Unternehmen, die Finanzdienstleistungen für andere gewerbsmäßig oder in einem Umfang erbringen, der einen in kaufmännischer Weise eingerichteten Geschäftsbetrieb erfordert, und die keine Kreditinstitute sind. Finanzdienstleistungen sind

1. die Vermittlung von Geschäften über die Anschaffung und Veräußerung von Finanzinstrumenten oder deren Nachweis (Anlagevermittlung),
2. die Anschaffung und die Veräußerung von Finanzinstrumenten im fremden Namen für fremde Rechnung (Abschlussvermittlung),
3. die Verwaltung einzelner in Finanzinstrumenten angelegter Vermögen für andere mit Entscheidungsspielraum (Finanzportfolioverwaltung),
4. die Anschaffung und die Veräußerung von Finanzinstrumenten im Wege des Eigenhandels für andere (Eigenhandel),
5. die Vermittlung von Einlagengeschäften mit Unternehmen mit Sitz außerhalb des Europäischen Wirtschaftsraums (Drittstaateneinlagenvermittlung),
6. die Besorgung von Zahlungsaufträgen (Finanztransfergeschäft) und
7. der Handel mit Sorten (Sortengeschäft)

(1b) Institute im Sinne dieses Gesetzes sind Kreditinstitute und Finanzdienstleistungsinstitute.

(2) Geschäftsleiter im Sinne dieses Gesetzes sind diejenigen natürlichen Personen, die nach Gesetz, Satzung oder Gesellschaftsvertrag zur Führung der Geschäfte und zur Vertretung eines Instituts in der Rechtsform einer juristischen Person oder einer Personenhandelsgesellschaft berufen sind. In Ausnahmefällen kann das Bundesaufsichtsamt für das Kreditwesen (Bundesaufsichtsamt) auch eine andere mit der Führung der Geschäfte betraute und zur Vertretung ermächtigte Person widerruflich als Geschäftsleiter bezeichnen, wenn sie zuverlässig ist und die erforderliche fachliche Eignung hat; § 33 Abs. 2 ist anzuwenden. Wird das Institut von einem Einzelkaufmann betrieben, so kann in Ausnahmefällen unter den Voraussetzungen des Satzes 2 eine von dem Inhaber mit der Führung der Geschäfte betraute und zur Vertretung ermächtigte Person widerruflich als Geschäftsleiter bezeichnet werden. Beruht die Bezeichnung einer Person auf einem Antrag des Instituts, so ist sie auf Antrag des Instituts oder des Geschäftsleiters zu widerrufen.

(11) Finanzinstrumente im Sinne dieses Gesetzes sind Wertpapiere, Geldmarktinstrumente, Devisen oder Rechnungseinheiten sowie Derivate. Wertpapiere sind, auch wenn keine Urkunden über sie ausgestellt sind,

1. Aktien, Zertifikate die Aktien vertreten, Schuldverschreibungen, Genussscheine, Optionsscheine und
2. andere Wertpapiere, die mit Aktien oder Schuldverschreibungen vergleichbar sind, wenn sie an einem Markt gehandelt werden können; Wertpapiere sind auch Anteilscheine, die von einer Kapitalanlagegesellschaft oder einer ausländischen Investmentgesellschaft ausgegeben werden. Geldmarktinstrumente sind Forderungen, die nicht unter Satz 2 fallen und üblicherweise auf dem Geldmarkt gehandelt werden. Derivate sind als Festgeschäfte oder Optionsgeschäfte ausgestaltete Termingeschäfte, deren Preis unmittelbar oder mittelbar abhängt von

1. dem Börsen- oder Marktpreis von Wertpapieren,
2. dem Börsen- oder Marktpreis von Geldmarktinstrumenten,
3. dem Kurs von Devisen oder Rechnungseinheiten,
4. Zinssätzen oder anderen Erträgen oder
5. dem Börsen- oder Marktpreis von Waren oder Edelmetallen.

(12) Dem Handelsbuch im Sinne dieses Gesetzes sind zum Zweck der Ermittlung und der Anrechnung von Handelsbuch-Risikopositionen zuzurechnen

1. Finanzinstrumente, handelbare Forderungen und Anteile, die das Institut zum Zweck des Wiederverkaufs im Eigenbestand hält oder von dem Institut übernommen werden, um bestehende oder erwartete Unterschiede zwischen den Kauf- und Verkaufspreisen oder Preis- oder Zinsschwankungen kurzfristig zu nutzen, damit ein Eigenhandelserfolg erzielt wird,
2. Bestände und Geschäfte zur Absicherung von Marktrisiken des Handelsbuchs und damit im Zusammenhang stehende Refinanzierungsgeschäfte,
3. Aufgabegeschäfte sowie

4. Forderungen in Form von Gebühren, Provisionen, Zinsen, Dividenden und Einschüssen, die mit den Positionen des Handelsbuchs unmittelbar verknüpft sind.

Dem Handelsbuch sind auch Pensions-, Darlehens- sowie vergleichbare Geschäfte auf Positionen des Handelsbuchs zuzurechnen. Ihm sind nicht Devisen, Rechnungseinheiten und Derivate im Sinne des Absatzes 11 Satz 4 Nr. 5 zuzurechnen. Das Anlagebuch bilden alle Geschäfte eines Instituts, die nicht dem Handelsbuch zuzurechnen sind. Die Einbeziehung in das Handelsbuch hat nach institutsintern festgelegten nachprüfbaren Kriterien zu erfolgen, die dem Bundesaufsichtsamt und der Deutschen Bundesbank mitzuteilen sind; Änderungen der Kriterien sind dem Bundesaufsichtsamt und der Deutschen Bundesbank unverzüglich unter Darlegung der Gründe anzuzeigen. Die Umwidmung von Positionen in das Handelsbuch oder Anlagebuch ist in den Unterlagen des Instituts nachvollziehbar zu dokumentieren und zu begründen. Die Einhaltung der institutsintern festgelegten Kriterien hat der Abschlussprüfer im Rahmen der Jahresabschlussprüfung zu überprüfen und zu bestätigen.

§ 2 Ausnahmen

(6) Als Finanzdienstleistungsinstitute gelten nicht
1. die Deutsche Bundesbank;
2. die Kreditanstalt für Wiederaufbau;
3. die öffentliche Schuldenverwaltung des Bundes, eines seiner Sondervermögen, eines Landes oder eines anderen Staates des Europäischen Wirtschaftsraums und deren Zentralbanken;
4. private und öffentlich-rechtliche Versicherungsunternehmen;
5. Unternehmen, die Finanzdienstleistungen ausschließlich für ihr Mutterunternehmen oder ihre Tochter- oder Schwesterunternehmen erbringen;
6. Unternehmen, deren Finanzdienstleistung ausschließlich in der Verwaltung eines Systems von Arbeitnehmerbeteiligungen an den eigenen oder mit ihnen verbundenen Unternehmen besteht;
7. Unternehmen, die ausschließlich Finanzdienstleistungen im Sinne sowohl der Nummer 5 als auch der Nummer 6 erbringen;
8. Unternehmen, die als Finanzdienstleistungen im Sinne des § 1 Abs. 1 a Satz 2 Nr. 1 bis 4 ausschließlich die Anlage- und Abschlussvermittlung zwischen Kunden und
   a) einem Institut,
   b) einem nach § 53 b Abs. 1 Satz 1 oder Abs. 7 tätigen Unternehmen,
   c) einem Unternehmen, das auf Grund einer Rechtsverordnung nach § 53 c gleichgestellt ist, oder
   d) einer ausländischen Investmentgesellschaft
   betreiben, sofern sich diese Finanzdienstleistungen auf Anteilscheine von Kapitalanlagegesellschaften oder von ausländischen Investmentanteilen, die nach dem Auslandsinvestment-Gesetz vertrieben werden dürfen, beschränken und die Unternehmen nicht befugt sind, sich bei der Erbringung dieser Finanzdienstleistungen Eigentum oder Besitz an Geldern, Anteilscheinen oder Anteilen von Kunden zu verschaffen;

9. Unternehmen, die Finanzdienstleistungen ausschließlich an einer Börse, an der ausschließlich Derivate gehandelt werden, für andere Mitglieder dieser Börse erbringen und deren Verbindlichkeiten durch ein System zur Sicherung der Erfüllung der Geschäfte an dieser Börse abgedeckt sind;

10. Angehörige freier Berufe, die Finanzdienstleistungen nur gelegentlich im Rahmen ihrer Berufstätigkeit erbringen und einer Berufskammer in der Form der Körperschaft des öffentlichen Rechts angehören, deren Berufsrecht die Erbringung von Finanzdienstleistungen nicht ausschließt;

11. Unternehmen, deren Haupttätigkeit darin besteht, Geschäfte über Rohwaren mit gleichartigen Unternehmen, mit den Erzeugern oder den gewerblichen Verwendern der Rohwaren zu tätigen und die Finanzdienstleistungen nur für diese Personen und nur insoweit erbringen, als es für ihre Haupttätigkeit erforderlich ist;

12. Unternehmen, deren einzige Finanzdienstleistung der Handel mit Sorten ist, sofern ihre Haupttätigkeit nicht im Sortengeschäft besteht.

(9) Auf Anlagevermittler und Abschlussvermittler, die an Stelle des Anfangskapitals den Abschluss einer geeigneten Versicherung gemäß § 33 Abs. 1 Satz 2 nachweisen, finden die Vorschriften des § 24 a über die Errichtung einer Zweigniederlassung und den grenzüberschreitenden Dienstleistungsverkehr keine Anwendung.

(10) Ein Unternehmen gilt nicht als Finanzdienstleistungsinstitut, wenn es die Anlage- oder Abschlussvermittlung ausschließlich für Rechnung und unter der Haftung eines Einlagekreditinstituts oder Wertpapierhandelsunternehmens mit Sitz im Inland oder eines nach § 53 b Abs. 1 Satz 1 oder Abs. 7 tätigen Unternehmens oder unter der gesamtschuldnerischen Haftung solcher Institute oder Unternehmen ausübt, ohne andere Finanzdienstleistungen zu erbringen, und wenn dies dem Bundesaufsichtsamt von einem dieser haftenden Institute oder Unternehmen angezeigt wird. Seine Tätigkeit wird den Instituten oder Unternehmen zugerechnet, für deren Rechnung und unter deren Haftung es tätig wird. Ändern sich die von den haftenden Instituten oder Unternehmen angezeigten Verhältnisse, sind die neuen Verhältnisse unverzüglich dem Bundesaufsichtsamt anzuzeigen. Das Bundesaufsichtsamt übermittelt die Anzeigen nach den Sätzen 1 und 3 der Deutschen Bundesbank und dem Bundesaufsichtsamt für den Wertpapierhandel.

§ 6 Aufgaben

(1) Das Bundesaufsichtsamt übt die Aufsicht über die Institute nach den Vorschriften dieses Gesetzes aus.

(2) Das Bundesaufsichtsamt hat Missständen im Kredit- und Finanzdienstleistungswesen entgegenzuwirken, welche die Sicherheit der den Instituten anvertrauten Vermögenswerte gefährden, die ordnungsmäßige Durchführung der Bankgeschäfte oder Finanzdienstleistungen beeinträchtigen oder erhebliche Nachteile für die Gesamtwirtschaft herbeiführen können, soweit nicht das Bundesaufsichtsamt für den Wertpapierhandel nach dem Wertpapierhandelsgesetz zuständig ist.

(3) Das Bundesaufsichtsamt kann im Rahmen der ihm zugewiesenen Aufgaben gegenüber dem Institut und seinen Geschäftsleitern Anordnungen treffen, die geeignet und erforderlich sind, Missstände in dem Institut zu verhindern oder zu beseitigen, welche die Sicherheit der dem Institut anvertrauten Vermögenswerte gefährden können oder die ordnungsmäßige Durchführung der Bankgeschäfte oder Finanzdienstleistungen beeinträchtigen.

(4) Das Bundesaufsichtsamt nimmt die ihm nach diesem Gesetz und nach anderen Gesetzen zugewiesenen Aufgaben nur im öffentlichen Interesse wahr.

§ 7 Zusammenarbeit mit der Deutschen Bundesbank

(1) Das Bundesaufsichtsamt und die Deutsche Bundesbank arbeiten nach Maßgabe dieses Gesetzes zusammen. Die Deutsche Bundesbank und das Bundesaufsichtsamt haben einander Beobachtungen und Feststellungen mitzuteilen, die für die Erfüllung ihrer Aufgaben erforderlich sind. Die Deutsche Bundesbank hat insoweit dem Bundesaufsichtsamt auch die Angaben zur Verfügung zu stellen, die sie auf Grund statistischer Erhebungen nach § 18 des Gesetzes über die Deutsche Bundesbank erlangt. Sie hat vor Anordnung einer solchen Erhebung das Bundesaufsichtsamt zu hören; § 18 Satz 5 des Gesetzes über die Deutsche Bundesbank gilt entsprechend.

(2) Die Zusammenarbeit und die Mitteilungen nach Absatz 1 schließen die Übermittlung personenbezogener Daten ein. Das Bundesaufsichtsamt darf bei der Deutschen Bundesbank die zur Erfüllung seiner Aufgaben nach diesem Gesetz gespeicherten Daten im automatisierten Verfahren abrufen. Werden bei der Deutschen Bundesbank vom Bundesaufsichtsamt Daten abgerufen, hat sie bei jedem zehnten Abruf für Zwecke der Datenschutzkontrolle den Zeitpunkt, die Angaben, welche die Feststellung der aufgerufenen Datensätze ermöglichen, sowie die für den Abruf verantwortliche Person zu protokollieren. Die protokollierten Daten dürfen nur für Zwecke der Datenschutzkontrolle, der Datensicherung oder zur Sicherstellung eines ordnungsmäßigen Betriebs der Datenverarbeitungsanlage verwendet werden. Die Protokolldaten sind am Ende des auf die Speicherung folgenden Kalenderjahres zu löschen.

§ 10 Eigenmittelausstattung

(1) Die Institute müssen im Interesse der Erfüllung ihrer Verpflichtungen gegenüber ihren Gläubigern, insbesondere zur Sicherheit der ihnen anvertrauten Vermögenswerte, angemessene Eigenmittel haben. Das Bundesaufsichtsamt stellt im Einvernehmen mit der Deutschen Bundesbank Grundsätze auf, nach denen es für den Regelfall beurteilt, ob die Anforderungen des Satzes 1 erfüllt sind; die Spitzenverbände der Institute sind vorher anzuhören. Die Grundsätze sind im Bundesanzeiger zu veröffentlichen. Die Institute haben dem Bundesaufsichtsamt und der Deutschen Bundesbank monatlich die nach den Grundsätzen für die Überprüfung der angemessenen Eigenmittelausstattung erforderlichen Angaben einzureichen. Sie haben zur Sicherstellung der ordnungsgemäßen Aufbe-

reitung und Weiterleitung der gemäß Satz 4 erforderlichen Angaben eine ordnungsgemäße Organisation und angemessene interne Kontrollverfahren einzurichten.

Ist nach den Vorschriften dieses Gesetzes eine Position mit haftendem Eigenkapital oder Drittrangmitteln zu unterlegen, stehen die Eigenmittel in diesem Umfang für die Unterlegung anderer Positionen nicht zur Verfügung; insbesondere dürfen die Eigenmittel insoweit nicht bei den Grundsätzen nach § 10 Abs. 1 Satz 2 und § 10 a Abs. 1 Satz 2 über die Angemessenheit der Eigenmittel berücksichtigt werden. Die von Dritten zur Verfügung gestellten Eigenmittel können nur berücksichtigt werden, wenn sie dem Institut tatsächlich zugeflossen sind. Der Erwerb von Eigenmitteln des Instituts durch einen für Rechnung des Instituts handelnden Dritten, durch ein Tochterunternehmen des Instituts oder durch einen Dritten, der für Rechnung eines Tochterunternehmens des Instituts handelt, steht für ihre Berücksichtigung einem Erwerb durch das Institut gleich, es sei denn, das Institut weist nach, dass ihm die Eigenmittel tatsächlich zugeflossen sind; diese Regelung gilt für die Inpfandnahme entsprechend.

(1a) Bei der Beurteilung der Angemessenheit der Eigenmittel nach § 10 Abs. 1 und § 10 a Abs. 1 kann Krediten, deren Erfüllung von

1. einer Zentralregierung, Zentralnotenbank, Regionalregierung oder örtlichen Gebietskörperschaft in einem anderen Staat des Europäischen Wirtschaftsraums oder

2. einer Zentralregierung oder Zentralnotenbank in einem Drittstaat, soweit Unternehmen mit Sitz in diesem Drittstaat auf Grund einer Rechtsverordnung nach § 53 c vollständig oder teilweise von den Vorschriften des § 53 freigestellt sind,

geschuldet oder ausdrücklich gewährleistet wird, ein adressenbezogenes Bonitätsgewicht von Null vom Hundert beigemessen werden, sofern das Bundesaufsichtsamt keinen anderen Gewichtungssatz bekannt gegeben hat und die Kredite von der zuständigen Behörde des anderen Staates oder Drittstaates mit Null vom Hundert gewichtet werden. Vor der Bekanntgabe eines anderen Gewichtungssatzes gewährte Kredite können bis zum Ende der Kreditlaufzeit weiterhin mit Null vom Hundert gewichtet werden.

(2) Die Eigenmittel bestehen aus dem haftenden Eigenkapital und den Drittrangmitteln. Das haftende Eigenkapital ist die Summe aus Kernkapital und Ergänzungskapital abzüglich der Positionen des Absatzes 6 Satz 1.

(2a) Als Kernkapital gelten abzüglich der Positionen des Satzes 2

1. bei Einzelkaufleuten, offenen Handelsgesellschaften und Kommanditgesellschaften das eingezahlte Geschäftskapital und die Rücklagen nach Abzug der Entnahmen des Inhabers oder der persönlich haftenden Gesellschafter und der diesen gewährten Kredite sowie eines Schuldenüberhanges beim freien Vermögen des Inhabers;

2. bei Aktiengesellschaften, Kommanditgesellschaften auf Aktien und Gesellschaften mit beschränkter Haftung das eingezahlte Grund- oder Stammkapital ohne die Aktien, die mit einem nachzuzahlenden Vorzug bei der Verteilung des Gewinns ausgestattet sind (Vorzugsaktien), und die Rücklagen; bei Kommanditgesellschaften auf Aktien, ferner Vermögenseinlagen der persönlich haftenden Gesellschafter, die nicht auf das Grundkapital geleistet worden sind, unter Abzug der Entnahmen der persönlich haftenden Gesellschafter und der diesen gewährten Kredite;

3. bei eingetragenen Genossenschaften die Geschäftsguthaben und die Rücklagen; Geschäftsguthaben von Genossen, die zum Schluss des Geschäftsjahres ausscheiden, und ihre Ansprüche auf Auszahlung eines Anteils an der in der Bilanz nach § 73 Abs. 3 des Gesetzes betreffend die Erwerbs- und Wirtschaftsgenossenschaften von eingetragenen Genossenschaften gesondert ausgewiesenen Ergebnisrücklage der Genossenschaft sind abzusetzen;
4. bei öffentlich-rechtlichen Sparkassen sowie bei Sparkassen des privaten Rechts, die als öffentliche Sparkassen anerkannt sind, die Rücklagen;
5. bei Kreditinstituten des öffentlichen Rechts, die nicht unter Nr. 4 fallen, das eingezahlte Dotationskapital und die Rücklagen;
6. bei Kreditinstituten in einer anderen Rechtsform das eingezahlte Kapital und die Rücklagen;
7. die Sonderposten für allgemeine Bankrisiken nach § 340 g des Handelsgesetzbuchs;
8. die Vermögenseinlagen stiller Gesellschafter im Sinne des Abs. 4.

Abzugspositionen im Sinne des Satzes 1 sind
1. der Bilanzverlust,
2. die immateriellen Vermögensgegenstände,
3. der Korrekturposten gemäß Abs. 3 b,
4. Kredite an den Kommanditisten, den Gesellschafter einer Gesellschaft mit beschränkter Haftung, den Aktionär, den Kommanditaktionär oder den Anteilseigner an einem Institut des öffentlichen Rechts, dem mehr als 25 v.H. des Kapitals (Nennkapital, Summe der Kapitalanteile) des Instituts gehören oder dem mehr als 25 v.H. der Stimmrechte zustehen, wenn sie zu nicht marktmäßigen Bedingungen gewährt werden oder soweit sie nicht banküblich gesichert sind, und
5. Kredite an stille Gesellschafter im Sinne des Abs. 4, deren Vermögenseinlage mehr als 25 v.H. des Kernkapitals ohne Berücksichtigung der Vermögenseinlagen stiller Gesellschafter beträgt, wenn sie nicht zu nicht marktmäßigen Bedingungen gewährt werden oder soweit sie nicht banküblich gesichert sind.

Für die Berechnung der Vomhundertsätze nach Satz 2 Nr. 4 und 5 gilt § 16 Abs. 2 bis 4 des Aktiengesetzes entsprechend.

(2b) Das Ergänzungskapital besteht abzüglich der Korrekturposten gemäß Abs. 3 b aus
1. Vorsorgereserven nach § 340 f. des Handelsgesetzbuchs,
2. Vorzugsaktien,
3. Rücklagen nach § 6 b des Einkommensteuergesetzes in Höhe von 45 vom Hundert, soweit diese Rücklagen durch die Einstellung von Gewinnen aus der Veräußerung von Grundstücken, grundstücksgleichen Rechten und Gebäuden entstanden sind,
4. Genussrechtsverbindlichkeiten im Sinne des Abs. 5,
5. längerfristigen nachrangigen Verbindlichkeiten im Sinne des Abs. 5a,
6. den im Anhang des letzten festgestellten Jahresabschlusses ausgewiesenen nicht realisierten Reserven nach Maßgabe der Absätze 4a und 4b bei Grundstücken, grundstücksgleichen Rechten und Gebäuden in Höhe von 45 vom Hundert des Unterschiedsbetrags zwischen dem Buchwert und dem Beleihungswert,
7. den im Anhang des letzten festgestellten Jahresabschlusses ausgewiesenen nicht reali-

sierten Reserven nach Maßgabe der Absätze 4a und 4c bei Anlagebuchpositionen in Höhe von 35 vom Hundert des Unterschiedsbetrags zwischen dem Buchwert zuzüglich Vorsorgereserven und

a) dem Kurswert bei Wertpapieren, die an einer Wertpapierbörse zum Handel zugelassen sind,

b) dem nach § 11 Abs. 2a Satz 2 bis 5 des Bewertungsgesetzes festzustellenden Wertes bei nicht notierten Wertpapieren, die Anteile an zum Verbund der Kreditgenossenschaften oder der Sparkassen gehörenden Kapitalgesellschaften mit einer Bilanzsumme von mindestens 20 Millionen Deutsche Mark verbriefen oder

c) dem veröffentlichten Rücknahmepreis von Anteilen an einem Sondervermögen im Sinne des Gesetzes über Kapitalanlagegesellschaften oder von Anteilen an einem Wertpapier-Sondervermögen, die von einer Investmentgesellschaft mit Sitz in einem anderen Staat des europäischen Wirtschaftsraums nach den Bestimmungen der Richtlinie 85/611/EWG vom 20. Dezember 1985 zur Koordinierung der Rechts- und Verwaltungsvorschriften betreffend bestimmte Organismen für gemeinsame Anlagen in Wertpapieren – ABl. EG Nr. L 375 S. 3 – (Investmentrichtlinie) ausgegeben werden und

8. den bei eingetragenen Genossenschaften vom Bundesministerium der Finanzen nach Anhörung der Deutschen Bundesbank durch Rechtsverordnung festzusetzenden Zuschlag, welcher der Haftsummenverpflichtung der Genossen Rechnung trägt (Haftsummenzuschlag).

Bei der Berechnung des haftenden Eigenkapitals kann Ergänzungskapital nur bis zur Höhe des Kernkapitals berücksichtigt werden. Dabei darf das berücksichtigte Ergänzungskapital nur bis zu 50 vom Hundert des Kernkapitals aus längerfristigen nachrangigen Verbindlichkeiten und dem Haftsummenzuschlag bestehen. Das Bundesministerium der Finanzen kann die Ermächtigung nach Satz 1 Nr. 8 durch Rechtsverordnung auf das Bundesaufsichtsamt übertragen.

§ 11 Liquidität

Die Institute müssen ihre Mittel so anlegen, dass jederzeit eine ausreichende Zahlungsbereitschaft gewährleistet ist. Das Bundesaufsichtsamt stellt im Einvernehmen mit der Deutschen Bundesbank Grundsätze auf, nach denen es für den Regelfall beurteilt, ob die Liquidität eines Instituts ausreicht; die Spitzenverbände der Institute sind vorher anzuhören. Die Grundsätze sind im Bundesanzeiger zu veröffentlichen. In den Grundsätzen ist an die Definition der Spareinlagen, insbesondere des Sparbuchs, in der Verordnung über die Rechnungslegung der Institute, die insoweit der Zustimmung des Deutschen Bundestages bedarf, anzuknüpfen. Die Institute haben dem Bundesaufsichtsamt und der Deutschen Bundesbank monatlich die nach den Grundsätzen für die Überprüfung der Liquiditätsausstattung erforderlichen Angaben einzureichen.

§ 23 Werbung

(1) Um Missständen bei der Werbung der Institute zu begegnen, kann das Bundesaufsichtsamt bestimmte Arten der Werbung untersagen, soweit nicht die Zuständigkeit des Bundesaufsichtsamtes für den Wertpapierhandel nach § 36 b des Wertpapierhandelsgesetzes gegeben ist.

(2) Vor allgemeinen Maßnahmen nach Abs. 1 sind die Spitzenverbände der Institute und des Verbraucherschutzes zu hören.

§ 23 a Einlagensicherungseinrichtung, Anlegerentschädigungseinrichtung

(1) Ein Institut, das Einlagen oder andere rückzahlbare Gelder des Publikums entgegennimmt, die nicht durch eine geeignete inländische Einrichtung zur Sicherung der Einlagen oder anderer rückzahlbarer Gelder (Einlagensicherungseinrichtung) gedeckt sind, hat die Kunden, die nicht Kreditinstitute sind, auf diese Tatsache drucktechnisch deutlich gestaltet in den Allgemeinen Geschäftsbedingungen, im Preisaushang und an hervorgehobener Stelle in den Vertragsunterlagen nach Maßgabe des Satzes 2 vor Aufnahme der Geschäftsbeziehung hinzuweisen, es sei denn, die rückzahlbaren Gelder sind in Pfandbriefen, Kommunalschuldverschreibungen oder anderen Schuldverschreibungen, welche die Voraussetzungen des Artikels 22 Abs. 4 Satz 1 und 2 der Investmentrichtlinie erfüllen, verbrieft. Der Hinweis in den Vertragsunterlagen darf keine anderen Erklärungen enthalten und ist von den Kunden gesondert zu unterschreiben. Scheidet das Institut aus der Sicherungseinrichtung aus, hat es die Kunden, die nicht Kreditinstitute sind, sowie das Bundesaufsichtsamt und die Deutsche Bundesbank hierüber unverzüglich schriftlich zu unterrichten. Das Bundesaufsichtsamt leitet eine Ausfertigung dieser Anzeige an das Bundesaufsichtsamt für den Wertpapierhandel weiter.

(2) Ein Institut, welches das Finanzkommissions- oder Emmissionsgeschäft betreibt oder Finanzdienstleistungen im Sinne des § 1 Abs. 1 a Satz 2 Nr. 1 bis 4 erbringt, hat die Kunden, bevor es mit ihnen in eine Geschäftsbeziehung tritt, schriftlich darauf hinzuweisen, welcher geeigneten Einrichtung zur Entschädigung der Kunden (Anlegerentschädigungseinrichtung) das Institut angehört und welche Absicherung durch diese Einrichtung besteht oder welcher gleichwertige Schutz für das geplante Geschäft oder die geplante Dienstleistung zur Verfügung steht.
Absatz 1 Satz 2 bis 4 gilt entsprechend.

§ 24 Anzeigen

(1) Ein Institut hat dem Bundesaufsichtsamt und der Deutschen Bundesbank unverzüglich anzuzeigen
1. die Absicht der Bestellung eines Geschäftsleiters und der Ermächtigung einer Person zur Einzelvertretung des Instituts in dessen gesamten Geschäftsbereich unter Angabe

der Tatsachen, die für die Beurteilung der Zuverlässigkeit und der fachlichen Eignung wesentlich sind, und den Vollzug einer solchen Absicht;

2. das Ausscheiden eines Geschäftsleiters sowie die Entziehung der Befugnis zur Einzelvertretung des Instituts in dessen gesamten Geschäftsbereich;

3. die Übernahme und die Aufgabe einer unmittelbaren Beteiligung an einem anderen Unternehmen sowie Veränderungen in der Höhe der Beteiligung; als unmittelbare Beteiligung gilt das Halten von mindestens 10 vom Hundert der Anteile am Kapital oder der Stimmrechte des anderen Unternehmens;

4. die Änderung der Rechtsform, soweit nicht bereits eine Erlaubnis nach § 32 Abs. 1 erforderlich ist, und die Änderung der Firma;

5. einen Verlust in Höhe von 25 vom Hundert des haftenden Eigenkapitals;

6. die Verlegung der Niederlassung oder des Sitzes;

7. die Errichtung, die Verlegung und die Schließung einer Zweigstelle in einem Drittstaat;

8. die Einstellung des Geschäftsbetriebs;

9. die Aufnahme und die Einstellung des Betreibens von Geschäften, die nicht Bankgeschäfte oder Finanzdienstleistungen sind, oder von Geschäften, für welche die Erlaubnis nach § 64 e Abs. 1 als erteilt gilt;

10. das Absinken des Anfangskapitals unter die Mindestanforderungen nach § 33 Abs. 1 Satz 1 Nr. 1 sowie den Wegfall einer geeigneten Versicherung nach § 33 Abs. 1 Satz 2;

11. den Erwerb oder die Aufgabe einer bedeutenden Beteiligung an dem anzeigenden Institut, das Erreichen, das Über- oder das Unterschreiten der Beteiligungsschwellen von 20 vom Hundert , 33 vom Hundert und 50 vom Hundert der Stimmrechte oder des Kapitals sowie die Tatsache, dass das Institut Tochterunternehmen eines anderen Unternehmens wird oder nicht mehr ist, wenn das Institut von der Änderung dieser Beteiligungsverhältnisse Kenntnis erlangt;

12. jeden Fall, in dem die Gegenpartei eines Pensions- oder Wertpapierdarlehensgeschäftes ihren Erfüllungsverpflichtungen nicht nachgekommen ist;

13. das Bestehen, die Änderung oder die Beendigung einer engen Verbindung zu einer anderen natürlichen Person oder einem anderen Unternehmen.

(1a) Ein Institut hat dem Bundesaufsichtsamt und der Deutschen Bundesbank jährlich anzuzeigen

1. seine mittelbaren Beteiligungen an anderen Unternehmen,

2. den Namen und die Anschrift des Inhabers einer bedeutenden Beteiligung an dem anzeigenden Institut und dem ihm nach § 10 a nachgeordneten Unternehmen mit Sitz im Ausland und die Höhe dieser Beteiligungen und

3. die Errichtung, Verlegung oder Schließung einer inländischen Zweigstelle.

Das Bestehen einer mittelbaren Beteiligung im Sinne des Satzes 1 Nr. 1 ist im Rahmen der Rechtsverordnung nach Abs. 4 zu bestimmen.

(2) Hat ein Institut die Absicht, sich mit einem anderen Institut zu vereinigen, so hat es dies dem Bundesaufsichtsamt und der Deutschen Bundesbank unverzüglich anzuzeigen.

(3) Ein Geschäftsleiter eines Instituts hat dem Bundesaufsichtsamt und der Deutschen Bundesbank unverzüglich anzuzeigen

1. die Aufnahme und die Beendigung einer Tätigkeit als Geschäftsleiter oder als Aufsichtsrats- oder Verwaltungsratsmitglied eines anderen Unternehmens und
2. die Übernahme und die Aufgabe einer unmittelbaren Beteiligung an einem Unternehmen sowie Veränderungen in der Höhe der Beteiligung.

Als unmittelbare Beteiligung im Sinne des Satzes 1 Nr. 2 gilt das Halten von mindestens 25 vom Hundert der Anteile am Kapital des Unternehmens.

(3a) Eine Finanzholding-Gesellschaft hat dem Bundesaufsichtsamt und der Deutschen Bundesbank einmal jährlich eine Sammelanzeige der Institute, Finanzunternehmen und Unternehmen mit bankbezogenen Hilfsdiensten, die ihr nachgeordnete Unternehmen im Sinne des § 10a Abs. 3 bis 5 sind, einzureichen. Das Bundesaufsichtsamt vermittelt hierüber eine Aufstellung den zuständigen Stellen der anderen Staaten des Europäischen Wirtschaftsraums und der Kommission der Europäischen Gemeinschaften. Die Begründung, die Veränderung oder die Aufgabe solcher Beteiligungen oder Unternehmensbeziehungen sind dem Bundesaufsichtsamt und der Deutschen Bundesbank unverzüglich anzuzeigen.

(4) Das Bundesministerium der Finanzen kann im Benehmen mit der Deutschen Bundesbank durch Rechtsverordnung nähere Bestimmungen über Art, Umfang und Zeitpunkt der nach diesem Gesetz vorgesehenen Anzeigen und Vorlagen von Unterlagen erlassen und die bestehenden Anzeigepflichten durch die Verpflichtung zur Erstattung von Sammelanzeigen und die Einreichung von Sammelaufstellungen ergänzen, soweit dies zur Erfüllung der Aufgaben des Bundesaufsichtsamtes erforderlich ist, insbesondere um einheitliche Unterlagen zur Beurteilung der von den Instituten durchgeführten Bankgeschäfte und Finanzdienstleistungen zu erhalten. Es kann diese Ermächtigung durch Rechtsverordnung auf das Bundesaufsichtsamt mit der Maßgabe übertragen, dass Rechtsverordnungen des Bundesaufsichtsamtes im Einvernehmen mit der Deutschen Bundesbank ergehen.

Vor Erlass der Rechtsverordnung sind die Spitzenverbände der Institute anzuhören.

§ 25 Monatsausweise und weitere Angaben

(1) Ein Institut hat unverzüglich nach Ablauf eines jeden Monats der Deutschen Bundesbank einen Monatsausweis einzureichen. Die Deutsche Bundesbank leitet die Monatsausweise mit ihrer Stellungnahme an das Bundesaufsichtsamt weiter; dieses kann auf die Weiterleitung bestimmter Monatsausweise verzichten. Werden nach § 18 des Gesetzes über die Deutsche Bundesbank monatliche Bilanzstatistiken durchgeführt, gelten die hierzu einzureichenden Meldungen auch als Monatsausweis nach Satz 1.

(2) Ein übergeordnetes Unternehmen im Sinne des § 13 b Abs. 2 hat außerdem unverzüglich nach Ablauf eines jeden Monats der Deutschen Bundesbank einen zusammengefassten Monatsausweis einzureichen. Abs. 1 Satz 2 und § 10a Abs. 6 und 7 über das Verfahren

der Zusammenfassung, Abs. 9 über die Informationspflicht und Abs. 10 über die Ausnahme von der Zusammenfassung gelten entsprechend.

(3) Das Bundesministerium der Finanzen kann im Benehmen mit der Deutschen Bundesbank durch Rechtsverordnung nähere Bestimmungen über Art und Umfang der Monatsausweise, soweit monatliche Bilanzstatistiken nach § 18 des Gesetzes über die Deutsche Bundesbank nicht durchgeführt werden, insbesondere um Einblick in die Entwicklung der Vermögens- und Ertragslage der Institute zu erhalten, sowie über weitere Angaben erlassen, soweit dies zur Erfüllung der Aufgaben des Bundesaufsichtsamtes erforderlich ist. Die Angaben können sich auch auf nachgeordnete Unternehmen im Sinne des § 13 b Abs. 2 sowie auf Tochterunternehmen mit Sitz im Inland oder Ausland, die nicht in die Beaufsichtigung auf zusammengefasster Basis einbezogen sind, sowie auf gemischte Unternehmen mit nachgeordneten Instituten beziehen, die gemischten Unternehmen haben den Instituten die erforderlichen Angaben zu übermitteln. Das Bundesministerium der Finanzen kann die Ermächtigung zum Erlass einer Rechtsverordnung durch Rechtsverordnung auf das Bundesaufsichtsamt mit der Maßgabe übertragen, dass die Rechtsverordnung im Einvernehmen mit der Deutschen Bundesbank ergeht.

§ 25a Besondere organisatorische Pflichten von Instituten

(1) Ein Institut muss
1. über geeignete Regelungen zur Steuerung, Überwachung und Kontrolle der Risiken sowie über angemessene Regelungen verfügen, anhand deren sich die finanzielle Lage des Instituts jederzeit mit hinreichender Genauigkeit bestimmen lässt,
2. über eine ordnungsgemäße Geschäftsorganisation, über ein angemessenes internes Kontrollverfahren sowie über angemessene Sicherheitsvorkehrungen für den Einsatz der elektronischen Datenverarbeitung verfügen,
3. dafür Sorge tragen, dass die Aufzeichnungen über die ausgeführten Geschäfte eine lückenlose Überwachung durch das Bundesaufsichtsamt für seinen Zuständigkeitsbereich gewährleisten; die erforderlichen Aufzeichnungen sind sechs Jahre aufzubewahren, § 257 Abs. 3 und 5 des Handelsgesetzbuchs gilt entsprechend.

(2) Die Auslagerung von Bereichen auf ein anderes Unternehmen, die für die Durchführung der Bankgeschäfte oder Finanzdienstleistungen wesentlich sind, darf weder die Ordnungsmäßigkeit dieser Geschäfte oder Dienstleistungen noch die Steuerungs- oder Kontrollmöglichkeiten der Geschäftsleitung, noch die Prüfungsrechte und Kontrollmöglichkeiten des Bundesaufsichtsamtes beeinträchtigen. Das Institut hat sich insbesondere die erforderlichen Weisungsbefugnisse vertraglich zu sichern und die ausgelagerten Bereiche in seine internen Kontrollverfahren einzubeziehen. Das Institut hat die Absicht der Auslagerung sowie ihren Vollzug dem Bundesaufsichtsamt und der Deutschen Bundesbank unverzüglich anzuzeigen. Das Bundesaufsichtsamt leitet eine Kopie der Anzeige an das Bundesaufsichtsamt für den Wertpapierhandel weiter.

§ 26 Vorlage von Jahresabschluss, Lagebericht und Prüfungsberichten

(1) Die Institute haben den Jahresabschluss in den ersten drei Monaten des Geschäftsjahres für das vergangene Geschäftsjahr aufzustellen und den aufgestellten sowie später den festgestellten Jahresabschluss und den Lagegericht dem Bundesaufsichtsamt und der Deutschen Bundesbank nach Maßgabe des Satzes 2 jeweils unverzüglich einzureichen. Der Jahresabschluss muss in einer Anlage erläutert und mit dem Bestätigungsvermerk und einem Vermerk über die Versagung der Bestätigung versehen sein. Der Abschlussprüfer hat den Bericht über die Prüfung des Jahresabschlusses (Prüfungsbericht) unverzüglich nach Beendigung der Prüfung dem Bundesaufsichtsamt und der Deutschen Bundesbank einzureichen. Bei Kreditinstituten, die einem genossenschaftlichen Prüfungsverband angehören oder durch die Prüfungsstelle eines Sparkassen- und Giroverbandes geprüft werden, hat der Abschlussprüfer den Prüfungsbericht nur auf Anforderung des Bundesaufsichtsamtes einzureichen.

(2) Hat im Zusammenhang mit einer Einlagensicherungseinrichtung oder Anlegerentschädigungseinrichtung eine zusätzliche Prüfung stattgefunden, hat der Prüfer oder der Prüfungsverband den Bericht über diese Prüfung dem Bundesaufsichtsamt und der Deutschen Bundesbank unverzüglich einzureichen.

(3) Ein Institut, das einen Konzernabschluss oder einen Konzernlagebericht aufstellt, hat diese Unterlagen dem Bundesaufsichtsamt und der Deutschen Bundesbank unverzüglich einzureichen. Wird ein Prüfungsbericht von einem Konzernabschlussprüfer erstellt, hat dieser den Prüfungsbericht unverzüglich nach Beendigung der Prüfung dem Bundesaufsichtsamt und der Deutschen Bundesbank einzureichen. Bei Kreditinstituten, die einem genossenschaftlichen Prüfungsverband angehören oder durch die Prüfungsstelle eines Sparkassen- und Giroverbandes geprüft werden können, hat der Prüfer den Prüfungsbericht nur auf Anforderung des Bundesaufsichtsamtes einzureichen.

(4) Hat im Zusammenhang mit einer Einlagensicherungseinrichtung oder Anlegerentschädigungseinrichtung eine zusätzliche Prüfung stattgefunden, hat der Prüfer oder der Prüfungsverband den Bericht über diese Prüfung dem Bundesaufsichtsamt und der Deutschen Bundesbank unverzüglich einzureichen.

§ 28 Bestellung des Prüfers in besonderen Fällen

(1) Die Institute haben dem Bundesaufsichtsamt und der Deutschen Bundesbank den von ihnen bestellten Prüfer unverzüglich nach der Bestellung anzuzeigen. Das Bundesaufsichtsamt kann innerhalb eines Monats nach Zugang der Anzeige die Bestellung eines anderen Prüfers verlangen, wenn dies zur Erreichung des Prüfungszweckes geboten ist.

(2) Das Registergericht des Sitzes des Instituts hat auf Antrag des Bundesaufsichtsamtes einen Prüfer zu bestellen, wenn
1. die Anzeige nach Abs. 1 Satz 1 nicht unverzüglich nach Ablauf des Geschäftsjahres erstattet wird;

2. das Institut dem Verlangen auf Bestellung eines anderen Prüfers nach Abs. 1 Satz 2 nicht unverzüglich nachkommt;
3. der gewählte Prüfer die Annahme des Prüfungsauftrages abgelehnt hat, weggefallen ist oder am rechtzeitigen Abschluss der Prüfung verhindert ist und das Institut nicht unverzüglich einen anderen Prüfer bestellt hat.

Die Bestellung durch das Gericht ist endgültig. § 318 Abs. 5 des Handelsgesetzbuches ist entsprechend anzuwenden. Das Registergericht kann auf Antrag des Bundesaufsichtsamtes einen nach Satz 1 bestellten Prüfer abberufen.

(3) Die Absätze 1 und 2 gelten nicht für Kreditinstitute, die einem genossenschaftlichen Prüfungsverband angeschlossen sind oder durch die Prüfungsstelle eines Sparkassen- und Giroverbandes geprüft werden.

§ 32 Erlaubnis

(1) Wer im Inland gewerbsmäßig oder in einem Umfang, der einen in kaufmännischer Weise eingerichteten Geschäftsbetrieb erfordert, Bankgeschäfte betreiben oder Finanzdienstleistungen erbringen will, bedarf der schriftlichen Erlaubnis des Bundesaufsichtsamtes. Der Erlaubnisantrag muss enthalten:
1. Einen geeigneten Nachweis der zum Geschäftsbetrieb erforderlichen Mittel;
2. die Angaben des Geschäftsleiters;
3. die Angaben, die für die Beurteilung der Zuverlässigkeit der Antragsteller der in § 1 Abs. 2 Satz 1 bezeichneten Personen erforderlich sind;
4. die Angaben, die für die Beurteilung der zur Leitung des Instituts erforderlichen fachlichen Eignung der Inhaber und der in § 1 Abs. 2 Satz 1 bezeichneten Personen erforderlich sind;
5. einen Geschäftsplan, aus dem die Art der geplanten Geschäfte, der organisatorische Aufbau und die geplanten internen Kontrollverfahren des Instituts hervorgehen;
6. sofern an dem Institut bedeutende Beteiligungen gehalten werden:
   a) die Angabe der Inhaber bedeutender Beteiligungen;
   b) die Höhe dieser Beteiligungen;
   c) die für die Beurteilung der Zuverlässigkeit dieser Inhaber oder gesetzlichen Vertreter oder persönlich haftenden Gesellschafter erforderlichen Angaben;
   d) sofern diese Inhaber Jahresabschlüsse aufzustellen haben: die Jahresabschlüsse der letzten drei Geschäftsjahre nebst Prüfungsberichten von unabhängigen Abschlussprüfern, sofern solche zu erstellen sind, und
   e) sofern diese Inhaber einem Konzern angehören: die Angabe der Konzernstruktur und, sofern solche Abschlüsse aufzustellen sind, die konsolidierten Konzernabschlüsse der letzten drei Geschäftsjahre nebst Prüfungsberichten von unabhängigen Abschlussprüfern, sofern solche zu erstellen sind;
7. die Angabe der Tatsachen, die auf eine enge Verbindung zwischen dem Institut und anderen natürlichen Personen oder anderen Unternehmen hinweisen.

Die nach Satz 2 einzureichenden Anzeigen und vorzulegenden Unterlagen sind durch Rechtsverordnung nach § 24 Abs. 4 näher zu bestimmen. Die Pflichten nach Satz 2 Nr. 6 Buchstabe d und e bestehen nicht für die Finanzdienstleistungsinstitute.

(2) Das Bundesaufsichtsamt kann die Erlaubnis unter Auflagen erteilen, die sich im Rahmen des mit diesem Gesetz verfolgten Zweckes halten müssen. Es kann die Erlaubnis auf einzelne Bankgeschäfte oder Finanzdienstleistungen beschränken.

(3) Vor Erteilung der Erlaubnis zum Betreiben des Einlagengeschäfts hat das Bundesaufsichtsamt den für das Kreditinstitut in Betracht kommenden Träger der Einlagensicherungseinrichtung zu hören.

(4) Das Bundesaufsichtsamt hat die Erteilung der Erlaubnis im Bundesanzeiger bekannt zu machen und das Bundesaufsichtsamt für den Wertpapierhandel darüber zu informieren.

§ 33 Versagung der Erlaubnis

(1) Die Erlaubnis ist zu versagen, wenn
1. die zum Geschäftsbetrieb erforderlichen Mittel, insbesondere ein ausreichendes Anfangskapital im Sinne des § 10 Abs. 2 a Satz 1 Nr. 1 bis 7 im Inland nicht zur Verfügung steht; als Anfangskapital muss zur Verfügung stehen:
   a) bei Anlagevermittlern, Abschlussvermittlern und Finanzportfolioverwaltern, die nicht befugt sind, sich bei der Erbringung von Finanzdienstleistungen Eigentum oder Besitz an Geldern oder Wertpapieren von Kunden zu verschaffen, und die nicht auf eigene Rechnung mit Finanzinstrumenten handeln, ein Betrag im Gegenwert von mindestens 50 000 Ecu;
   b) bei anderen Finanzdienstleistungsinstituten, die nicht auf eigene Rechnung mit Finanzinstrumenten handeln, ein Betrag im Gegenwert von mindestens 125 000 Ecu,
   c) bei Finanzdienstleistungsinstituten, die auf eigene Rechnung mit Finanzinstrumenten handeln, sowie bei Wertpapierhandelsbanken ein Betrag im Gegenwert von mindestens 730 000 Ecu und
   d) bei Einlagenkreditinstituten ein Betrag im Gegenwert von mindestens 5 Millionen Ecu;
2. Tatsachen vorliegen, aus denen sich ergibt, dass ein Antragsteller oder eine der in § 1 Abs. 2 Satz 1 bezeichneten Personen nicht zuverlässig ist;
3. Tatsachen vorliegen, aus denen sich ergibt, dass bei einer bedeutenden Beteiligung an dem Institut der Inhaber, ein Gesellschafter oder ein gesetzlicher Vertreter des beteiligten Unternehmens nicht den im Interesse einer soliden und umsichtigen Führung des Instituts zu stellenden Ansprüchen genügt; das ist insbesondere der Fall, wenn er nicht zuverlässig ist;
4. Tatsachen vorliegen, aus denen sich ergibt, dass der Inhaber oder eine der in § 1 Abs. 2 Satz 1 bezeichneten Personen nicht die zur Leitung des Instituts erforderliche fachliche Eignung hat und auch nicht eine andere Person nach § 1 Abs. 2 Satz 2 oder 3 als Geschäftsleiter bezeichnet wird;
5. ein Kreditinstitut oder ein Finanzdienstleistungsinstitut, das befugt ist, sich bei der Erbringung von Finanzdienstleistungen Eigentum oder Besitz an Geldern oder Wertpapieren von Kunden zu verschaffen, nicht mindestens zwei Geschäftsleiter hat, die nicht nur ehrenamtlich für das Institut tätig sind;

6. das Institut seine Hauptverwaltung nicht im Inland hat;
7. das Institut nicht bereit oder in der Lage ist, die erforderlichen organisatorischen Vorkehrungen zum ordnungsmäßigen Betreiben der Geschäfte, für die es die Erlaubnis beantragt, zu schaffen.

Einem Anlagevermittler oder Abschlussvermittler, der nicht befugt ist, sich bei der Erbringung von Finanzdienstleistungen Eigentum oder Besitz an Geldern oder Wertpapieren von Kunden zu verschaffen, und der nicht auf eigene Rechnung mit Finanzinstrumenten handelt, ist die Erlaubnis nach Satz 1 Buchstabe a nicht zu versagen, wenn er an Stelle des Anfangskapitals den Abschluss einer geeigneten Versicherung zum Schutz der Kunden nachweist.

(2) Die fachliche Eignung der in Abs. 1 Satz 1 Nr. 4 genannten Personen für die Leitung eines Instituts setzt voraus, dass sie in ausreichendem Maße theoretische und praktische Kenntnisse in den betreffenden Geschäften sowie Leitungserfahrung haben. Die fachliche Eignung für die Leitung eines Instituts ist regelmäßig anzunehmen, wenn eine dreijährige leitende Tätigkeit bei einem Institut von vergleichbarer Größe und Geschäftsart nachgewiesen wird.

(3) Das Bundesaufsichtsamt kann die Erlaubnis versagen, wenn
1. das Institut mit dem Inhaber der bedeutenden Beteiligung verbunden ist (§ 15 des Aktiengesetzes) und diese Unternehmensverbindung oder die Struktur der Unternehmensverbindung des Inhabers der bedeutenden Beteiligung mit anderen Unternehmen geeignet ist, eine wirksame Aufsicht über das Institut zu verhindern;
2. eine enge Verbindung zu einer natürlichen oder juristischen Person besteht und diese Unternehmensverbindung geeignet ist, eine wirksame Aufsicht über das Institut zu verhindern;
3. das Institut Tochterunternehmen eines anderen Unternehmens mit Sitz im Ausland ist, das im Staat seines Sitzes oder seiner Hauptverwaltung nicht wirksam beaufsichtigt wird oder dessen zuständige Aufsichtsstelle zu einer befriedigenden Zusammenarbeit mit dem Bundesaufsichtsamt nicht bereit ist;
4. entgegen § 32 Abs. 1 Satz 2 der Antrag keine ausreichenden Angaben oder Unterlagen enthält.

(4) Aus anderen als den in den Absätzen 1 und 3 genannten Gründen darf die Erlaubnis nicht versagt werden.

§ 35 Erlöschen und Aufhebung der Erlaubnis

(1) Die Erlaubnis erlischt, wenn von ihr nicht innerhalb eines Jahres seit ihrer Erteilung Gebrauch gemacht wird.

(2) Das Bundesaufsichtsamt kann die Erlaubnis außer nach den Vorschriften des Verwaltungsverfahrensgesetzes aufheben, wenn

1. der Geschäftsbetrieb, auf den sich die Erlaubnis bezieht, seit mehr als sechs Monaten nicht mehr ausgeübt worden ist;
2. ein Kreditinstitut in der Rechtsform des Einzelkaufmanns betrieben wird;
3. ihm Tatsachen bekannt werden, welche die Versagung der Erlaubnis nach § 33 Abs. 1 Satz 1 Nr. 1 bis 7 oder Abs. 3 Nr. 1 bis 3 rechtfertigen würden;
4. Gefahr für die Erfüllung der Verpflichtungen des Instituts gegenüber seinen Gläubigern, insbesondere für die Sicherheit der dem Institut anvertrauten Vermögenswerte besteht und die Gefahr nicht durch andere Maßnahmen nach diesem Gesetz abgewendet werden kann; eine Gefahr für die Sicherheit der dem Institut anvertrauten Vermögenswerte besteht auch
   a) bei einem Verlust in Höhe der Hälfte des nach § 10 maßgebenden haftenden Eigenkapitals,
   b) bei einem Verlust in Höhe von jeweils mehr als 10 vom Hundert des nach § 10 maßgebenden haftenden Eigenkapitals in mindestens drei aufeinander folgenden Geschäftsjahren;
5. die Eigenmittel eines Wertpapierhandelsunternehmens nicht mindestens einem Viertel seiner Kosten im Sinne des § 10 Abs. 9 entsprechen;
6. das Institut nachhaltig gegen Bestimmungen dieses Gesetzes, des Wertpapierhandelsgesetzes oder die zur Durchführung dieser Gesetze erlassenen Verordnungen oder Anordnungen verstoßen hat.

(3) § 48 Abs. 4 Satz 1 und § 49 Abs. 2 Satz 2 des Verwaltungsverfahrensgesetzes über die Jahresfrist sind nicht anzuwenden.

§ 36 Abberufung von Geschäftsleitern

(1) In den Fällen des § 35 Abs. 2 Nr. 3, 4 und 6 kann das Bundesaufsichtsamt, statt die Erlaubnis aufzuheben, die Abberufung der verantwortlichen Geschäftsleiter verlangen und diesen Geschäftsleitern auch die Ausübung ihrer Tätigkeit bei Instituten in der Rechtsform einer juristischen Person untersagen.

(2) Das Bundesaufsichtsamt kann die Abberufung eines Geschäftsleiters auch verlangen und diesem Geschäftsleiter auch die Ausübung seiner Tätigkeit bei Instituten in der Rechtsform einer juristischen Person untersagen, wenn dieser vorsätzlich oder leichtfertig gegen die Bestimmungen dieses Gesetzes oder des Wertpapierhandelsgesetzes, gegen die zur Durchführung dieser Gesetze erlassenen Verordnungen oder gegen Anordnungen des Bundesaufsichtsamtes oder das Bundesaufsichtsamt für den Wertpapierhandel verstoßen hat und trotz Verwarnung durch das Bundesaufsichtsamt oder das Bundesaufsichtsamt für den Wertpapierhandel dieses Verhalten fortsetzt. Das Bundesaufsichtsamt unterrichtet das Bundesaufsichtsamt für den Wertpapierhandel über die Abberufung.

§ 37 Einschreiten gegen ungesetzliche Geschäfte

Werden ohne die nach § 32 erforderliche Erlaubnis Bankgeschäfte betrieben oder Finanzdienstleistungen erbracht oder werden nach § 3 verbotene Geschäfte betrieben, kann das Bundesaufsichtsamt die sofortige Einstellung des Geschäftsbetriebs und die unverzügliche Abwicklung dieser Geschäfte anordnen. Es kann für die Abwicklung Weisungen erlassen und eine geeignete Person als Abwickler bestellen. Es kann seine Maßnahmen nach den Sätzen 1 und 2 bekannt machen.

§ 38 Folgen der Aufhebung und des Erlöschens der Erlaubnis, Maßnahmen bei der Abwicklung

(1) Hebt das Bundesaufsichtsamt die Erlaubnis auf oder erlischt die Erlaubnis, so kann es bei juristischen Personen und Personenhandelsgesellschaften bestimmen, dass das Institut abzuwickeln ist. Seine Entscheidung wirkt wie ein Auflösungsbeschluss. Sie ist dem Registergericht mitzuteilen und von diesem in das Handels- oder Genossenschaftsregister einzutragen.

(2) Das Bundesaufsichtsamt kann für die Abwicklung eines Instituts allgemeine Weisungen erlassen. Das Registergericht hat auf Antrag des Bundesaufsichtsamtes Abwickler zu bestellen, wenn die sonst zur Abwicklung berufenen Personen keine Gewähr für die ordnungsgemäße Abwicklung bieten. Gegen die Verfügung des Registergerichts findet die sofortige Beschwerde statt. Besteht eine Zuständigkeit des Registergerichts nicht, bestellt das Bundesaufsichtsamt den Abwickler.

(3) Das Bundesaufsichtsamt hat die Aufhebung oder das Erlöschen der Erlaubnis im Bundesanzeiger bekannt zu machen und das Bundesaufsichtsamt für den Wertpapierhandel darüber zu unterrichten. Es hat die zuständigen Stellen der anderen Staaten des Europäischen Wirtschaftsraums zu unterrichten, in denen das Institut Zweigniederlassungen errichtet hat oder im Wege des grenzüberschreitenden Dienstleistungsverkehrs tätig gewesen ist.

(4) Die Absätze 1 und 2 gelten nicht für juristische Personen des öffentlichen Rechts.

§ 44 c Verfolgung unerlaubter Bankgeschäfte und Finanzdienstleistungen

(1) Ein Unternehmen, bei dem Tatsachen die Annahme rechtfertigen, dass es ein Institut ist oder nach § 3 verbotene Geschäfte betreibt, ein Mitglied eines seiner Organe sowie ein Beschäftiger dieses Unternehmens haben dem Bundesaufsichtsamt sowie der Deutschen Bundesbank auf Verlangen Auskünfte über die Geschäftsangelegenheiten zu erteilen und Unterlagen vorzulegen. Ein Mitglied eines Organs sowie ein Beschäftiger haben auf Verlangen auch nach ihrem Ausscheiden aus dem Organ oder dem Unternehmen Auskunft zu erteilen.

(2) Soweit dies zur Feststellung der Art oder des Umfangs der Geschäfte oder Tätigkeiten erforderlich ist, kann das Bundesaufsichtsamt Prüfungen in Räumen des Unternehmens vornehmen. Die Bediensteten des Bundesaufsichtsamtes und der Deutschen Bundesbank dürfen hierfür diese Räume innerhalb der üblichen Betriebs- und Geschäftsräume betreten und besichtigen. Zur Verhütung dringender Gefahren für die öffentliche Ordnung und Sicherheit sind sie befugt, diese Räume auch außerhalb der üblichen Betriebs- und Geschäftszeiten sowie Räume, die auch als Wohnung dienen, zu betreten und zu besichtigen; das Grundrecht des Artikels 13 des Grundgesetzes wird insoweit eingeschränkt.

(3) Die Bediensteten des Bundesaufsichtsamtes und der Deutschen Bundesbank dürfen diese Räume des Unternehmens durchsuchen. Das Grundrecht des Artikels 13 des Grundgesetzes wird insoweit eingeschränkt. Durchsuchungen von Geschäftsräumen sind, außer bei Gefahr im Verzug, durch den Richter anzuordnen. Durchsuchungen von Räumen, die auch als Wohnung dienen, sind durch den Richter anzuordnen. Zuständig ist das Amtsgericht, in dessen Bezirk sich die Räume befinden. Gegen die richterliche Entscheidung ist die Beschwerde zulässig; die §§ 306 bis 310 und 311 a der Strafprozessordnung gelten entsprechend. Über die Durchführung ist eine Niederschrift zu fertigen. Sie muss die verantwortliche Dienststelle, Grund, Zeit und Ort der Durchsuchung und ihr Ergebnis und, falls keine richterliche Anordnung ergangen ist, auch die Tatsachen, welche die Annahme einer Gefahr im Verzuge begründet haben, enthalten.

(4) Die Bediensteten des Bundesaufsichtsamtes und der Deutschen Bundesbank können Gegenstände sicherstellen, die als Beweismittel für die Ermittlung des Sachverhaltes von Bedeutung sein können.

(5) Die Betroffenen haben Maßnahmen nach Abs. 2, Abs. 3 Satz 1 und Abs. 4 zu dulden. § 44 Abs. 6 ist anzuwenden.

§ 45 Maßnahmen bei unzureichenden Eigenmitteln oder unzureichender Liquidität

(1) Entsprechen bei einem Institut
1. die Eigenmittel nicht den Anforderungen des § 10 Abs. 1 oder
2. die Anlage seiner Mittel nicht den Anforderungen des § 11 Satz 1,
kann das Bundesaufsichtsamt Entnahmen durch die Inhaber oder Gesellschafter, die Ausschüttung von Gewinnen und die Gewährung von Krediten (§ 19 Abs. 1) untersagen oder beschränken. Satz 1 ist auf übergeordnete Unternehmen im Sinne des § 10 a Abs. 2 bis 5 entsprechend anzuwenden, wenn die konsolidierten Eigenmittel der gruppenangehörigen Unternehmen den Anforderungen des § 10 a Abs. 1 nicht entsprechen.

(2) Das Bundesaufsichtsamt darf die in Absatz 1 bezeichneten Anordnungen erst treffen, wenn das Institut den Mangel nicht innerhalb einer vom Bundesaufsichtsamt zu bestimmenden Frist behoben hat. Beschlüsse über die Gewinnausschüttung sind insoweit nichtig, als sie einer Anordnung nach Abs. 1 widersprechen.

§ 46 Maßnahmen bei Gefahr

(1) Besteht Gefahr für die Erfüllung der Verpflichtungen eines Instituts gegenüber seinen Gläubigern, insbesondere für die Sicherheit der ihm anvertrauten Vermögenswerte, oder besteht der begründete Verdacht, dass eine wirksame Aufsicht über das Institut nicht möglich ist (§ 33 Abs. 3 Nr. 1 bis 3), kann das Bundesaufsichtsamt zur Abwendung dieser Gefahr einstweilige Maßnahmen treffen. Es kann insbesondere
1. Anweisungen für die Geschäftsführung des Instituts erlassen,
2. die Annahme von Einlagen oder Geldern oder Wertpapieren von Kunden und Gewährung von Krediten (§ 19 Abs. 1) verbieten,
3. Inhabern und Geschäftsleitern die Ausübung ihrer Tätigkeit untersagen oder beschränken und
4. Aufsichtspersonen bestellen.
Beschlüsse über die Gewinnausschüttung sind insoweit nichtig, als sie einer Anordnung nach Satz 1 und 2 widersprechen. Bei Instituten, die in anderer Rechtsform als der eines Einzelkaufmanns betrieben werden, sind Geschäftsleiter, denen die Ausübung ihrer Tätigkeit untersagt worden ist, für die Dauer der Untersagung von der Geschäftsführung und Vertretung des Instituts ausgeschlossen. Für die Ansprüche aus dem Anstellungsvertrag oder anderen Bestimmungen über die Tätigkeit des Geschäftsleiters gelten die allgemeinen Vorschriften. Rechte, die einem Geschäftsleiter als Gesellschaft oder in anderer Weise eine Mitwirkung an Entscheidungen und Geschäftsführungsmaßnahmen bei dem Institut ermöglichen, können für die Dauer der Untersagung nicht ausgeübt werden.

(2) Ist Geschäftsleitern nach Abs. 1 Satz 2 Nr. 3 die Ausübung ihrer Tätigkeit untersagt worden, hat das Gericht des Sitzes des Instituts auf Antrag des Bundesaufsichtsamtes die erforderlichen geschäftsführungs- und vertretungsbefugten Personen zu bestellen, wenn zur Geschäftsführung und Vertretung des Instituts befugte Personen infolge der Untersagung nicht mehr in der erforderlichen Anzahl vorhanden sind. § 46 a Abs. 2 Satz 2 bis 4, Abs. 3 Satz 1, Abs. 4 bis 7 gilt entsprechend.

§ 46 b Konkursantrag

Wird ein Institut zahlungsunfähig oder tritt Überschuldung ein, so haben die Geschäftsleiter bei einem in der Rechtsform des Einzelkaufmanns betriebenen Instituts der Inhaber dies dem Bundesaufsichtsamt unverzüglich anzuzeigen. Soweit diese Personen nach anderen Rechtsvorschriften verpflichtet sind, bei Zahlungsunfähigkeit oder Überschuldung die Konkurseröffnung zu beantragen, tritt an die Stelle der Antragspflicht die Anzeigepflicht nach Satz 1. Das Konkursverfahren über das Vermögen eines Instituts findet im Falle der Zahlungsunfähigkeit oder Überschuldung statt. Der Antrag auf Konkurseröffnung über das Vermögen des Instituts kann nur von dem Bundesaufsichtsamt gestellt werden. Das Konkursgericht hat dem Antrag des Bundesaufsichtsamtes zu entsprechen; die §§ 46 und 84 der Vergleichsverordnung sowie § 107 Abs. 1 der Konkursordnung bleiben unberührt. Der Eröffnungsbeschluss ist unanfechtbar.

§ 49 Sofortige Vollziehbarkeit

Widerspruch und Anfechtungsklage gegen Maßnahmen des Bundesaufsichtsamtes auf der Grundlage des § 2 b Abs. 1 Satz 8 und Abs. 2 Satz 1, § 12 a Abs. 2, § 13 Abs. 3, § 13 a Abs. 3 bis 5, jeweils auch in Verbindung mit § 13 b Abs. 4 Satz 2, § 28 Abs. 1, § 35 Abs. 2 Nr. 2 bis 4, der §§ 36, 37 und 44 Abs. 1 und 2, des § 44 a Abs. 2 Satz 1, der § 44c, 45, 45a Abs. 1, der §§ 46, 46a Abs. 1 und des § 46 b haben keine aufschiebende Wirkung.

§ 50 Zwangsmittel

(1) Das Bundesaufsichtsamt kann die Befolgung der Verfügungen, die es innerhalb seiner gesetzlichen Befugnisse trifft, mit Zwangsmitteln nach den Bestimmungen des Verwaltungsvollstreckungsgesetzes durchsetzen. Es kann Zwangsmittel auch gegen Institute anwenden, die juristische Personen des öffentlichen Rechts sind.

(2) Die Höhe des Zwangsgeldes beträgt bei Maßnahmen nach den §§ 37 und 44c bis zu 500 000 Deutsche Mark, bei Maßnahmen nach den §§ 46 und 46a bis zu 250 000 Deutsche Mark und bei anderen Maßnahmen bis zu 100 000 Deutsche Mark.

§ 54 Verbotene Geschäfte, Handeln ohne Erlaubnis

(1) Wer
1. Geschäfte betreibt, die nach § 3, auch in Verbindung mit § 53 b Abs. 3 Satz 1 oder 2, verboten sind, oder
2. ohne Erlaubnis nach § 32 Abs. 1 Satz 1 Bankgeschäfte betreibt oder Finanzdienstleistungen erbringt,
wird mit Freiheitsstrafe bis zu drei Jahren oder mit Geldstrafe bestraft.

(2) Handelt der Täter fahrlässig, so ist die Strafe Freiheitsstrafe bis zu einem Jahr oder Geldstrafe.

§ 55 Verletzung der Pflicht zur Anzeige der Zahlungsunfähigkeit oder der Überschuldung

(1) Wer es als Geschäftsleiter eines Instituts oder als Inhaber eines in der Rechtsform des Einzelkaufmanns betriebenen Instituts entgegen § 46 b Satz 1, auch in Verbindung mit § 53 b Abs. 3 Satz 1, unterlässt, dem Bundesaufsichtsamt die Zahlungsunfähigkeit oder Überschuldung anzuzeigen, wird mit Freiheitsstrafe bis zu drei Jahren oder mit Geldstrafe bestraft.

(2) Handelt der Täter fahrlässig, so ist die Strafe Freiheitsstrafe bis zu einem Jahr oder Geldstrafe.

152

§ 56 Bußgeldvorschriften

(1) Ordnungswidrig handelt, wer einer vollziehbaren Anordnung nach § 36 Abs. 1 oder 2 Satz 1 zuwiderhandelt.

(2) Ordnungswidrig handelt, wer vorsätzlich oder leichtfertig
1. entgegen § 2 b Abs. 1 Satz 1, 5 oder 6, jeweils auch in Verbindung mit einer Rechtsverordnung nach § 24 Abs. 4 Satz 1, einer Anzeige nicht, nicht richtig, nicht vollständig oder nicht rechtzeitig erstattet,
2. entgegen § 2 b Abs. 1 Satz 3, auch in Verbindung mit einer Rechtsverordnung nach § 24 Abs. 4 Satz 1, eine Unterlage nicht, nicht richtig, nicht vollständig oder nicht rechtzeitig einreicht,
3. einer vollziehbaren Untersagung nach
   a) § 2 b Abs. 1 Satz 8 oder
   b) § 12 a Abs. 2 Satz 1
   zuwiderhandelt,
4. entgegen § 2 b Abs. 1 Satz 10, Abs. 4 Satz 1 oder 4, § 10 Abs. 8 Satz 1 oder 3, § 12a Abs. 1 Satz 3, § 13 Abs. 1 Satz 1, auch in Verbindung mit Abs. 4, Abs. 2 Satz 4 oder 7 jeweils auch in Verbindung mit § 13a Abs. 2, 13 Abs. 3 Satz 2 oder 6, § 13a Abs. 1 Satz 1, auch in Verbindung mit Abs. 6, Abs. 3 Satz 2 oder 6, § 14 Abs. 1 Satz 1 oder 2, jeweils auch in Verbindung mit § 53b Abs. 3 Satz 1, § 15 Abs. 4 Satz 5, § 24 Abs. 1 Nr. 6 bis 9 jeweils auch in Verbindung mit § 53b Abs. 3 Satz 1, § 24 Abs. 1 Satz 1, § 24 Abs. 3 Satz 1 oder Abs. 3 a Satz 1, § 24 a Abs. 1 Satz 1, auch in Verbindung mit Abs. 3 Satz 1, oder Abs. 4 Satz 1, jeweils auch in Verbindung einer Rechtsverordnung nach § 24 a Abs. 5, § 25 a Abs. 2 Satz 3, § 28 Abs. Satz 1 oder § 53 a Satz 2 oder 5, jeweils auch in Verbindung mit einer Rechtsverordnung nach § 24 Abs. 4 Satz 1, eine Anzeige nicht, nicht richtig, nicht vollständig oder nicht rechtzeitig erstattet,
5. entgegen § 10 Abs. 3 Satz 5 oder 6, § 25 Abs. 1 Satz 1 und Abs. 2 Satz 1, jeweils in Verbindung mit einer Rechtsverordnung nach Absatz 3 Satz 1, jeweils auch in Verbindung mit § 53 b Abs. 3 Satz 1, oder entgegen § 26 Abs. 1 Satz 1, 3 oder 4 oder Abs. 3 einen Zwischenabschluss, einen Zwischenprüfungsbericht, einen Monatsausweis, einen Jahresabschluss, einen Lagebericht, einen Prüfungsbericht, einen Konzernabschluss oder einen Konzernlagebericht nicht, nicht richtig, nicht vollständig oder nicht rechtzeitig einreicht,
6. entgegen § 13 Abs. 3 Satz 1 oder § 13 a Abs. 3 Satz 1 einen Kredit gewährt oder nicht sicherstellt, dass Kredite die dort genannte Obergrenze nicht überschreiten,
7. entgegen § 13 Abs. 3 Satz 5 oder § 13 a Abs. 3 Satz 5 nicht sicherstellt, dass Großkredite die dort genannte Obergrenze nicht überschreiten oder
8. entgegen § 53 a Satz 4 die Tätigkeit aufnimmt.

(3) Ordnungswidrig handelt, wer vorsätzlich oder fahrlässig
1. entgegen § 10 Abs. 5 Satz 7 oder Abs. 5 a Satz 7, jeweils auch in Verbindung mit einer Rechtsverordnung nach § 24 Abs. 4 Satz 1, eine Anzeige nicht, nicht richtig, nicht vollständig oder nicht rechtzeitig erstattet,
2. entgegen § 12 Abs. 1 Satz 1 oder 2 eine bedeutende Beteiligung hält,
3. entgegen § 12 Abs. 2 Satz 1 oder 2 nicht sicherstellt, dass die Gruppe keine bedeutende Beteiligung erhält,

4. entgegen § 18 Satz 1 einen Kredit gewährt,
5. einer vollziehbaren Anordnung nach § 23 Abs. 1, auch in Verbindung mit § 53 b Abs. 3 Satz 1, oder § 45 Abs. 1 Satz 1 oder 2 zuwiderhandelt,
6. entgegen § 23 a Abs. 1 Satz 1 oder Abs. 2 Satz 1, jeweils auch in Verbindung mit § 53 b Abs. 3, einen Hinweis nicht, nicht richtig, nicht vollständig, nicht in der vorgeschriebenen Weise oder nicht rechtzeitig gibt,
7. entgegen § 23 a Abs. 1 Satz 3, auch in Verbindung mit Abs. 2 Satz 2 oder § 53b Abs. 3, einen Kunden, das Bundesaufsichtsamt oder die Deutsche Bundesbank nicht, nicht richtig, nicht vollständig, nicht in der vorgeschriebenen Weise oder nicht rechtzeitig unterrichtet,
8. einer vollziehbaren Auflage nach § 32 Abs. 2 Satz 1 zuwiderhandelt,
9. entgegen § 44 Abs. 1 Satz 1, Abs. 2 Satz 1 oder § 44 c Abs. 1, § 44 Abs. 1 Satz 1 und § 44 c Abs. 1 jeweils auch in Verbindung mit § 53 b Abs. 3 Satz 1, eine Auskunft nicht, nicht richtig, nicht vollständig oder nicht rechtzeitig erteilt oder eine Unterlage nicht, nicht richtig, nicht vollständig oder nicht rechtzeitig vorlegt,
10. entgegen § 44 Abs. 1 Satz 4, auch in Verbindung mit § 53 b Abs. 3, Abs. 2 Satz 4, Abs. 4 Satz 3, Abs. 5 Satz 4 oder § 44 c Abs. 5 Satz 1, auch in Verbindung mit § 53 b Abs. 3, eine Maßnahme nicht duldet,
11. entgegen § 44 Abs. 5 Satz 1, eine dort genannte Maßnahme nicht oder nicht rechtzeitig vornimmt,
12. einer vollziehbaren Anordnung nach § 46 Abs. 1 Satz 1 oder § 46 a Abs. 1 Satz 1, jeweils auch in Verbindung mit § 53 b Abs. 3 Satz 1, zuwiderhandelt oder
13. einer Rechtsverordnung nach § 47 Abs. 1 Nr. 2 oder 3 oder § 48 Abs. 1 Satz 1 zuwiderhandelt, soweit sie für einen bestimmten Tatbestand auf diese Bußgeldvorschrift verweist.

(4) Die Ordnungswidrigkeit kann in Fällen des Abs. 1, des Abs. 2 Nr. 3 Buchstabe a, Nr. 6 und 7 sowie des Abs. 3 Nr. 12 mit einer Geldbuße bis zu einer Million Deutsche Mark, in den Fällen des Abs. 2 Nr. 1, 2 und 3 Buchstabe b sowie des Abs. 3 Nr. 4 bis 10 mit einer Geldbuße bis zu 300 000 Deutsche Mark, in den übrigen Fällen mit einer Geldbuße bis zu 100 000 Deutsche Mark geahndet werden.

§ 59 Geldbußen gegen Unternehmen

§ 30 des Gesetzes über Ordnungswidrigkeiten gilt für Institute in der Rechtsform einer juristischen Person oder Personenhandelsgesellschaft oder für Unternehmen im Sinne des § 53 b Abs. 1 Satz 1, Abs. 7 Satz 1, die über eine Zweigniederlassung oder im Wege des grenzüberschreitenden Dienstleistungsverkehrs im Inland tätig sind, auch dann, wenn ein Geschäftsleiter, der nicht nach Gesetz, Satzung oder Gesellschaftsvertrag zur Vertretung des Unternehmens berufen ist, eine Straftat oder Ordnungswidrigkeit begangen hat.

Anhang 2: Gewerbeordnung

§ 14 Anzeigepflicht

(1) Wer den selbständigen Betrieb eines selbständigen Gewerbes oder den Betrieb einer Zweigniederlassung oder einer unselbständigen Zweigstelle anfängt, muss dies der für den betreffenden Ort zuständigen Behörde gleichzeitig anzeigen. Das gleiche gilt, wenn
1. der Betrieb verlegt wird,
2. der Gegenstand des Gewerbes gewechselt oder auf Waren oder auf Leistungen ausgedehnt wird, die bei Gewerbetreibenden der angemeldeten Art nicht geschäftsüblich sind, oder
3. der Betrieb aufgegeben wird.

Die Anzeige dient dem Zweck, der zuständigen Behörde die Überwachung der Gewerbeausübung zu ermöglichen. Die erhobenen Daten dürfen von der für die Entgegennahme der Anzeige und die Überwachung der Gewerbeausübung zuständigen Behörde nur für diesen Zweck verarbeitet und genutzt werden.

(2) Absatz 1 gilt auch für den Handel mit Arzneimitteln, mit Losen von Lotterien und Ausspielungen sowie mit Bezugs- und Anteilscheinen auf solche Lose und für den Betrieb von Wettannahmestellen aller Art.

(3) Wer die Aufstellung von Automaten (Waren-, Leistungs- und Unterhaltungsautomaten aller Art) als selbständiges Gewerbe betreibt, muss die Anzeige nach Absatz 1 allen Behörden erstatten, in deren Zuständigkeitsbereich Automaten aufgestellt werden. Die zuständige Behörde kann Angaben über den Aufstellungsort der einzelnen Automaten verlangen.

(4) Für die Anzeige ist
1. in den Fällen des Absatzes 1 Satz 1 (Beginn des Betriebes) ein Vordruck nach dem Muster der Anlage 1 (Gewerbeanmeldung – GewA 1),
2. in den Fällen des Absatzes 1 Satz 2 Nr. 1 (Verlegung des Betriebes) und in den Fällen des Absatzes 1 Satz 2 Nr. 2 (Wechsel oder Ausdehnung des Gegenstandes des Gewerbes) ein Vordruck nach dem Muster der Anlage 2 (Gewerbeummeldung – GewA 2),
3. in den Fällen des Absatzes 1 Satz 2 Nr. 3 (Aufgabe des Betriebes) ein Vordruck nach dem Muster der Anlage 3 (Gewerbeabmeldung – GewA 3)

zu verwenden, Die Vordrucke sind vollständig, in der vorgeschriebenen Anzahl und gut lesbar auszufüllen.

(5) Die zuständige Behörde darf regelmäßig die Daten der Gewerbeanzeigen übermitteln an
1. die Industrie- und Handelskammer zur Wahrnehmung der in den §§ 1, 3 und 5 des Gesetzes zur vorläufigen Regelung des Rechts der Industrie- und Handelskammern genannten sowie der nach § 1 Abs. 4 desselben Gesetzes übertragenen Aufgaben ohne die Feld-Nummer 33,
2. die Handwerkskammer zur Wahrnehmung der in § 91 der Handwerksordnung genannten, insbesondere der ihr durch die §§ 6, 19 und 28 der Handwerksordnung zugewiesenen und sonstiger durch Gesetz übertragener Aufgaben ohne die Feld-Nummer 33,

3. die für Immissionsschutz zuständige Landesbehörde zur Durchführung arbeitsschutz-rechtlicher sowie immissionsschutzrechtlicher Vorschriften ohne die Feld-Nummern 8, 10, 27 bis 31 und 33,

3a. die für den technischen und sozialen Arbeitsschutz, einschließlich den Entgeltschutz nach dem Heimarbeitsgesetz zuständige Landesbehörde zur Durchführung ihrer Aufgaben ohne die Feld-Nummern 8, 10, 27 bsi 31 und 33,

4. das Eichamt zur Wahrnehmung der im Eichgesetz, in der Eichordnung sowie in der Fertigpackungsverordnung gesetzlich festgelegten Aufgaben, und zwar nur die Feld-Nummern 1, 3, 4, 11, 12, 15 und 17,

5. die Bundesanstalt für Arbeit zur Wahrnehmung der in § 2 Nr. 8 und den §§ 150 a, 227 bis 229, 233 a und 233 b des Arbeitsförderungsgesetzes sowie der im Arbeitnehmerü-berlassungsgesetz genannten Aufgaben ohne die Feld-Nummer 33, bei der Abmeldung ohne die Feld-Nummern 8, 10 bis 16 und 18 bis 33,

6. den Hauptverband der gewerblichen Berufsgenossenschaften ausschließlich zur Wei-terleitung an die zuständige Berufsgenossenschaft für die Erfüllung der ihr durch Ge-setz übertragenen Aufgaben ohne die Feld-Nummern 10, 28, 30, 31 und 33,

7. die Allgemeine Ortskrankenkasse für den Einzug der Sozialversicherungsbeiträge und für die Weiterleitung an die anderen in ihrem Zuständigkeitsbereich tätigen Kranken-kassen (§§ 28 h und 28 i Viertes Buch Sozialgesetzbuch) zu dem gleichen Zweck ohne die Feld-Nummern 28 bis 31 und 33, bei der Abmeldung ohne die Feld-Nummern 8, 10 bis 16, 18, 20 bis 22, 24 bis 26, 28, 32 und 33,

8. das Registergericht, soweit es sich um die Abmeldung einer im Handels- oder Genos-senschaftsregister eingetragenen Haupt- oder Zweigniederlassung handelt, für Maß-nahmen zur Herstellung der inhaltlichen Richtigkeit des Handelsregisters gemäß § 132 Abs. 1 des Gesetzes über die Angelegenheiten der freiwilligen Gerichtsbarkeit oder des Genossenschaftsregisters gemäß § 160 des Gesetzes betreffend die Erwerbs- und Wirtschaftsgenossenschaften, und zwar ohne die Feld-Nummern 6 bis 8, 10 bis 13, 18, 19, 21, 22 und 27 bis 33. § 138 der Abgabenordnung bleibt unberührt.

(6) Öffentlichen Stellen, soweit sie nicht als öffentlich-rechtliche Unternehmen am Wett-bewerb teilnehmen, dürfen fallweise aus der Gewerbeanzeige

1. Name,
2. betriebliche Anschrift,
3. angezeigte Tätigkeit

des Gewerbetreibenden übermittelt werden, soweit dies zur Erfüllung der in ihre Zustän-digkeit fallenden Aufgaben erforderlich ist. Weitere Daten aus der Gewerbeanzeige dürfen ihnen übermittelt werden, wenn

1. dies zur Abwehr erheblicher Nachteile für das Gemeinwohl oder einer sonst unmittel-bar drohenden Gefahr für die öffentliche Sicherheit erforderlich ist oder
2. die Empfänger die Daten beim betroffenen Gewerbetreibenden nur mit unverhältnis-mäßig hohem Aufwand erheben könnten oder von einer solchen Datenerhebung nach der Art der Aufgabe, zu der die Daten erforderlich sind, abgesehen werden muss und kein Grund zu der Annahme besteht, dass das schutzwürdige Interesse des Gewerbe-treibenden überwiegt.

(7) Für die regelmäßige oder fallweise Weitergabe von Daten innerhalb der Verwaltungseinheit, der die nach Absatz 1 zuständige Behörde angehört, gilt Absatz 6 entsprechend. Im automatisierten Abrufverfahren ist sie zulässig, soweit dies unter besonderer Berücksichtigung der schutzwürdigen Interessen der Gewerbetreibenden und der Aufgaben der beteiligten Stellen wegen der Vielzahl der Weitergaben oder ihrer Eilbedürftigkeit angemessen ist. Die Datenempfänger sowie der Anlass und der Zweck des Abrufs sind vom Leiter der Verwaltungseinheit schriftlich festzulegen. Die speichernde Stelle protokolliert bei dem Abruf die Datenempfänger sowie Anlass und Zweck der Abrufe. Eine mindestens stichprobenweise Protokollauswertung ist durch die speichernde Stelle zu gewährleisten. Die Protokolldaten dürfen nur zur Kontrolle der Zulässigkeit der Abrufe verwendet werden und sind nach sechs Monaten zu löschen.

(8) Öffentlichen Stellen, soweit sie als öffentlich-rechtliche Unternehmen am Wettbewerb teilnehmen, und nicht-öffentliche Stellen dürfen aus der Gewerbeanzeige

1. Name,
2. betriebliche Anschrift,
3. angezeigte Tätigkeit

des Gewerbetreibenden übermittelt werden, wenn der Auskunftsbegehrende ein berechtigtes Interesse an der Kenntnis der Daten glaubhaft macht. Die Übermittlung weiterer Daten aus der Gewerbeanzeige ist zulässig, wenn der Auskunftsbegehrende ein rechtliches Interesse, insbesondere zur Geltendmachung von Rechtsansprüchen, an der Kenntnis der zu übermittelnden Daten glaubhaft macht und kein Grund zu der Annahme besteht, dass das schutzwürdige Interesse des Gewerbetreibenden überwiegt.

(8a) Über die Gewerbeanzeigen werden monatliche Erhebungen als Bundesstatistik durchgeführt. Für die Erhebungen besteht Auskunftspflicht. Auskunftspflichtig sind die nach den Absätzen 1 bis 3 Anzeigepflichtigen, die diese Pflicht durch Erstattung der Anzeige im Durchschreibeverfahren erfüllen. Die zuständigen Behörden übermitteln die Gewerbeanzeigen monatlich an die statistischen Ämter der Länder mit den Feld-Nummern

1. 1 bis 4 als Hilfsmerkmale für den Betriebsinhaber,
2. 10 und 12 bis 14 als Hilfsmerkmale für den Betrieb,
3. 8, 15 bis 25, 27, 29 und 32 als Erhebungsmerkmale.

Die statistischen Ämter der Länder dürfen die Angaben zu den Feld-Nummern 1 und 3 für die Bestimmung der Rechtsform bis zum Abschluss der nach § 12 Abs. 1 des Bundesstatistikgesetzes vorgesehenen Prüfung auswerten. Ferner dürfen sie nähere Angaben zu den Feld-Nummern 15 und 16 unmittelbar bei den Auskunftspflichtigen erfragen, soweit die gemeldete Tätigkeit sonst den Wirtschaftszweigen der statistischen Systematik der Europäischen Gemeinschaft gemäß Verordnung (EWG) Nr. 3037/90 des Rates vom 9. Oktober 1990 (Abl. EG Nr. L 293 S. 1) nicht zugeordnet werden kann.

(9) Weitere Übermittlungen der nach den Absätzen 1 bis 4 erhobenen Daten für andere Zwecke sind nur zulässig, soweit die Kenntnis der zu übermittelnden Daten zur Verfolgung von Straftaten erforderlich ist oder eine besondere Rechtsvorschrift dies vorsieht.

(10) Der Empfänger darf die übermittelten Daten nur für den Zweck verarbeiten oder nutzen, zu dessen Erfüllung sie ihm übermittelt werden.

(11) Für das Verändern, Sperren oder Löschen der nach den Absätzen 1 bis 4 erhobenen Daten gelten die Datenschutzgesetze der Länder.

§ 34 c Makler, Bauträger, Baubetreuer

(1) Wer gewerbsmäßig
1. den Abschluss von Verträgen über
   a) Grundstücke, grundstücksgleiche Rechte, gewerbliche Räume, Wohnräume oder Darlehen,
   b) den Erwerb von Anteilscheinen einer Kapitalanlagegesellschaft, von ausländischen Investmentanteilen, von sonstigen öffentlich angebotenen Vermögensanlagen, die für gemeinsame Rechnung der Anleger verwaltet werden, oder von öffentlich angebotenen Anteilen an einer und von verbrieften Forderungen gegen eine Kapitalgesellschaft oder Kommanditgesellschaft
   vermitteln oder die Gelegenheit zum Abschluss solcher Verträge nachweisen,
2. Bauvorhaben
   a) als Bauherr im eigenen Namen für eigene oder fremde Rechnung vorbereiten oder durchführen und dazu Vermögenswerte von Erwerbern, Mietern, Pächtern oder sonstigen Nutzungsberechtigten oder von Bewerbern um Erwerbs- oder Nutzungsrechte verwenden
   b) als Baubetreuer im fremden Namen für fremde Rechnung wirtschaftlich vorbereiten oder durchführen
   will, bedarf der Erlaubnis durch die zuständige Behörde. Die Erlaubnis kann inhaltlich beschränkt und mit Auflagen verbunden werden, soweit dies zum Schutz der Allgemeinheit oder der Auftraggeber erforderlich ist, unter denselben Voraussetzungen ist auch die nachträgliche Aufnahme, Änderung und Ergänzung von Auflagen zulässig.

(2) Die Erlaubnis ist zu versagen, wenn
1. Tatsachen die Annahme rechtfertigen, dass der Antragsteller oder eine mit der Leitung des Betriebes oder einer Zweigniederlassung beauftragten Personen die für den Gewerbebetrieb erforderliche Zuverlässigkeit nicht besitzt; die erforderliche Zuverlässigkeit besitzt in der Regel nicht, wer in den letzten fünf Jahren vor Stellung des Antrages wegen eines Verbrechens oder wegen Diebstahls, Unterschlagung, Erpressung, Betruges, Untreue, Urkundenfälschung, Hehlerei, Wuchers oder einer Insolvenzstraftat rechtskräftig verurteilt worden ist, oder
2. der Antragsteller in ungeordneten Vermögensverhältnissen lebt; dies ist in der Regel der Fall, wenn über das Vermögen des Antragstellers das Insolvenzverfahren eröffnet worden oder er in das vom Insolvenzgericht oder vom Vollstreckungsgericht zu führende Verzeichnis (§ 26 Abs. 2 Insolvenzordnung) § 915 Zivilprozessordnung eingetragen ist.

(3) Das Bundesministerium für Wirtschaft wird ermächtigt, durch Rechtsverordnung mit Zustimmung des Bundesrates zum Schutze der Allgemeinheit und der Auftraggeber Vorschriften zu erlassen über den Umfang der Verpflichtungen des Gewerbetreibenden bei der Ausübung des Gewerbes, insbesondere über die Verpflichtungen

1. ausreichende Sicherheiten zu leisten oder eine zu diesem Zweck geeignete Versicherung abzuschließen, sofern der Gewerbetreibende Vermögenswerte des Auftraggebers erhält oder verwendet,

2. die erhaltenen Vermögenswerte des Auftraggebers getrennt zu verwalten,

3. nach der Ausführung des Auftrages dem Auftraggeber Rechnung zu legen,

4. der zuständigen Behörde Anzeige beim Wechsel der mit der Leitung des Betriebes oder einer Zweigstelle beauftragten Personen zu erstatten und hierbei bestimmte Angaben zu machen,

5. dem Auftraggeber die für die Beurteilung des Auftrages und des zu vermittelnden oder nachzuweisenden Vertrages jeweils notwendigen Informationen schriftlich oder mündlich zu geben,

6. Bücher zu führen einschließlich der Aufzeichnung von Daten über einzelne Geschäftsvorgänge sowie über die Auftraggeber.

In der Rechtsverordnung nach Satz 1 kann ferner die Befugnis des Gewerbetreibenden zur Entgegennahme und zur Verwendung von Vermögenswerten beschränkt werden, soweit dies zum Schutze des Auftraggebers erforderlich ist. Außerdem kann in der Rechtsverordnung der Gewerbetreibende verpflichtet werden, die Einhaltung der nach Satz 1 Nr. 1 bis 6 und Satz 2 erlassenen Vorschriften auf seine Kosten regelmäßig sowie aus besonderem Anlass prüfen zu lassen und den Prüfungsbericht der zuständigen Behörde vorzulegen, soweit es zur wirksamen Überwachung erforderlich ist; hierbei können die Einzelheiten der Prüfung, insbesondere deren Anlass, Zeitpunkt und Häufigkeit, die Auswahl, Bestellung und Abberufung der Prüfer, deren Rechte, Pflichten und Verantwortlichkeit, der Inhalt des Prüfungsberichts, die Verpflichtung des Gewerbetreibenden gegenüber dem Prüfer sowie das Verfahren bei Meinungsverschiedenheiten zwischen dem Prüfer und dem Gewerbetreibenden geregelt werden.

(4) weggefallen.

(5) Die Absätze 1 bis 3 gelten nicht für

1. Betreuungsunternehmen im Sinne des § 37 Abs. 2 des Zweiten Wohnungsbaugesetzes oder des § 22 c Abs. 2 des Wohnungsbaugesetzes für das Saarland, solange sie diese Eigenschaft behalten,

2. Kreditinstitute, für die eine Erlaubnis nach § 32 Abs. 1 des Gesetzes über das Kreditwesen erteilt wurde, und für Zweigstellen von Unternehmen im Sinne des § 53 b Abs. 1 Satz 1 des Gesetzes über das Kreditwesen,

3. Finanzdienstleistungsinstitute in Bezug auf Vermittlungstätigkeiten, für die ihnen eine Erlaubnis nach § 32 Abs. 1 des Gesetzes über das Kreditwesen erteilt wurde oder nach § 64 e Abs. 2 des Gesetzes über das Kreditwesen als erteilt gilt,

   a) Gewerbetreibende im Sinne des Absatzes 1 Satz 1 Nr. 1 Buchstabe b in Bezug auf Vermittlungstätigkeiten nach Maßgabe des § 2 Abs. 10 Satz 1 des Gesetzes über das Kreditwesen,

4. Gewerbetreibende, die lediglich zur Finanzierung der von ihnen abgeschlossenen Warenverkäufe oder zu erbringende Dienstleistungen den Abschluss von Verträgen über Darlehen vermitteln oder die Gelegenheit zum Abschluss solcher Verträge nachweisen,

5. Zweigstellen von Unternehmen mit Sitz in einem anderen Mitgliedstaat der Europäischen Union, die nach § 53 b Abs. 7 des Gesetzes über das Kreditwesen Darlehen zwischen Kreditinstituten vermitteln dürfen, soweit sich ihre Tätigkeit nach Absatz 1 auf die Vermittlung von Darlehen zwischen Kreditinstituten beschränkt,

6. Verträge, soweit Teilzeitnutzung von Wohngebäuden im Sinne des § 1 des Teilzeit-Wohnrechtegesetzes vom 20. Dezember 1996 (BGBl I S. 2154) gemäß Absatz 1 Satz 1 Nr. 1 nachgewiesen oder vermittelt wird.

§ 35 Gewerbeuntersagung wegen Unzuverlässigkeit

(1) Die Ausübung eines Gewerbes ist von der zuständigen Behörde ganz oder teilweise zu untersagen, wenn Tatsachen vorliegen, welche die Unzuverlässigkeit des Gewerbetreibenden oder einer mit der Leitung des Gewerbebetriebes beauftragten Person in Bezug auf dieses Gewerbe dartun, sofern die Untersagung zum Schutz der Allgemeinheit oder der im Betrieb Beschäftigten erforderlich ist. Die Untersagung kann auch auf die Tätigkeit als Vertretungsberechtigter eines Gewerbetreibenden oder als mit der Leitung eines Gewerbebetriebes beauftragte Person sowie auf einzelne andere oder auf alle Gewerbe erstreckt werden, soweit die festgestellten Tatsachen die Annahme rechtfertigen, dass der Gewerbetreibende auch für diese Tätigkeiten oder Gewerbe unzuverlässig ist. Das Untersagungsverfahren kann fortgesetzt werden, auch wenn der Betrieb des Gewerbes während des Verfahrens aufgegeben wird.

(2) Dem Gewerbetreibenden kann auf seinen Antrag von der zuständigen Behörde gestattet werden, den Gewerbebetrieb durch einen Stellvertreter (§ 45) fortzuführen, der die Gewähr für eine ordnungsgemäße Führung des Gewerbebetriebes bietet.

(3) Will die Verwaltungsbehörde in dem Untersagungsverfahren einen Sachverhalt berücksichtigen, der Gegenstand der Urteilsfindung in einem Strafverfahren gegen einen Gewerbetreibenden gewesen ist, so kann sie zu dessen Nachteil von dem Inhalt des Urteils insoweit nicht abweichen, als es sich bezieht auf

1. die Feststellung des Sachverhalts,

2. die Beurteilung der Schuldfrage oder

3. die Beurteilung der Frage, ob er bei weiterer Ausübung des Gewerbes erhebliche rechtswidrige Taten im Sinne des § 70 des Strafgesetzbuches begehen wird und ob zur Abwehr dieser Gefahren die Untersagung des Gewerbes angebracht ist.

Absatz 1 Satz 2 bleibt unberührt. Die Entscheidung über ein vorläufiges Berufsverbot (§ 132 a der Strafprozessordnung), der Strafbefehl und die gerichtliche Entscheidung, durch welche die Eröffnung des Hauptverfahrens abgelehnt wird, stehen einem Urteil gleich; dies gilt auch für Bußgeldentscheidungen, soweit sie sich auf die Feststellung des Sachverhalts und die Beurteilung der Schuldfrage beziehen.

(3a) Im Untersagungsverfahren hat der Gewerbetreibende der zuständigen Behörde oder deren Beauftragten auf Verlangen jeden für die Durchführung des Verfahrens erforderliche mündliche oder schriftliche Auskunft über seinen Gewerbebetrieb innerhalb der gesetzten Frist und unentgeltlich zu erteilen. Er kann die Auskunft auf solche Fragen verweigern, deren Beantwortung ihn selbst oder einen der in § 383 Abs. 1 Nr. 1 bis 3 der Zivilprozessordnung bezeichneten Angehörigen der Gefahr strafgerichtlicher Verfolgung oder eines Verfahrens nach dem Gesetz über Ordnungswidrigkeiten aussetzen würde.

(4) Vor der Untersagung sollen, soweit besondere staatliche Aufsichtsbehörden bestehen, die Aufsichtsbehörden, ferner die zuständige Industrie- und Handelskammer oder Handwerkskammer und, soweit es sich um eine Genossenschaft handelt, auch der Prüfungsverband gehört werden, dem die Genossenschaft angehört. Ihnen sind die gegen den Gewerbetreibenden erhobenen Vorwürfe mitzuteilen und die zur Abgabe der Stellungnahme erforderlichen Unterlagen zu übersenden. Die Anhörung der vorgenannten Stellen kann unterbleiben, wenn Gefahr im Verzuge ist; in diesem Falle sind diese Stellen zu unterrichten.

(5) Die Ausübung des untersagten Gewerbes durch den Gewerbetreibenden kann von der zuständigen Behörde durch Schließung der Betriebs- oder Geschäftsräume oder durch andere geeignete Maßnahmen verhindert werden.

(6) Dem Gewerbetreibenden ist von der zuständigen Behörde auf Grund eines an die Behörde zu richtenden schriftlichen Antrages die persönliche Ausübung des Gewerbes wieder zu gestatten, wenn Annahmen die Tatsache rechtfertigen, dass eine Unzuverlässigkeit im Sinne des Absatzes 1 nicht mehr vorliegt. Vor Ablauf eines Jahres nach Durchführung der Untersagungsverfügung kann die Wiederaufnahme nur gestattet werden, wenn hierfür besondere Gründe vorliegen.

(7) Zuständig ist die Behörde, in deren Bezirk der Gewerbetreibende eine gewerbliche Niederlassung unterhält oder in den Fällen des Absatzes 2 oder 6 unterhalten will. Bei Fehlen einer gewerblichen Niederlassung im Geltungsbereich dieses Gesetzes sind die Behörden nach Satz 1 zuständig, in deren Bezirk das Gewerbe ausgeübt wird oder ausgeübt werden soll. Für die Anordnung von Maßnahmen nach Absatz 5 sind auch die Behörden nach Satz 1 zuständig, in deren Bezirk das Gewerbe ausgeübt wird oder werden soll.

(7a) Die Untersagung kann auch gegen Vertretungsberechtigte oder mit der Leitung des Gewerbebetriebes beauftragte Personen ausgesprochen werden. Das Untersagungsverfahren gegen diese Personen kann unabhängig von dem Verlauf des Untersagungsverfahrens gegen den Gewerbetreibenden fortgesetzt werden. Die Absätze 1 und 3 bis 7 sind entsprechend anzuwenden.

(8) Soweit für einzelne Gewerbe besondere Untersagungs- oder Betriebsausschließungsvorschriften bestehen, die auf die Unzuverlässigkeit des Gewerbetreibenden abstellen, oder eine für das Gewerbe erteilte Zulassung wegen Unzuverlässigkeit des Gewerbetrei-

benden zurückgenommen oder widerrufen werden kann, sind die Absätze 1 bis 7 nicht anzuwenden. Dies gilt nicht für Vorschriften, die Gewerbeuntersagungen oder Betriebsschließungen durch strafgerichtliches Urteil vorsehen.

(9) Die Absätze 1 bis 8 sind auf Genossenschaften entsprechend anzuwenden, auch wenn sich ihr Geschäftsbetrieb auf den Kreis der Mitglieder beschränkt; sie finden ferner Anwendung auf den Handel mit Arzneimitteln, mit Losen von Lotterien und Ausspielungen sowie mit Bezugs- und Anteilscheinen auf solche Lose und auf den Betrieb von Wettannahmestellen aller Art.

Stichwortverzeichnis

Ralf Plück
Karl Jürgen Schmutzler
Peter Kühn

Kapitalmarktrecht

Gesetzliche Regelungen und Haftungsrisiken
für Finanzdienstleister

GABLER

1999, 276 Seiten, gebunden, DM 98,–
ISBN 3-409-14012-3, Internet http://www.gabler-online.de

Dieses Kompendium macht Finanzdienstleister mit den gesetzlichen Neuregelungen für den Finanzmarkt und der 1998 eingeführten Marktordnung bekannt. Durch die Kenntnis der geltenden (und kommenden) Rechtsvorschriften können Anlageberater und Anlagevermittler von der neuen Rechtslage profitieren und ihre Position bzw. ihr Verhalten im Markt bestimmen. Themenschwerpunkte sind:

- Neues Kreditwesengesetz – 6. KWG-Novelle
- Drittes Finanzmarktförderungsgesetz
- Gesetzentwurf zur Ausübung der Tätigkeit als Finanzdienstleistungs- und Versicherungsvermittler
- Vertragsrecht – Vertriebsvertrag
- Haftungsrecht bei Anlageberatung und -vermittlung

Der Leser findet unter anderem alle neugeschaffenen gesetzlichen Definitionen, eine Überprüfung der Tätigkeitsmerkmale in Bezug auf die Erlaubnispflicht, Empfehlungen zu Beratungs- und Vermittlungsvorgängen und vor allem die haftungsrechtlichen Aspekte. Übersichten und ein Glossar vertiefen die behandelte Thematik.

Die Autoren haben die Materie der Rechtslage im Kapitalmarkt für die Praktiker in den Finanzdienstleistungsinstituten und Versicherungen systematisch und allgemein verständlich aufbereitet.

GABLER

BETRIEBSWIRTSCHAFTLICHER VERLAG DR. TH. GABLER, ABRAHAM-LINCOLN-STRASSE 46, 65189 WIESBADEN

MIX
Papier aus verantwortungsvollen Quellen
Paper from responsible sources
FSC® C105338

If you have any concerns about our products,
you can contact us on
ProductSafety@springernature.com

In case Publisher is established outside the EU,
the EU authorized representative is:
Springer Nature Customer Service Center GmbH
Europaplatz 3, 69115 Heidelberg, Germany

Printed by Libri Plureos GmbH
in Hamburg, Germany